U0476671

道前风雅

32号街坊的人文历史

苏州名城保护集团《道前风雅》编纂委员会 编著

苏州新闻出版集团
古吴轩出版社

图书在版编目（CIP）数据

道前风雅：32号街坊的人文历史 / 苏州名城保护集团《道前风雅》编纂委员会编著. -- 苏州：古吴轩出版社, 2023.12
ISBN 978-7-5546-2250-6

Ⅰ.①道… Ⅱ.①苏… Ⅲ.①苏州 - 地方史 Ⅳ.①K295.33

中国国家版本馆CIP数据核字（2023）第227394号

责任编辑：戴玉婷
装帧设计：韩桂丽　孙佳婧
责任校对：鲁林林
责任照排：孙佳婧

书　　名：道前风雅——32号街坊的人文历史
编　　著：苏州名城保护集团《道前风雅》编纂委员会
出版发行：苏州新闻出版集团
古吴轩出版社
地址：苏州市八达街118号苏州新闻大厦30F
电话：0512-65233679　　邮编：215123
出 版 人：王乐飞
印　　刷：苏州日报印刷中心有限公司
开　　本：787mm×1092mm　1/16
印　　张：17
字　　数：274千字
版　　次：2023年12月第1版
印　　次：2023年12月第1次印刷
书　　号：ISBN 978-7-5546-2250-6
定　　价：88.00元

如有印装质量问题，请与印刷厂联系。0512-65640825

32 号街坊

序

1986年，在苏州建城2500周年之际，苏州规划部门与上海同济大学合作，提出按照苏州古城原有格局和城市的外部形态将苏州古城区划分为54个街坊。1980年，观前地区启动更新改造工程，并于是年开辟观前步行街。1988—1991年，以传统宅院为切入点，开始探索苏州古城传统民居改造之路。1991年，开始第一轮控制性详细规划的编制。1998年，启动了第二轮详细规划的编制，并提出“重点保护、合理保留、普遍改善、局部改造”十六字方针。2002年6月18日，山塘街历史街区启动全面修复整治工程。2003年，平江历史街区和石路步行街更新改造工程启动。同年，苏州市政府又颁布了《苏州市历史文化名城名镇保护办法》《苏州市城市规划若干强制性内容的暂行规定》《苏州市城市紫线管理办法》。2005年，又启动了东北街的步行街改造。2012年，苏州市姑苏区成为全国首个历史文化名城保护区。苏州古城在这三四十年的岁月光阴中完成了一系列城市蜕变。2022年6月18日，苏州名城保护集团成立，作为古城保护的国字号、生力军，苏州名城保护集团将成为历史城区保护更新工作的主要平台，发挥国有企业示范引领作用，以虎丘综改和桃花坞片区、五卅路（子城）文化片区、32号街坊改造等重点项目为抓手，着力推进一批影响力大、带动性强的示范项目，将古城独特资源优势转化为产业发展优势。2023年6月18日，在苏州名城保护集团高质量发展大会上，苏州宣布启动古城保护更新伙伴计划，以19.2平方千米历史城区范围内适宜开展活化利用的古建老宅为试点，对文保单位、控保建筑等五类古建老宅实行差别化管控。

32号街坊，位于苏州古城的西侧，东至养育巷，南至道前街，西至学士街，北至干将西路。街坊内古建筑星罗棋布，有以江苏按察使署旧址、畅园为代表的省级文保单位和以陶氏宅园（桃园）、舒适旧居、雷氏别墅（庙堂巷近代住宅）、洪钧祖宅、忠仁祠为代表的市级文保单位。此外，还有大量传统民居文化遗存。2018年，苏州姑苏区启动32号街坊的保护与更新项目，把一体化推进古城保护、老旧小区改造和城市更新同地域特色文化的挖掘聚合与传承保护结合起来，积极探索传统历史街区更新改造的新理念、新方式、新路径，以文化要素的全方位运用丰富传统历史街区的内涵与功能，使32号街坊成为建设“古城新居”、涵养“江南文化”的新样本。古建老宅活化利用不仅是建筑本身的问题，更是“人与古建”，甚至是“人与社区”的问题。不仅让老居民常回家看变化，也要让年轻人爱上古城、融入古城。32号街坊作为省级首批城市更新试点之一，在基础设施提升改造的同时，文化的挖掘和更新传承成为一个亟待开发的课题。

32 号街坊航拍实景图

2023年7月6日，习近平总书记考察平江历史文化街区时指出：“平江历史文化街区是传承弘扬中华优秀传统文化、加强社会主义精神文明建设的宝贵财富，要保护好、挖掘好、运用好，不仅要在物质形式上传承好，更要在心里传承好。”时任省委常委、苏州市委书记曹路宝说：“古城保护是一项绵绵用力、久久为功的事业，需要始终以敬畏之心、珍爱之心做深做实。苏州要深入学习贯彻习近平总书记重要讲话精神，全面贯彻落实党中央、省委部署，进一步加强古城保护工作，整合各方资源要素，凝聚推动历史文化名城保护的强大合力，全力打造世界级历史文化名城。”一本关于32号街坊前世今生的小书由此诞生，通过史料考证及实地走访、口述采录等多种“田野考察”的方式，从32号街坊区域空间肌理的演变谈起，再将32号街坊的历史文化遗存、红色印记、名人逸事、名门望族等内容娓娓道来，以期呈现一个丰富、立体而富有温度的32号街坊，为苏州古城“面向世界，贡献古城保护的苏州方案”添砖加瓦。

目 录

序

第一章 区域空间肌理的历史演变与考古发现 1

第一节 区域空间功能的历史演变 2

一、大运河对苏州城市结构变迁的影响 2

二、32 号街坊在整个苏城历史视阈下的空间演变 3

三、32 号街坊的前身：历史上坊市的演变 6

四、民国时期的社区治理个案：道养市民公社 7

第二节 区域空间地理的历史演变 11

一、水域的演变 11

二、地貌的变迁 13

三、32 号街坊的更新 15

第三节 历史上的考古发现 16

一、汉、唐宋至明清的文化层 16

二、宋代砌街铭文砖 16

三、宋代尚八娘等砌井记井栏砖 17

第二章 街坊细说 19

第一节 坊巷 20

德寿坊 20

郎中里 21

剪金桥巷 21

西支家巷 23

东支家巷 24

瓣莲巷……………………………………………………………… 26
余天灯巷 …………………………………………………………… 29
庙堂巷……………………………………………………………… 30
游马坡巷 …………………………………………………………… 35
盛家浜……………………………………………………………… 36
织里弄……………………………………………………………… 37
小粉弄……………………………………………………………… 38
府东巷……………………………………………………………… 38
道前街……………………………………………………………… 39
养育巷………………………………………………………………41
学士街……………………………………………………………… 42
富郎中巷…………………………………………………………… 42
第二节　津梁………………………………………………………… 45
歌薰桥……………………………………………………………… 45
乘骝桥……………………………………………………………… 46
升平桥………………………………………………………………47
太平桥 ………………………………………………………………47
第三章　文化遗存 ……………………………………………………… 49
第一节　省级文保单位……………………………………………… 51
江苏按察使署旧址 …………………………………………………51
畅园………………………………………………………………… 55
第二节　市级文保单位……………………………………………… 57
陶氏宅园（桃园）……………………………………………………57
舒适旧居 ……………………………………………………………59
庙堂巷近代住宅（雷氏别墅） ………………………………………62
洪钧祖宅 …………………………………………………………… 63
忠仁祠（杨绛故居） ………………………………………………… 65

第三节　控制保护建筑……68
富郎中巷吴宅……68
沈飏民故居……70
范氏宅园……72
曹沧洲祠……73
清微道院……74
西支家巷吴宅……76
西支家巷沈宅……77
第四节　文物登录点……79
庙堂巷刘宅……81
瓣莲巷叶宅……81
西支家巷孙宅……82
仁德堂程宅……83
瓣莲巷程宅……83
第五节　已湮灭的文化遗存……85
洙泗巷……85
剪金桥……86
瓣莲巷吴宅（鸳鸯礼堂）……86
富郎中巷顾宅……88
徐迪功祠……89
陆包山祠……89
盛家浜皮场大王庙……90
西禅寺……91
凌敏刚故居……92
富郎中巷黄宅……93
养育巷戴宅……93
从简易模范识字学塾到培智学校……93

壶园……96
志圃……98
毕园……98
清莲庵……99
如意庵……99
道前街瑞盛提庄……99
第六节 现存的传统建筑选介……100
剪金桥巷查宅……100
剪金桥巷邵宅……100
剪金桥巷静性庵……101
盛家浜潘宅……101
盛家浜叶宅……102
盛家浜程宅……102
庙堂巷庞宅……103
庙堂巷雷宅……104
庙堂巷夏宅……105
庙堂巷潘宅……105
庙堂巷周宅……106
庙堂巷蒋宅……106
瓣莲巷赵宅……106
瓣莲巷陈宅……107
瓣莲巷李宅……108
瓣莲巷范宅……108
瓣莲巷崔宅……109
西支家巷陈宅……109
游马坡巷潘宅……110
游马坡巷郭宅……110

富郎中巷赵宅……111
富郎中巷宋宅……112
富郎中巷马宅……112
第四章　红色印记……113
第一节　德寿坊的红色五角星……114
第二节　中共地下苏州工委机关联络处旧址……116
第三节　舒巷隐蔽所……117
第四节　王月英与赵祖康的故事……118
第五章　名人逸事……121
第一节　禁烟之事，始于苏州……122
第二节　江苏高等法院与七君子事件……123
第三节　杨绛在苏州的故事……125
杨绛眼中的父母和一文厅……125
杨绛外甥眼中的杨绛往事……130
杨绛眼中的“庙堂巷16号”户主杨必……131
杨绛眼中的杨荫榆……132
第四节　杨荫杭论茶……135
第五节　徐如珂与一文厅……137
第六节　状元洪钧少年发奋勤读……139
第七节　状元缪彤……140
第八节　冯桂芬父子创办洗心局……141
第九节　按察使署旧址里的金砖故事……143
第十节　盂河医派始祖马文植……144
第十一节　抗战先烈凌敏刚……145
第十二节　周易学家沈延国……146
第十三节　童葆春的故事……147
第十四节　文学家周楞伽……149

第十五节　教育家周允言……150
第十六节　民建元老卫楚材……151
第十七节　士绅陆鸿吉……152
第十八节　画家沈宗敬……153
第十九节　刘鸿生的故事……154
第二十节　龚氏家族与修园……156
第二十一节　郑文焯与壶园……158
第二十二节　作家艾雯与《老家苏州》……160
第二十三节　夏氏兄弟与庙堂巷……162
第二十四节　吴大澂与小巷里董……164
第二十五节　唐家院子的故事……165
第二十六节　剪金桥巷的红疗会……166
第二十七节　杏林名家宋爱人……167
第六章　名门望族……169
第一节　叶氏家族……170
第二节　汪氏家族……171
第三节　潘氏家族……173
第四节　曹氏家族……178
第五节　吴氏家族……180
第六节　雷氏家族……182
第七节　洪氏家族……185
第八节　查氏家族……186
第九节　杨氏家族……189
第十节　唐氏家族……193
第十一节　沈氏家族……194
第十二节　舒氏家族……196

第七章　口述忆往……199
第一节　剪金桥巷……201
第二节　盛家浜……202
第三节　瓣莲巷……204
第四节　庙堂巷……208
第五节　西支家巷……211
第六节　富郎中巷……213
第八章　街巷传说……217
第一节　剪金桥巷：吴王剪金的两个传说……218
第二节　瓣莲巷：名医曹沧洲的故事……219
第三节　瓣莲巷：富绅虫草面……220
第四节　富郎中巷：魏紫牡丹的故事……221
第五节　庙堂巷：东岳二圣的故事……222
附　录……223
附录一：32号街坊传统建筑资源现状普查表……224
附录二：民国时代(今32号街坊)知名律师信息统计表……227
附录三：道前社区32号街坊古井、古树名木统计表……229
附录四：32号街坊街巷统计表……233
附录五：32号街坊名人诗词选辑……234
附录六：32号街坊部分文化资源标识的历史脉络……249
后　记……251

第一章　区域空间肌理的历史演变与考古发现

第一节 区域空间功能的历史演变

一、大运河对苏州城市结构变迁的影响

苏州古城的繁盛离不开大运河。南京大学考古文物系教授贺云翱曾说过："大运河作为'流动的文化'，既是时间上的流淌，也是空间上的绵延。"运河是经过一段漫长的时间推移过程和记忆叠加过程从而形成的概念。对于运河地理条件的变化而带来的社会历史的变迁，我们可用布罗代尔的长时段理论去阐述，运河概念的形成经历了春秋时代的"邗沟时代"，隋唐至宋的"漕河时代"，直到明代文献中出现"运河"，才进入了真正意义上的"运河时代"。隋唐时代，"漕河"登上历史舞台，正所谓"漕吴而食，舳舻相继"，不仅是贸易航线，也是农田灌溉的水源，更是千年之间地域变迁的真实写照。隋唐时期经济重心开始南移，长江流域逐渐成为当时全国粮食主要生产区域，运河沿岸的"城市群"也开始形成。到了明代，运河的繁盛直接促进了苏州士商的互动，比如明代出现了一批商书，其中新安人程春宇所撰写的《士商类要》便是一个比较典型的代表。书中包罗万象，前两卷大篇幅记载的是水陆里程，在对水路的记载上提及苏州是运河上重要的一站。马丁·道尔《大河与大国》中讲述了河流对经济社会体制的影响，提及美国河流的开发治理与财政税收体系紧密相连。纵观苏州历史长河中的运河治理，运河经济结构的变迁也折射出了苏州城市结构的变迁，而这种城市的变迁在不同历史时期的经济结构变化中反映得尤为显著。

在"漕河时代"，苏州地区生产的米粮多数为上缴的赋税，上缴后并无许多屯粮，因此没有形成规模性的米市。到了明洪武年间的"运河时代"，出现了"课以重税"的问题，明朝官员催粮导致大量自耕农抛荒田地。为了解决苏南田地抛荒的问题，明代官府采用了棉布、棉花折纳税粮的政策，棉纺业开始兴起，并作为一种新型的

“运河经济”，成为当时苏州的经济支柱。《明史·食货志》中记载：“凡民田五亩至十亩者，栽桑、麻、木棉各半亩，十亩以上倍之，又税粮亦准以棉布折米。”经济结构显露出了在农耕社会中孕育出来的资本主义生产关系的雏形，也就是以雇佣劳力为特点的手工业作坊的经营模式。随着明代“海丝”领域贸易量的扩大，当时苏南地区的农民不再种植谷物，而是改种桑树和棉花，最终导致外地米粮大量进入苏南地区。顾炎武《天下郡国利病书》记载：“县不产米，仰食四方。夏麦方熟，秋禾既登，商人载米而来者，舳舻相衔也。中人之家，朝炊夕爨负米而入者，项背相望也。”生产关系的调整客观上促使工商业崛起，工商业逐步取代传统的农耕经济，也从客观上使人口剧增，大量房舍的营造改变了城市的功能空间，许多河道也被填没。学者李伯重曾这样评价明代的苏州：“明清苏州的城市是一个以府城为中心，以郊区市镇为外延的特大城市。”

二、32号街坊在整个苏城历史视阈下的空间演变

关于苏州城，历史上有许多称谓。苏州市考古研究所所长程义认为：“余眛剑铭文‘攻吴王姑雠余眛’中‘姑雠’一词的考释，结合诸樊兵器铭文中所谓的‘姑发’一词综合考虑，我们认为‘姑雠=姑发=姑苏’。亦即姑苏是吴国王室类似姓氏之类的专有名词，进而将吴国都城也称为‘姑苏’，阖闾城只是后人的对阖闾时期吴国都城的称呼，并不是当时的称呼。但是木渎古城确实也是一座‘具有都邑性质的古城’，它的性质，我们觉得极有可能是‘寿梦卒，诸樊南徙吴’时的遗留。木渎古城不是张敏所谓的阖闾所都‘姑苏城’，而是诸樊所都‘姑苏城’……因为木渎古城所在地虽然群山环抱，易守难攻，但对于一心想北上争霸的阖闾而言，就过于狭小，且容易受到擅长水战的越军的进攻，所以在伍子胥的鼓动下，阖闾将都城迁出西部山区，而在东部平原新建都城，即后代所谓的阖闾城、吴大城。”[1]而“阖闾城”这个词语在北宋初年的文献中才出现。

1. 程义：《阖闾城（下）》，苏州市档案馆：苏州档案（微信公众号）2023-06-05。

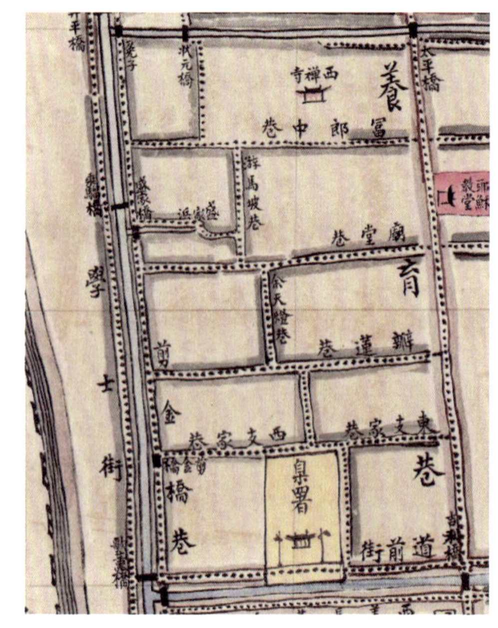

1900 年苏州城地图，今 32 号街坊一带

春秋晚期，周敬王六年（前514），吴国大夫伍子胥“相土尝水，象天法地”建造了吴大城，也就是现在的苏州城。当时的城市规划显露出了分散、简约、封闭的特征，那时的宫城附近分散着吴国的手工业作坊、商肆和居住的区域，但各个区域之间又相互独立，显示出封闭的特征。起初，苏州的护城河除了军事防御的功能外，更多的是起到防洪排涝的作用。今天胥门的北端，以前是一处很大的湖泊，属于吴王苑囿之一的“夏驾湖”，这处美景便是通过因地制宜对自然景观进行改造而成的。早期苏州城西一带的空间布局整体上彰显出简约、粗放的特征，而子城的城市空间和水网则通过数次的修建，逐渐趋于完整。但囿于当时封闭的地方割据环境，商业贸易并没有取得很大的发展，这也使得早期的吴大城在城建方面发展缓慢。南朝时代，南北文化的进一步交融、佛教的兴起、经济重心的南移（江淮流域），以及之后出现的隋末大运河开凿等各类因素，促成了人口、器物、文化各方面的跨区域交流，吴大城的护城河和水门也纳入大运河的水上交通体系之中，成为南北商贸往来的孔道，吴大城在这种背景下逐渐繁荣起来。

学界认为苏州的信史始于南宋范成大的《吴郡志》，而对于唐代陆广微的《吴地记》，多认为在宋季有文本的增补和窜改，甚至也有学者认为《吴地记》系宋人伪托唐人所著。成书于北宋元丰七年（1084）、苏州人朱长文修撰的《吴郡图经续记》[1]记载：“自乾宁至太平兴国三年钱俶纳土[2]凡七十八年，自钱俶纳土至于今元丰七年百有七年矣，当此百年之间井邑之富过于唐世，郛郭填溢，楼阁相望，飞杠如虹，栉比棋

1. 由于该书在北宋大中祥符年间编修的《图经》的基础上补撰而成，故亦名《续图经》。
2. 即吴越国降宋。

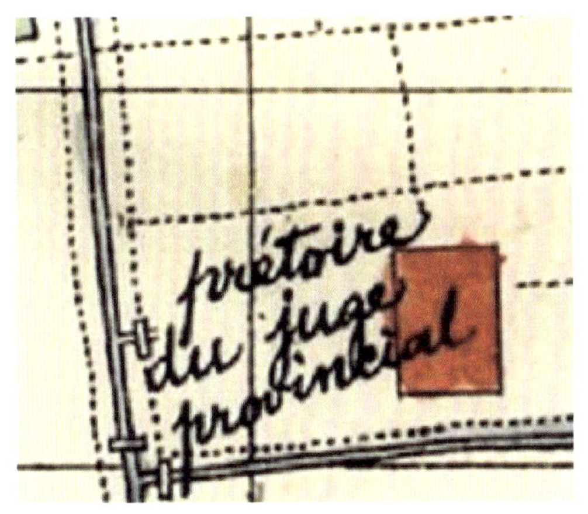

1883 年法文苏州城市地图中臬署一带[1]

布。近郊隘巷，悉甃以甓。冠盖之多，人物之盛，为东南冠，实太平盛世也。”由此可见，当时城市的发展已不局限于子城的范围，苏州各个城门临近护城河的区域均有了发展。民国《吴县志》在援引朱长文《续图经》的载录文字外，也提到“宋初门已塞二，惟阊、胥、盘、葑、娄、齐六门，后胥门亦废”。由此可见，宋时苏州胥门一带，作为独立于子城外的一处商业中心，并未出现真正意义上的繁荣，这也与当时宋元之季的战乱等外在因素有关。南宋时代，平江府是宋都临安（今杭州）北面的军事屏障，较为重视军事防御，客观上来说，这对当时苏州城市经济的发展造成了阻碍。而到了元末，朱元璋与据吴的张士诚间的战争，导致子城焚毁，很长时间都没有恢复。苏州百姓曾称子城为王府基（吴王张士诚曾建府邸），后来烧毁的房屋又成了瓦砾场，改称皇废基。

苏州的城市面貌在明代得到了功能性的布局调整，才出现了真正意义上的繁荣。明王士性《广志绎》中记载：“西较东为喧闹，居民大半工技。金阊一带，比户贸易，负郭则牙侩辏集。胥盘之内，密迩府县治，多衙役厮养。而诗书之族，聚庐错处，近阊尤多。”由此可见，当时苏州城西的商贸较为繁荣，最繁华的地段集中在阊门，而在胥门到盘门一带，则有许多官衙；苏州城东则是手工作坊较为集中的区域。

清《苏州市景商业图册》局部

1. Plan de la ville de Sou-Tcheou 1883, Special Collections, Stanford University.

三、32号街坊的前身：历史上坊市的演变

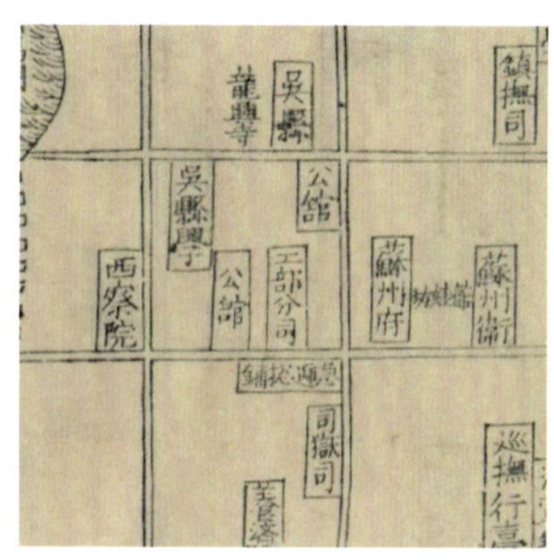

明王鏊《姑苏志》中的《苏州府城图》局部

有史可载的苏城坊市，始于唐宋。唐代苏州有60个坊名，而宋以降苏州又新增了38个坊名，但有些旧唐的坊名在宋时已消失，南宋《平江图》标记的有65个坊名。从古至今，32号街坊区域的巷弄空间始终以东西向贯通为主，南北支巷有所变迁。南宋《平江图》上显示，如今的32号街坊在南宋时已经形成纵深的街衢，今养育巷南口的方位在当时为“丽泽坊”，而明泽桥（即歌薰桥）西面的方位在当时为“宾兴坊”（今31号街坊学士林住宅小区一带），“宾兴坊”后面是“宾兴馆”，在建学士林之前，这里曾经有利市巷、小太平巷、招财弄、财帛司弄、铁局弄、申衙弄等街衢里弄，后来随着城市变迁，如今已成居民住宅区。而今天32号街坊最南端的道前街曾在考古挖掘中出土过汉代水井，在庙堂巷也发现过南宋时代的武康石井栏。丽泽坊的东面，南宋时代则是“和丰坊”（今33号街坊）。由此可见，今天的32号街坊及周边的区域在南宋时代已然是人口稠密的居住区。宋时城市“夜生活”兴起，使得“里坊制”瓦解，因此在《平江图》上虽仍以“坊”为地名，但已没有坊墙，只存坊表。据明王鏊《姑苏志》上的《苏州府城图》，今按察使署旧址区域在明代还是工部分司，其左侧和今32号街坊东北角区域当时都设有公馆，西北侧则曾设吴县学。民国时代，如今32号街坊范围在当时是一个商住两用的功能性居住社区，侧重于住宿，而民国到新中国成立初期，少量的商业业态主要集中在养育巷、道前街和东支家巷东口，其余的巷子则以居住区为主，业主的身份有商人、医生、教师、画家、律师等。民国时期，许多知名律师在今天32号街坊的巷子中兴办律师事务所，其中最为集中的区域要数庙堂巷支弄小粉弄及道前街。比如，小粉弄5号云集了律师顾宪章、庞靓颜，小粉弄3号则曾有律师吴桂辰、沈星侠在此开办事务所。道前街指升旅馆在民国时代也是律师云集的场所，陆飏、陈大猷、邹炳虎等知名律师均借用指升旅馆场地开办事务所。32号街坊在历史上也曾开办过一些典当行，由此可见金融业态在32号街坊也有相当深厚的历

史渊源。比如，清光绪十年（1884），商人严惠之、吕耀辰在庙堂巷开办豫昌典当行；清光绪十六年（1890），吕耀辰与王日新在道前街又开设豫昌分行；清光绪年间，杨佑卿、陆新吾在瓣莲巷开办茂源典当行[1]；民国时期的庙堂巷8号曾开办过同成质当铺；新中国成立初期，吴县人吴保昌在舒巷（府东巷）22号又开办永昌正记等。除了典当行外，历史上的32号街坊也有义塾和学校等教育场所。义塾悠久的开办历史，可以追溯到明成化二年（1466），提学御史陈轩在苏州城西丽泽坊开办丽泽社学[2]。有清一代，则有冯桂芬父子开办洗心局（即教养院），民国时在洗心局旧址上又开办了简易识字学塾。除了义塾外，瓣莲巷、剪金桥巷、东支家巷、富郎中巷等街巷中都曾兴办过一些学校，如民国时期的清微小学（后改为东支家巷小学）、升平小学、富郎中巷西口的嘉兴秀州中学苏州夏令学校、基督教苏州胥江中学校[3]、游马坡巷7号（旧时门牌）的苏英职业学校[4]，以及富郎中巷西口与剪金桥巷交会处的维多书院[5]等，均体现了这一片区在社区发展脉络中崇文重教的历史传统和文化轨迹。

32号街坊的建筑既有传统的香山帮建筑，也有民国时代的新古典主义建筑（如雷氏别墅）、新民族主义建筑（如陶氏宅园）。本书在下面的章节中也会详细介绍。

四、民国时期的社区治理个案：道养市民公社

市民公社，是清末民初出现的地方基层自治组织，一般由地方较具名望的士绅商贾发起，以社会力量维护地方稳定，参与社会公益、社会救助，维护市民权益等。其中，尤以苏州市民公社为佼佼者，保存在苏州市档案馆的苏州市民公社档案已被列入《中国档案文献遗产名录》，成为国家级的珍贵档案。据载，苏州市民公社诞生于1909年6月，至1928年3月消亡，在将近20年的存续时间里，苏州先后成立了28个市民

1. 此名为《苏州商会档案》载录，另据《申报》（1912年8月3日第6版），载为“瓣莲巷源茂典”。
2. 明崇祯《吴县志》：“丽泽社学在府西丽泽坊内，成化二年提学御史陈选建，隆庆元年，知府蔡国熙、知县魏体明重修。”
3. 《申报》（1923年2月27日第2版）载录。
4. 《苏州明报》（1947年9月7日第3版）载录。
5. 《苏州明报》（1925年9月7日第1版、9月26日第3版）载录。

公社。作为其中最早的一批，道养市民公社于1910年12月由养育巷、道前街商人组织成立。成立之初，其职能主要集中在市政方面，乘骝桥上“道养市民公社重修”即为其功绩的见证。

道養市民公社定期選舉　蘇州　○蘇垣西路道前街養育巷市民公社將次成立各情已記前報茲悉現由發起人等擬名爲道養市民公社暫以西支家巷清徵道院爲事務所定期二十六日選舉各職員已印發選舉票分送各社員於二十六日選赴事務所投票二十七日開票茲將發起人名次列下陶德齋張愼泉馮鳴梧吳清臣朱松山舒奇峯余開祥汪葴陽吳少溪韓春梅沈東璋李公弼葉榴生張敬甫許子安蔣友松李子漁董謙祥湯鏞卿吳哲如杜少坡朱渭雲孔受之陶敬範呂秋畦解綬章邱省三黄俊生朱菊生應梅卿滕繼昌包贊生

《道养市民公社定期选举》
《(申报》1910年11月29日第10版)

在如今西支家巷的巷西口，有一口居民依旧使用的民国时代道养市民公社开凿的公井，井盖侧面镌刻着“民国乙丑年孟冬建立”，东侧墙体至今仍竖立着“道养市民公社”界碑。那么道养市民公社是个什么样的团体，管辖的范围有多大，且听笔者道来。清末民初，苏州的市民公社以“联合团体，互相保卫，专办本街公益之事”为宗旨。近代民族工业兴起后，城市功能不断增强，特别是清末新政后，先前的警务公所在城市治理方面的低效能问题越来越凸显，当地士绅商贾开始尝试自筹经费，自办市政。市民公社由此兴起，所涉及内容包含慈善、道路、卫生、文教、治安、消防等诸多方面。苏州市民公社档案显示，当时道养市民公社负责人为陶德斋、沈束璋。清宣统二年十一月（1910年12月）颁布的《道养市民公社试办草章》中明确规定了道养市民公社的范围：“本社就胥门内道前街，东至西贯桥（原在东美巷和西美巷之间，河道已填没）堍，西至歌勋桥（今歌薰桥）堍、养育巷，南至吉利桥堍，北至太平桥堍止。”即今苏州古城区54个划分街坊中以32号街坊为主，东侧囊括今34街坊，南侧囊括今40、41街坊的范围。道养市民公社当时也有很完整的职能划分，公社的职员分为干事、评议、书记、会计、庶务、消防6个部门，经全社社员选举、公推，以一年为任，连举得连任。社总干事一名，由全体投票公举。这六个部门中，评议部设有评议员，有权评议社内关于

西支家巷西口，民国乙丑年（1925）道养市民公社开凿的公井

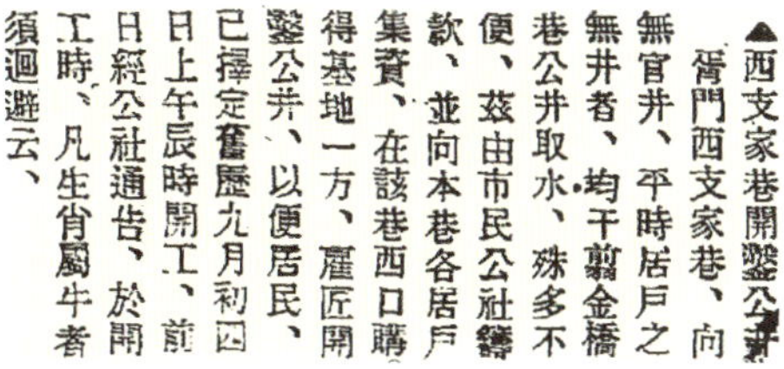

《西支家巷开凿公井》
（《明报》1925 年 10 月 17 日）

兴筑工程、整理消防、添置本社应用各项及经济之预算、决算，经评议员过半之数决议者，方得施行。而在1915年再度颁布的正式的《道养市民公社章程》中，评议员条目则增改为“经评议员多数赞成后，即由正、副社长表决执行”。在道养市民公社第一届机构人员档案中，评议部的社员大部分由商贾担任，如晋源斋的陶德斋（正干事）、同发祥的吴少溪、椿记的叶榴生、德丰祥的沈東璋、杜良济的杜少坡、余开泰的余开祥、晋泰庄的解绶章、老万年的舒奇峰，等等。此外，道养市民公社在草章中也明确提及当时的社所：“本社现设东支家巷清微道院”。综观所见道养市民公社的文献，其业绩凸显在如下方面：

第一，是关于社会福利及社会救济方面的活动。1920年6月30日，道养与金阊等十四处市民公社联名致函苏州总商会，恳请劝导米商平粜（即平价出售），公函中称：“敝社等鉴于近今米价之步涨，百物之翔贵，小民生计日蹙，工匠罢工时闻……函请道尹、厅、县转令丰备仓董，从速减价发粜，切实整理，力谋普及外，一面合再函请贵总商会会商米业董事，劝导各大行商，共济时艰，慨认若干石，平价分粜各米店，以资挹照，并祈知照，将所售起码食米，平价限额分粜，以辅平粜之不及。”1925年11月22日《苏州明报》报道了道养市民公社筹备粥厂的善举，报道谈及“开办粥厂，以惠贫民”。1927年3月17日《苏州明报》记载了道养市民公社创办收容所，已筹足经费，并购置日用品等物的善举。

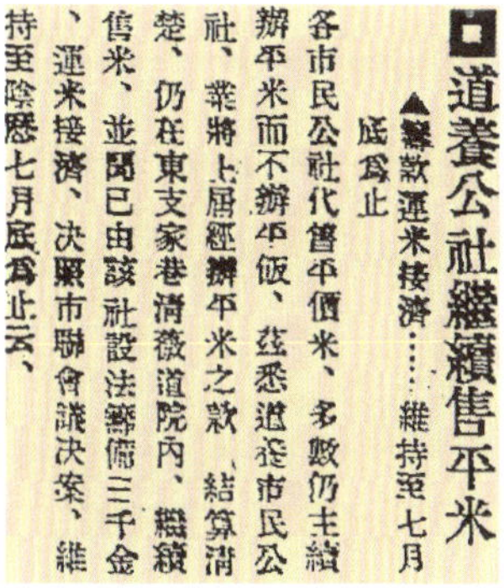

《道养公社继续售平米》
（《明报》1926 年 7 月 4 日）

第二，是关于公共设施的整顿，如修缮街道、疏通沟渠等事项。查阅档案可知，1918年1月16日，道养市民公社曾致函苏州总商会，要求请振兴电灯公司为社内辖区从速安装火表，并路灯线加包橡皮。1919年1月4日，道养市民公社亦致函苏州总商会，提出开列路灯整顿办法五条，所涉之事均涉社区内居民切实之利益。1924年5月7日，

《吴县市乡公报》则记载了道养市民公社致函苏州市民公社联合会，提议开辟西、北两城门后添置车辆，以利交通。1925年9月4日的《苏州明报》谈及道养市民公社“雇匠修街”之事。1926年3月9日《吴语》中，则谈到道养市民公社关于修缮花街巷筹款的事宜。1926年7月8日《明报》谈及雇工挑浚养育巷全巷沟渠之事。1927年3月6日《苏州明报》谈及道养与其他八家市民公社集议修理城墙，报道中明确了道养市民公社修缮城墙的范围：“自胥门鼓楼起至升平桥弄止。”

□道養公社修街續訊

道養市民公社、雇工挑浚養育巷全巷溝渠、大工已將告竣、所未完者、僅巷口至吉利橋之數尺地耳、該處爲全溝之末、乃因梅雨時行、遂停工以待、並聞該處工竣之後、尚須修葺道前街、俟天時晴正、續行興工云、

《道养公社修街续讯》
（《明报》1926年7月8日）

第三，是关于社会治安方面的事宜。比如1923年，道养市民公社致函苏州总商会要求将社区内石葆昌被窃银票、庄折一事转呈警厅、县署备案。1927年3月21日《苏州明报》中则有关于道养市民公社自卫措施的报道，其中谈道：“向各米店、槽坊预借麻袋，庶于紧要之时，得以在要隘之处堆积沙袋，以防意外云。”

第二节　区域空间地理的历史演变

明代苏州城内河道总长比宋代有所增加。据南宋《平江图》，当时河道总长度约82千米。明代是苏州历史上城内水道最长的时期，总长度约87—92千米。明末成书的《吴中水利全书·苏州府城内水道图说》中记载："城内河流，三横四直之外，如经如纬者，尚以百计，皆自西趋东，自南趋北，历唐、宋、元不湮。"有清一代，部分河道被填塞。到了清末，城内河道总长约57千米。民国期间至新中国成立后，城内河道均有填没。到了现在，内城河长度为35.28千米。对于32号街坊而言，在漫长的岁月长河中，它也经历了地貌的变迁。

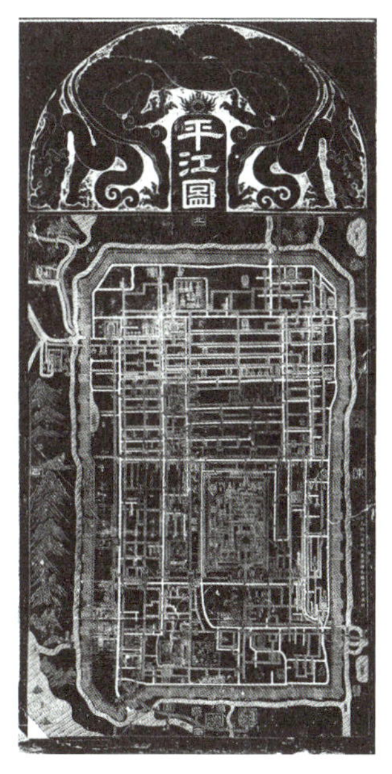

南宋《平江图》

一、水域的演变

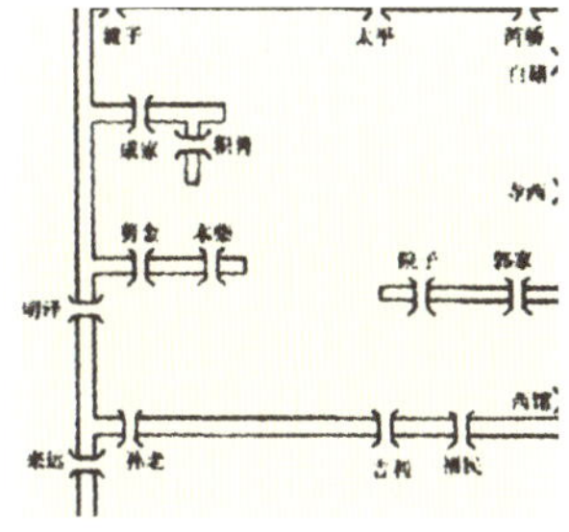

明隆庆、万历年间，苏州府城内河道示意图局部

在南宋《平江图》上，从西南角的明泽桥（今歌薰桥）起，向北依次有剪金桥、成家桥、渡子桥。而此三桥往东各有平行延伸的河道，河道上分别分布着木柴桥、积善桥、太平桥等津梁。前两条河浜仅向东延伸了一小段，并不与东面的河道相接，而明代隆庆、万历年间的苏州府城内河道示意图显示，今天的32号街坊区域，当时河网密布，水脉充沛。由宋以降至晚明，剪金桥巷与内河间河道基本存留了原有的风貌，而比较清代与民国该区

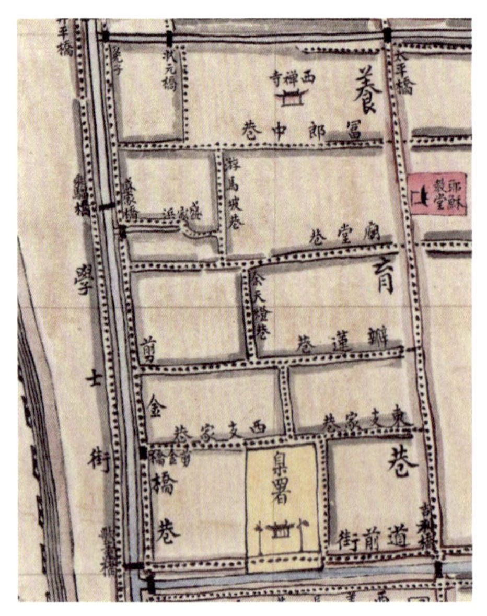

1900 年《苏州城地图》，今 32 号街坊一带

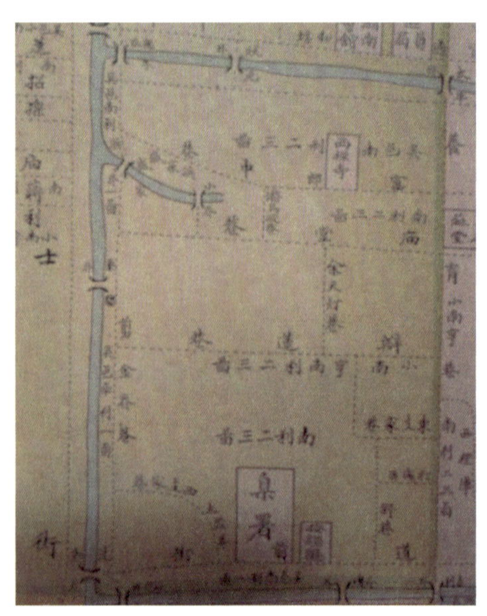

1908 年《苏州巡警分区全图》局部

域地图可知，剪金桥巷与街坊内河之间互通的河街关系逐渐式微，两处进入街坊的小支河被填埋，成家桥、剪金桥、积善桥、木柴桥等桥梁均不复存在。1900年《苏州城地图》上依旧可见剪金桥的标注，但在1908年《苏州巡警分区全图》上剪金桥已然消失，而木柴桥据说也于1928年被拆除。东南大学建筑设计研究院在规划研究32号街坊地理变迁时，阐述了小粉弄与积善桥的关系："小粉弄原为盛家浜水系未填时的南侧支，后因水系被填才成为巷弄。"如今的32号街坊，尚有两处集中的水杉林，一处在西支家巷的东头，一处则在原来包家花园内（原址今属东弘科技创业园地块）。包家花园的主人是国画大师唐云的学生、画家包焕华。由此可见当时地貌生态的多样性。

20世纪初来华的美国记者卡尔·克劳（Carl Crow，1883—1945）编写过一本《游历中国闻见撷要录》，书中有一张1921年的英文苏州地图。在绘制32号街坊时，克劳清晰地描绘出了如今已然消失的西支家巷通到道前街的支巷赵家弄的轮廓。

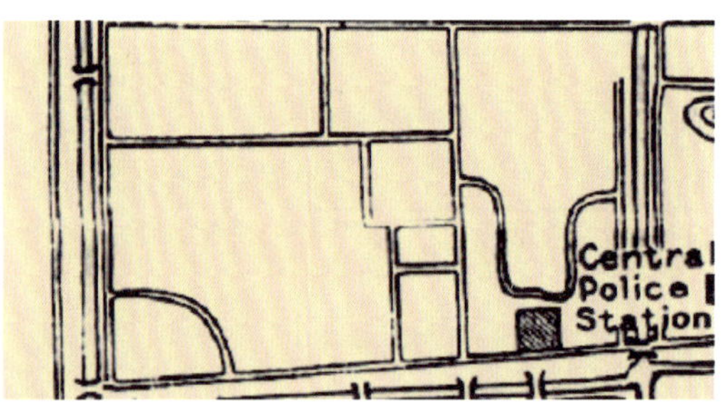

《游历中国闻见撷要录》中的 1921 年英文苏州地图局部

二、地貌的变迁

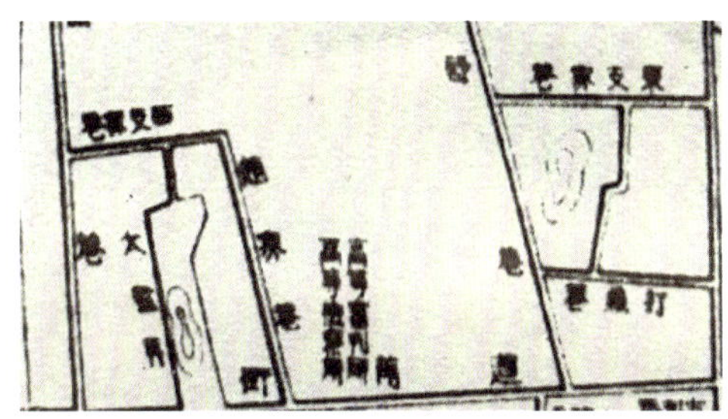

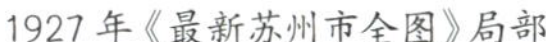
1927 年《最新苏州市全图》局部

1949 年《最新苏州地图》局部

一处丘陵的演变发生在今天32号街坊地块的东南侧，在1927年的《最新苏州市全图》中可见剪金桥巷东侧太监弄（已湮）和舒巷东侧标注了土丘（等高线），但在1949年的《最新苏州地图》中这两处土丘已然消失。经实地勘察，今府东巷旁织里苑确有一处土墩，可知依旧存在。另外，还有一处丘陵的演变则发生在今天32号街坊地块的北侧富郎中巷的中段。在1938年的《最新苏州地图》上可以清晰看见富郎中巷中段曾有土丘（等高线），而同一位置对照20世纪50年代的地图、60年代的卫星图则未

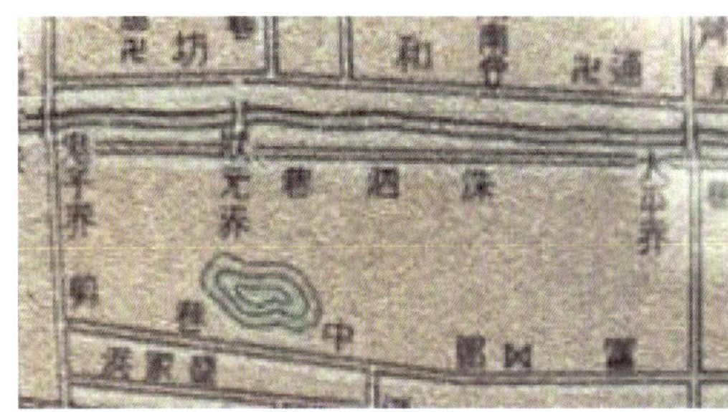
1938 年《最新苏州地图》局部

1927 年《最新苏州市全图》局部

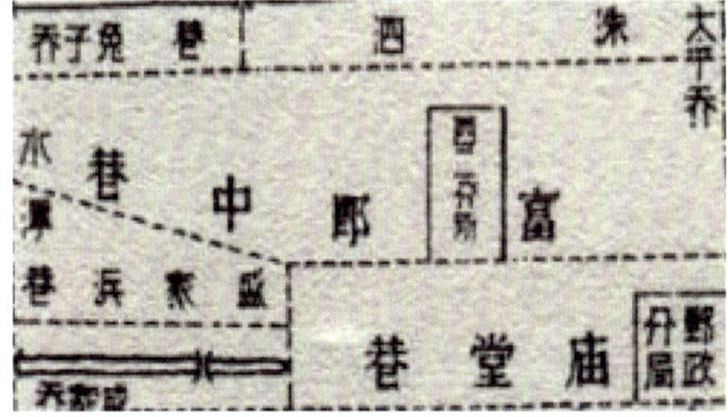

1921 年《最新苏州城厢明细全图》局部

1908 年《苏州巡警分区全图》局部

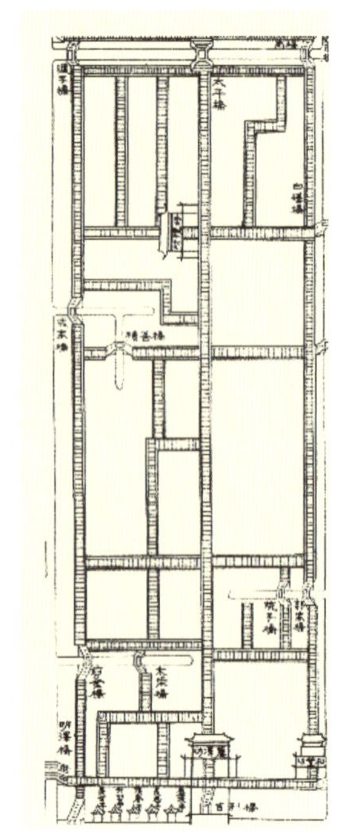

南宋《平江图》（线描）局部

有呈现。参阅1921年的《最新苏州城厢明细全图》和1927年的《最新苏州市全图》等旧地图可见富郎中巷中段当时未见土丘标注，而在清嘉庆二年（1797）的《苏郡城河三横四直图》、清同治三年（1864）的《苏城地理图》、清光绪六年（1880）的《苏州城图》及清光绪三十四年（1908）的《苏州巡警分区全图》上同一位置也均未见土丘。另外，再早先的南宋《平江图》上同一位置亦未见丘壑的呈现。据《平江图》上的描绘并结合民国王謇《宋平江城坊考》的稽考，可知当时支使巷（即洙泗巷）与富郎中巷之间有两条南北走向的支巷——唐家巷、薛家巷，而在版寮巷（今瓣莲巷）与支家巷间曾有杨家院子巷，宋代的庙堂巷只有如今的东段，西面当时还是水路。宋代的东打绳巷即后来的打线弄（今织里弄），根据《平江图》，当时此弄的西段与支家巷支弄赵家弄相接，版寮巷在宋代也只有今天东面的一段，西侧当时还未成巷道。后来随着街坊的兴建、河道的变化，地貌在八百多年间有了很大的改变。20世纪90年代初，为拓宽干将路，洙泗巷（太平桥弄）及东端与富郎中巷相接的照明弄均被拆除。洙泗意为洙水和泗水，指古时二水自今山东省泗水县北合流而下，至曲阜北，分二水，洙水在北，泗水在南，春秋时属鲁国地。孔子在洙泗之间聚徒讲学，《礼记·檀弓上》：“吾与女事夫子于洙泗之间。”后因此以“洙泗”代称孔子及儒家。可见32号街坊厚重的文蕴。

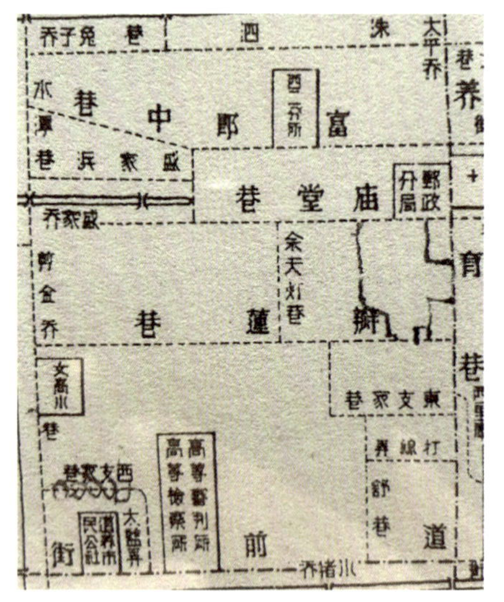

1921年《最新苏州城厢明细全图》局部

三、32号街坊的更新

苏州名城保护集团会同资规姑苏分局编制《32号街坊片区保护更新研究方案》，划定71个管控单元、282个基本项目实施操作单元。在此基础上，遵循“苏式生活体验街区”的总体定位和“整体保护、风貌协调、持续管理、有序更新”的保护更新理念，将32号街坊划分成5大功能区，再根据5大功能区的定位，整合32号街坊12个重点项目，以项目化推进保护更新工作，根据各项目需求、特点确定改造方案。

苏州名城保护集团下属企业坚决遵循“原样原修”的原则，先后完成桃园、畅园、曹沧洲祠、沈瓞民故居等多处文控保建筑的修缮，并进一步发挥文物资源优势，推动文物价值创造性转化和创新性发展，以名人故居为切入口，以点带面，推进文控保单位活化利用，探索出一条以街坊为单位进行保护更新的高效路径，为整个古城的保护更新提供可复制、可推广的经验，奋力推进中国式现代化江苏新实践，谱写“强富美高”新江苏现代化建设新篇章。

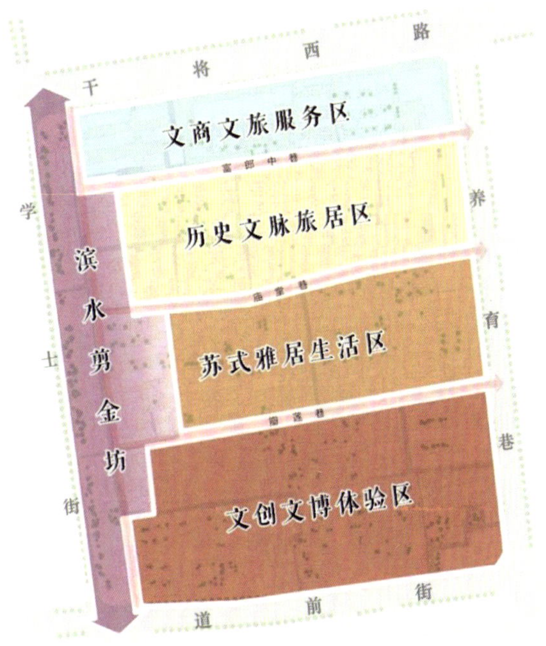

32号街坊未来的初步规划图

第三节 历史上的考古发现

一、汉、唐宋至明清的文化层

《沧浪区志》第三卷“文物古迹”第五节“古遗址及文物发现”“道前街古遗址”条目中记载：1984年拓宽道前街铺设地下管道时发现自汉、唐宋至明清的古遗址，面积约5000平方米。经苏州博物馆调查，文化层厚4.5米，分汉、唐宋、明清三层。内有古河道两条和古井数十口。出土汉代以来的砖瓦、古钱和陶器等生活用具。[1]关于汉井，《苏州通史（秦汉至隋唐卷）》中也提及：“道前街南侧东西近1000米的地层剖面上汉代文化层连续不断，最厚处达2米。城内还发现大量汉代水井，如原金星糖果厂、大公园、报社、道前街等数十处都出土过汉代的陶圈井，分布相当密集。”[2]

二、宋代砌街铭文砖

《沧浪区志》第二十二卷“杂记”“二、地方掌权”“宋代砌街铭文砖”一文中载录：“1981年9月，养育巷铺设地下管道时，于太平桥北堍通和坊口，距地表2.5米深处，发现两块合在一起的宋代刻字青砖，规格为30厘米×30厘米×5厘米，两砖间夹有铜钱，已腐朽。砖上刻铭文如下：‘今具砌太平坊街升平桥止太平桥施主名姓：奉议郎章振，司户潘佃，进士张伯龙、张几，众户张源……政和四年岁次甲午壬申初八日辛巳下手，八月初十日毕工。砌匠金赞同，勾当僧法忠，都劝缘丁璋。’由此可知，太平

---

1. 《沧浪区志》编纂委员会编：《沧浪区志（上册）》，上海社会科学院出版社，2006，P193。
2. 《苏州通史》编纂委员会编，王国平总主编，孙中旺、刘丽著：《苏州通史（秦汉至隋唐卷）》，苏州大学出版社，2019.3，P45。

桥北‘升平桥止太平桥’一段，北宋时称太平坊街（后易名通和坊），其位置和桥的名称与《平江图》所刻完全相合。”[1]这也是今32号街坊周边，特别是养育巷在历史上比较重要的一次考古发现，而在今32号街坊内，也曾发现过“永安巷”的砌街刻字砖。清代叶昌炽[2]《缘督庐日记》记载，光绪三十四年（1908）秋，重建太平桥，在今瓣莲巷口出土“永安巷”砌街刻字砖，其文曰：“皇宋淳熙六年岁次己亥八月癸酉念三日戊申，是日兴工砌自吉利桥至板寮巷口街一道，募到施主钱米砌造……干缘勾当头陀薛了成……”“永安巷”即今养育巷，“板寮巷”即今瓣莲巷。以上两铭文砖不仅出土地点相近，且形制内容相似，说明宋时修桥铺路为民间风尚，募修事宜悉由寺僧主持。政和砖为苏州博物馆收藏，淳熙砖已失其下落。[3]

叶昌炽像

三、宋代尚八娘等砌井记井栏砖

国家图书馆保存有南宋绍兴三十年（1160）十一月一日镌刻的尚八娘等砌井记的井栏砖拓片，为民国年间朱锡梁[4]发现于北禅寺门左井栏上，原系宋代宝积教院井栏题记。拓片中部分文字已漫漶，在民国王謇《宋平江城坊考》“东北隅”中有载：

---

1. 《沧浪区志》编纂委员会编：《沧浪区志（下册）》，上海社会科学院出版社，2006，P1338。
2. 叶昌炽（1849—1917），字颂鲁，又字鞠裳、鞠常，自署歇后翁，晚号缘督庐主人。原籍浙江绍兴，后入籍江苏长洲（今苏州）。晚清金石学家、文献学家、收藏家。早年就读于冯桂芬开设的正谊书院，曾协助编修过《苏州府志》。清光绪十五年（1889）中进士，选为翰林院庶吉士，之后又先后任国史馆协修、纂修、总纂官，参与撰《清史》，又入会典馆，修《武备图说》，迁国子监司业，加侍讲衔，擢甘肃学政，引疾归，有五百经幢馆，藏书三万卷。著有《语石》《藏书纪事诗》《缘督庐日记》等。
3. 《沧浪杂记》，吴文化网站，2017-05-10。
4. 朱锡梁（1873—1932），字梁任，以字行，一字夬庼，号纬军、君仇，江苏吴县（今苏州）人。宋大儒朱长文第三十三世孙，南社社员。他曾与苏曼殊、包天笑等于苏州狮子山招国魂。后入中国同盟会。曾任东南大学、爱国女学苏州分校、苏州美术专门学校教授，江苏省及吴县古物保管委员会委员。民国王謇《宋平江城坊考》：“是刻尚未见于著录，我友朱君锡梁始访得之。”

“平江府吴县永定乡太平桥南，富郎中巷口，街东面西居住奉三宝女弟子母亲尚氏八娘与家眷等。□砌□宝积教院殿前大井贰口，功德追荐亡女俞氏念八娘超生净土，绍兴叁拾年拾壹月初壹日谨题。”民国《吴县志》中“北禅寺门左井栏题字”条目也收录了类似记载。

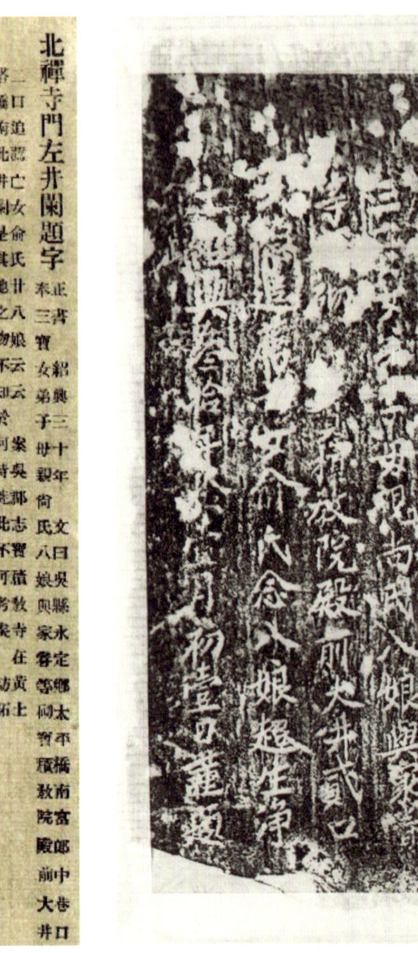

北禪寺門左井闌題字　正書紹興三十年文曰吳縣永定鄉太平橋南富郎中巷口奉三寶女弟子毋親尚氏八娘與家眷等砌寶積教院殿前大井二口追薦亡女俞氏廿八娘云云案吳郡志寶積教寺在黃土塔橋南此井闌是其地之物不知於何時徙此不可考矣訪拓

左图：民国《吴县志》中有“北禅寺门左井栏题字”的记载
右图：南宋尚八娘等砌井记拓片（国家图书馆藏）

第二章　街坊细说

第一节 坊巷

32号街坊现存有许多历史文脉深厚的坊巷。街坊东侧是养育巷（南段），此段街巷西侧由北向南与富郎中巷、庙堂巷、瓣莲巷、东支家巷、织里弄、道前街依次相接。街坊西侧的第一直河（学士河）东、西两岸分别有剪金桥巷、学士街（南段），与第一直河（学士河）平行。由南往北，与剪金桥巷垂直相交的历史街巷有道前街、西支家巷、瓣莲巷、庙堂巷、盛家浜、富郎中巷。西支家巷东端有支巷南折与道前街相通，东面有东支家巷，往北接瓣莲巷东段。东、西支家巷互不相通，中间有按察使署旧址隔断。按察使署旧址东侧有府东巷，其北段与东支家巷相接。府东巷内织里苑的东侧则有织里弄。富郎中巷东段南侧和北侧分别是德寿坊和郎中里。瓣莲巷中段与庙堂巷之间则有余天灯巷，庙堂巷和盛家浜之间则有游马坡巷、小粉弄，而游马坡巷北端则与富郎中巷相接。此外，历史上曾有许多已湮灭的街巷，详见本书附录。

德寿坊

位于富郎中巷东首，范成大《吴郡志》卷二十六：“富严，大中祥符四年进士，以刑部郎中守乡郡。嘉祐中，守秘书监，致仕。未尝一造官府，以耆德称。所居坊，人以德寿目之。”南宋时，取《论语》“富而好礼”之义，改名“好礼坊”，《平江图》中即标“好礼坊”。今恢复古名。

德寿坊

郎中里

位于富郎中巷东北侧，北临干将路。1920年钱庄老板朱惠生在此建造中西合璧住宅六幢，名南阳里，并镌刻有“南阳里”三字砖额。旧时门牌南阳里4号曾为内科医生薛公善的诊所[1]。1980年，地名调整时，因此处临近富郎中巷而改名“郎中里”。

郎中里

“南阳里”砖额

剪金桥巷

因原在西支家巷西口有剪金桥，故得名。此桥名在唐代陆广微《吴地记》、南宋范成大《吴郡志》中有载录。《吴郡志》中也载录了“水团巷”之名。明代卢熊《苏州府志》认为水团巷在剪金桥北面，民国方志学家、振华女子中学教务长王謇在《宋平江城坊考》中则认为剪金桥巷接续水团巷的北段，统称水团巷。清代至民国此巷乘骝桥以北曾被称作“水潭巷”，上述观点曾被1914年《新测苏州城厢明

剪金桥巷

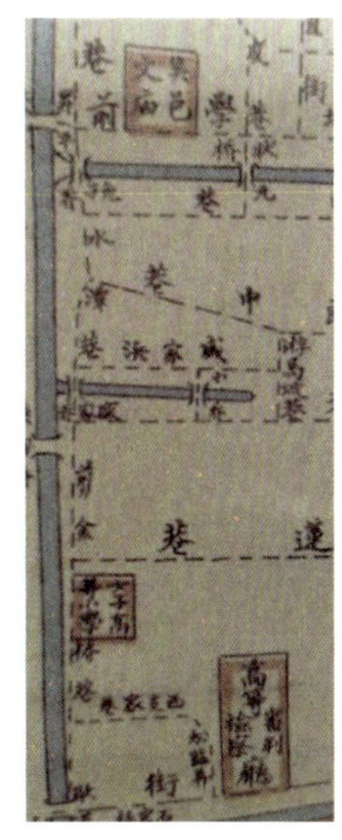
1940 年《吴县城厢图》中的剪金桥巷

1. 《苏州新报》（1939 年 9 月 25 日第 3 版）载录。

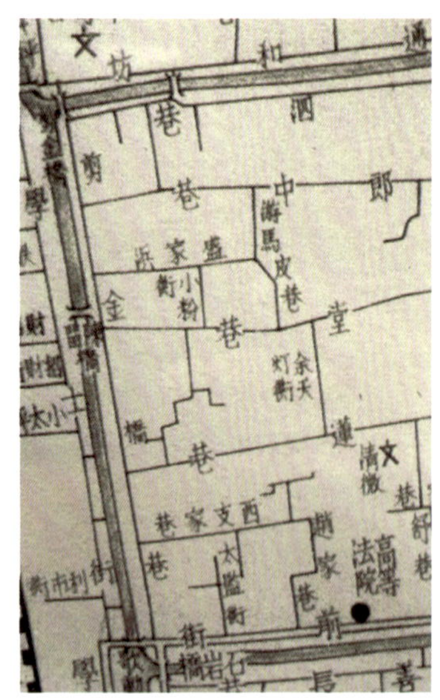

1914年《新测苏州城厢明细全图》局部

细全图》采用。剪金桥巷的南端与道前街西端相接，北端则与干将西路交会，西隔第一直河与学士街平行，跨第一直河东侧支河（已填没）。巷长为504米，宽度2—5米，原为弹石路面，20世纪70年代南段改铺沥青路面，80年代北端则改建成水泥六角道板路面。剪金桥巷原有两个庵堂：一是西支家巷与剪金桥巷口南侧的青莲庵，如今已是市政地块的范围；二是剪金桥巷47号的静性庵，庵堂石库门仍存，内堂依旧能看出昔日供奉香火的痕迹。冯桂芬父子曾在此巷创办洗心局，清末停办，后洗心局的废址上先后兴办过简易识字学塾和升平小学。升平小学校长金蕴琦曾率师生赴下津桥、留园看望伤员。[1]在升平小学的对面西侧剪金桥巷沿街和学校的北侧沿街，都曾是吴县救济院的范围。剪金桥巷上也有许多深宅大院，比如50—54号查宅、60号邵宅等。剪金桥巷80号原有一处苏州民间吴中医学中医诊所，坐诊医师有吴门医派黄一峰门人沈惠驹等，当时颇有名气。“中国现代月季奠基人”吴赉熙的夫人徐仲卿在结婚前也曾居住于剪金桥巷30号，当时徐家花园里种满了各类花卉。而北邻的32号则曾是律师张耀曾[2]的宅子。此外，民国纺织电气工程师姚崇壎也曾居住于此巷，旧时门牌号为105号。1924年2月23日《申报》载，上海大昌贸易公司驻苏经理曾在该巷旧时门牌90号设立分店。1912年12月27日《申报》载剪金桥巷曾住过专治咽喉一科的名医李鹤舟。清末，剪金桥巷也曾有太守公馆[3]、沈公馆[4]等。1936年，剪金桥巷曾有陆昭云开设的德丰昌车行[5]（旧

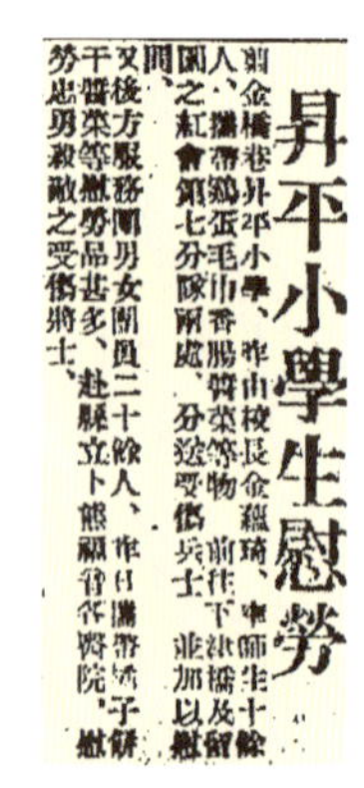

昇平小學生慰勞

剪金橋巷昇平小學、昨由校長金蘊琦、率師生十餘人、攜帶鷄蛋毛巾香腸醬菜等物、前往下津橋及留園之紅會第七分隊兩處、分送受傷兵士、並加以慰問、又後方服務團男女團員二十餘人、昨日攜帶餅子干醬菜等慰勞品甚多、赴縣立卜熊福會醫院、慰勞忠勇殺敵之受傷將士、

《升平小学生慰劳》（《明报》1932年3月7日第1版）

1. 《明报》（1932年3月7日第1版）载录。
2. 据1951年《道（太）养镇地籍图》，此宅宅主为张耀曾。经采访居民，得知其为律师，但并非民国司法总长张耀曾（1885—1938），系同名同姓，特此说明。
3. 《申报》（1901年4月21日第2版）载录，当时署苏州知府田庚（兆伯），后为署苏州知府向万鑅（子振）。
4. 《申报》（1892年10月31日第2版）载录。
5. 《苏州明报》（1936年9月13日第7版）载录。

时门牌1号）、新艺刺绣学社[1]（旧时门牌55号）。此外，1939年，剪金桥巷曾开设玉器作坊[2]。民国时代，律师陈邦灿、陈瑞臻[3]，内科医生毛承德，上海新业洋行和上海苏生洋行的姚万里（柏华）[4]，阊门外惠中旅社账房、英商泰隆保险公司驻苏代理、士绅沈济卿的哲嗣沈西园（旧时门牌91号）[5]及上海《申报》黄正荣[6]等各界贤达都曾居此巷。

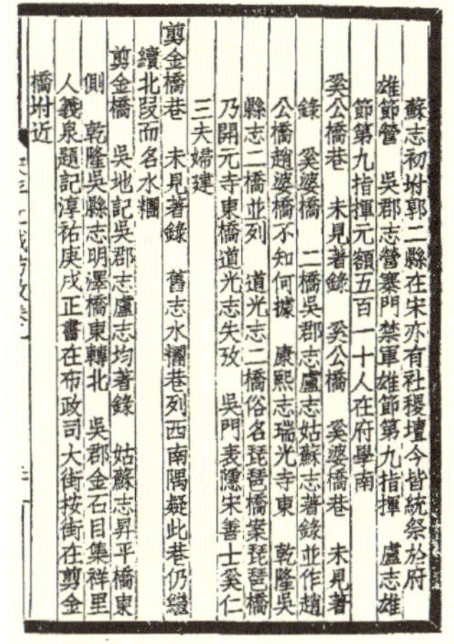
蘇志初附郭二縣在宋亦有社稷壇今皆統祭於府
雄節營　吳郡志營寨門禁軍雄節第九指揮　盧志雄
節第九指揮元額五百一十人在府學南
奚公橋巷　未見著錄　奚公橋　奚婆橋巷　未見著
錄　奚婆橋　二橋吳郡志盧志姑蘇志著錄並作趙
公橋趙婆橋不知何據　康熙志瑞光寺東　乾隆吳
縣志二橋並列　道光志二橋俗名琵琶橋棄琵琶橋
乃開元寺東橋道光志失攷　吳門表隱宋善士奚仁
三夫婦建
剪金橋巷　未見著錄　舊志水欄巷列西南隅疑此巷仍繼
續北叚而名水欄
剪金橋　吳地記吳郡志盧志均著錄　姑蘇志昇平橋東
側　乾隆吳縣志明澤橋東轉北　吳郡金石目集祥里
人義泉題記淳祐庚戌正書在布政司大街按街在剪金
橋坿近

民国王謇《宋平江城坊考》中关于水团巷观点的记载

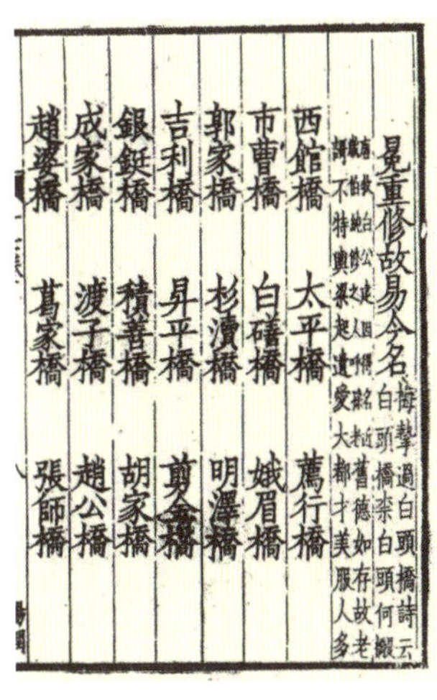
晁重修故易今名 梅摯過白頭橋詩云白頭橋柰白頭何綴
西館橋　太平橋　薦行橋
市曹橋　白礄橋　娥眉橋
郭家橋　杉瀆橋　明澤橋
吉利橋　昇平橋　剪金橋
銀錠橋　積善橋　胡家橋
成家橋　渡子橋　趙公橋
趙婆橋　葛家橋　張師橋

南宋范成大《吴郡志》中关于剪金桥的记载

西支家巷

西支家巷西侧巷口

因早年有支姓居住而得名。又因在旧时兵备道署（即按察使署）两侧，后分东西，东侧的称为东支家巷，西侧的则被称为西支家巷。西支家巷南起道前街，向北转西至剪金桥巷，巷子长度为310米，宽度为3米。原

1. 《苏州明报》（1936 年 8 月 1 日第 8 版）载录。
2. 《吴船集：苏州新报一周纪念册》，苏州新报社，1939。
3. 《吴县律师公会会员录》，吴县律师公会，1936。
4. 《浦东中学校廿周纪念刊》，上海浦东中学校，1926。
5. 《苏州明报》（1935 年 6 月 22 日第 6 版）载录。
6. 《上海申报职工联合会会员录》，上海，1938。黄正荣居剪金桥巷 10 号（民国门牌）。

为弹石路面，1981年改为水泥六角道板路面。巷南北向段先前称作赵家弄，后湮没，1980年撤销地名后并入。1925年10月，道养市民公社在西支家巷口开凿了一口公井。这条巷子中有市级文保单位洪钧祖宅，也有控保建筑吴宅和沈宅及文物登录点（一般不可移动文物）孙宅。洪钧祖宅俗称“洪状元府”，其中东路8号住着洪钧堂侄的孙女，10号在20世纪50年代初已易姓，多为周氏后裔居住。洪钧在出仕前曾在此居住近三十载，光绪十七年（1891），洪钧出使回国后，才在悬桥巷建造新宅及祠堂。西支家巷21号曾居住民国时代在东吴大学读书的陈乃圣，陈乃圣被时人称作“怪佛”“艺丐”，写得一手好字，亦擅长萧乐。关于陈乃圣之怪癖曾在坊间流传，据说他每天只吃一顿饭，每餐则有三四碗。陈乃圣还在汗衫上写售卖“荷兰水”的广告，如今广告衫已普及，而在当时却被视若怪谈。民国时代，苏州文人汪叔良也曾住过瓣莲巷，后迁西支家巷支弄赵家弄（已废）。清末举人盛孚泰，盘、胥门厘卡差江苏候补知县胡道成[1]也曾居此巷，民国律师万维瀚则曾在此巷开办律师事务所。此外，清末民初，在此巷内亦有一些金融业态，如《申报》上载录倪德升银号[2]、同发祥银楼[3]。旧时此巷门牌5号曾住化学家沈仁湘。沈仁湘，江苏吴县（今苏州）人，曾在苏州中学高中部就读，后任浙江大学文理学院化学系教师，而吴县知事吴其昌曾在旧时此巷门牌23号[4]居住。

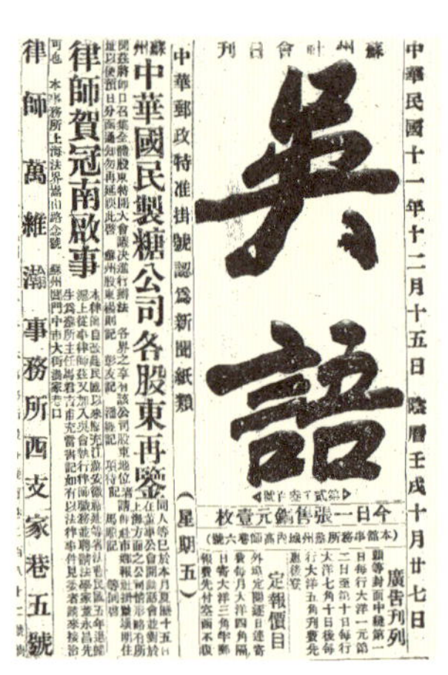

中華民國十一年十二月十五日 陰曆壬戌十月廿七日

蘇州社會日刊

吳語

（星期五）

今日一張售銅元壹枚

中華郵政特准掛號認為新聞紙類

蘇州中華國民製糖公司各股東再鑒

律師賀冠南啟事

律師萬維瀚事務所西支家巷五號

“律师万维瀚事务所西支家巷五号”
（《吴语》1922年12月15日）

东支家巷

明卢熊《苏州府志》作支家巷，支家巷在清乾隆年间已分出东、西两巷。民国《吴县志》亦称“今分东西为二”。东支家巷东出养育巷，折北至瓣莲巷。巷长213米，

1.《申报》（1897年5月18日第9版）载录。
2.《申报》（1909年12月20日第12版）载录。
3.《申报》（1915年1月16日第6版）载录。
4.《时事新报》（1930年6月28日第2版）载录。

宽1.5—5米，1888年改弹石路面为水泥六角道板路面。东支家巷15号原是清微道院，南宋隐士沈清微喜结交道友，因无后，于端平年间将其私宅赠建道院，故名。清末，道观部分移用作公立第五初等小学校舍，民国时改称清微小学。阊、胥门外一假夏防巡查差江苏候补知县龙赞新曾居此巷[1]。据史料，养育巷与东支家巷口原有一处复永盛绸庄，该绸庄曾于1924年8月21日在《中报》上刊登广告，内容反映了当时工商业界提倡国货的情形，各色各样的国货运动开展得如火如荼，“发展国货”一词成为舆论界的时髦词语。1923年8月14日《吴语》上则刊登了养育巷与支家巷口的大雅园菜馆的开业广告：“开设在养育巷南首、支家巷口，建筑洋式门面，内进翻造高大房屋，对照厅楼陈列器具完全布置新式小房间，床帐一切齐备。巷内新辟石库门面以备喜庆宴会，特办中西大菜共和，全应席时，细点随意小酌。本园营业始创，继谋发展，格外优待，奉送厅堂。如蒙绅商各界惠顾，无任欢迎。房屋工竣不远，贵客如有预定事宜，请至本园接洽可也，特此露布。电话一二〇六号，本主人谨启。”东支家巷在民国时代也曾开设过天昌绸缎洋货局。该巷旧时门牌3号曾居绸缎呢绒业主、南浔人陆鼎年[2]。另外，巷内在20世纪中叶也曾开办过小学，均已淹没在历史的长河中。

苏州养育巷中
提倡
復永盛綢莊
各貨大廉價（放盤三星期

复永盛广告（《中报》1924年8月21日）

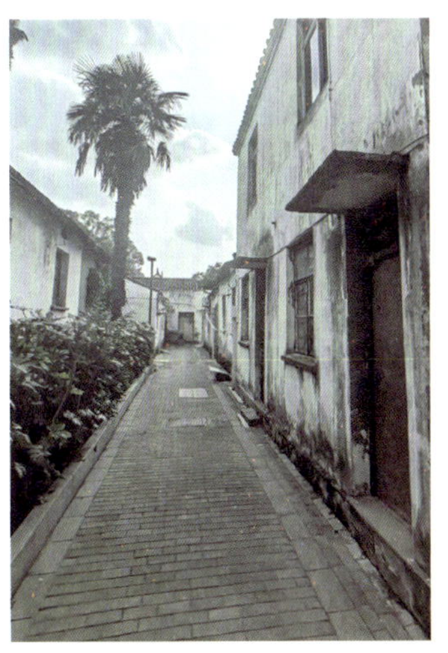

东支家巷

左图：天昌绸缎洋货局广告（《吴语》1923年6月3日）

右图：大雅园菜馆广告（《吴语》1923年8月14日）

（蘇州）天昌綢緞洋貨局
開設養育巷
南東支家巷

蘇城新開
大雅園菜館

1.《申报》（1897年6月1日第9版）载录。

2.《苏州明报》（1932年9月14日第2版）载录。

瓣莲巷

瓣莲巷

东出养育巷，西出剪金桥巷。巷长405米，宽2—4.5米，1983年改弹石路面为水泥六角道板路面。瓣莲巷历史悠久，在宋代称版寮巷。版寮即板寮，是以夹板为墙而建的简易小屋，明崇祯《吴县志》“坊巷”中即作“板寮巷”。据考古记录，这里曾出土南宋淳熙六年（1179）修街砖，题记有“永安巷助缘题记，自吉利桥至版寮巷口街一道”，明卢熊《苏州府志》等沿用了宋志，均作“版寮巷”。而清乾隆《吴县志》则出现了“瓣莲巷”的提法，民国《吴县志》中注了清志的提法，《姑苏图》等也均标“瓣莲巷”。关于“瓣莲巷”之名，在明末清初的文人梁佩兰（1629—1705）的《吴中杂咏·其三》中便有“瓣莲巷口河水清，红板桥头秋月明。对月如花两旁坐，夜来不见酒船迎”的诗句，诗中的“红板桥”应是现在葑门横街上的那座老桥。巧妙的是，这座桥的桥头住着名医许伯安的后人，而这首古诗中与之相提并论的一处——瓣莲巷，也出了一位著名中医。瓣莲巷中最为人所知的是吴中名医曹沧洲的祠，此外，便是清微道院及状元洪钧的祖宅。民国《吴县志》中亦有孟河医派代表人物马文植（字培之）居住于瓣莲巷的记载。此外，汪叔良《茹荼室诗稿》中亦有甲戌八月朔日从瓣莲巷移居西支家巷支巷赵家弄（已废）的记载。1927年5月3日《中报》曾刊登道养市民公社雇工修理瓣莲巷的新闻，实际瓣莲巷的居民自治组织，在清末便已然得见端倪。清代吴大澂在己巳（1869）九月十五日的《恒轩日记》中提到“瓣莲巷里董张友松”，而在1910年，道养市民公社在该巷内的清微道院创设，后来才迁到西支家巷。赁居瓣莲巷的台湾著名女作家艾雯（即熊昆珍）曾回忆她的少年时代：“门前走过千百次的长巷，洁净的鹅卵石光滑如

▲修理辦蓮巷　道養市民公社、有鑒於境內辦蓮巷東西兩段、街道失修、該公社爲此、昨特雇喚工匠多人動工、將該巷東段先行興修矣、

《修理辦蓮巷》（《中报》1927年5月3日）

洗。青石台阶、黑漆屏门、白粉墙头探出一两枝桃李。小河萦绕回转，潺潺流过杨柳岸……”[1]然而瓣莲巷的故事远不止于此。笔者在巷陌中穿行，与居民交谈间揭开了这条巷子中发生的一些鲜为人知的往事。

从剪金桥巷步入瓣莲巷，在巷子的左侧有两栋民国风情的洋楼，巷口的60号是吴江平望大族陈家的祖宅，宅主是陈乃时的儿子陈其愉老先生。60号东侧的55号是恒德堂李宅，李宅在剪金桥巷和瓣莲巷各有两块堂界，李宅系民国时代燮昌火柴公司老板、宁波籍商人叶世恭手下的经理李秉恒所建，如今已经住了李家三代人。

说起苏州小巷间的备弄，也是古城的一大特色。瓣莲巷和南侧的西支家巷间有三个备弄相通：一是洪钧的祖宅；二是通往西支家巷19号的一个小弄，在瓣莲巷53号后面，原先是蔡家的大宅，曾经历过一场大火，只剩下了最后的一进，留存有一码三箭样式棂花的窗格、木制的楼梯和轩廊，蔡家的界碑则留存在前一进旁的过道边；三是通往西支家巷14号沈宅大院的备弄，幽深而茫远，对于久居于此的人们来说，正如同一个无法回去的童年梦境。笔者多次沿着船棚轩步入瓣莲巷46号两路四进的院落，这里原先是东山叶家后裔叶璞山的住宅。叶家是吴中望族，后嗣可谓枝繁叶茂，仅叶梦得六世祖叶逵的长子叶参（又名元参）就有后裔纪革、北叶嵩下等26个支派，而叶梦得次子叶桯后裔也有10个支派。这里曾住着一位务本堂叶氏的老妪，多年前过世后，叶家转卖了房子。中间的院落中有“式好无犹”题字的砖雕门楼，雀宿檐斜撑上的镂刻做工精细，檐廊左右原先分别有“兰芬”和“芝秀”两个字额，现仅存后者。院内有八角及圆形古井各一口，至今仍在使用，被视为流动的市井文化传承。西侧的49号，原先是商人王济南的宅子，现今老宅已不存，只留下沿街的西洋式石库门及最后一进的金山石铺地，让人似乎能想见昔

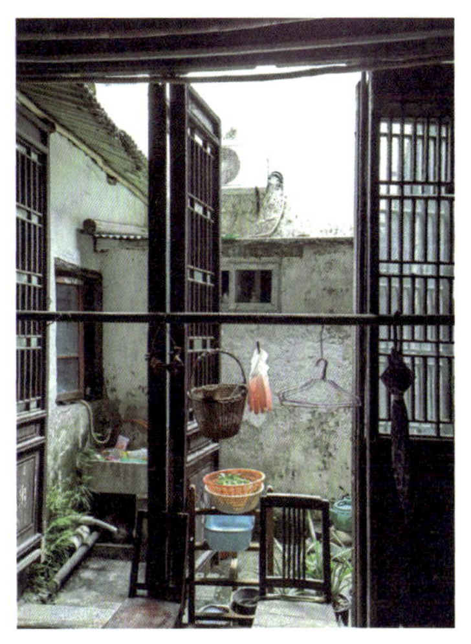
瓣莲巷蔡宅

1. 艾雯：《老家苏州》，序，古吴轩出版社，2009.1，P1。

日庭院深深的格局。而再往东走，在瓣莲巷44号，进入一个大院。据住户介绍，这里原来是官宦人家高聘之的宅子，原有三进，有砖雕门楼，而如今已面貌大改。再往东，步入瓣莲巷38号，老宅已改建，这里曾是中共上海地下党员王月英（化名李敏）同志的故居。王月英曾成功策反上海市市长赵祖康，为上海的和平解放立下了卓著功勋。不远处的36号，是美食家老凡的故居，他是徽州大族程家的女婿。故居东侧有一家苏城已然少见的老式理发店，两位理发师顾萌华和骆卫忠都曾是国营理发店“千里香”从学徒做起的老员工。“千里香”起初开设在乐桥，后来搬迁到道前街152号。1998年“千里香”倒闭后，两人集资开了这家店，如今已扎根瓣莲巷40多年。“酒香不怕巷子深”，木质长条的推门、白色的工作服、美加净牌发乳、金刚钻牌发蜡，再加上顾萌华拿手的发型“长波浪”和“蘑菇头”、骆卫忠精湛的“摇刀”修面功夫，在“铁杆”的老顾客眼中这就是一个时代的梦。瓣莲巷10—12号则是一座民国时期的住宅楼，此楼西侧的原住户姓周，1951年瓣莲巷12号户主为周复初，周氏弟兄两人开漆匠店，宅子西侧墙角立着“复初堂”的界碑，向后人述说着老宅曾经的历史。在民国时期，瓣莲巷口原有一家名为“吴永泰”的漆店，后毁于火灾，在1926年4月19日的《苏州明报》上曾有过报道。当时署元和知县的李超琼[1]也在清光绪十五年（1889）七月十三日的日记中提到他第二次来苏坐轮舟抵达胥门，曾居住在瓣莲巷。此外，瓣莲巷亦住过许多苏州的士绅，比如吴县教育局教育委员胡如玉、苏州城南市民公社社长刘传福、财政部币制局处长王君宜、江苏高等法院检察长王思默、“台塑大王”赵廷箴等，民国时期知名律师高衡之和高文琪也在此开过律师事务所，当时登在旧报上的门牌号分别为瓣莲巷55号和8号。民国时期《吴县城区寺庙公产调查表》记载，瓣莲巷曾有座兴建于清同治五年（1866）的护国庵，当时寺产登记的住持僧人是慧德，庵舍有6间，据街坊严姓老居民回忆，位置在曹沧洲祠的东侧。1948年9月24日《铁报》上曾刊载《瓣莲巷的梵音》一文，讲述了撰写该文的作者造访苏报的经理张达泉居住的瓣莲巷，并将此巷与

1. 李超琼（1847—1909），初名朝昱，字紫璈，别字惕夫、石船居士等。清合江（今属四川）人。清光绪五年（1879）举人，光绪九年，以候补知县分发江苏苏州，住道前街聚星栈后院楼［《李超琼日记》（1883年8月29日）］。1889年，署元和知县，曾住瓣莲巷。次年，实任元和知县。1894年，又署知阳湖，两年后回任。李公堤是苏州市金鸡湖中唯一的湖中长堤，全长1400米，就系李超琼所建。在李超琼长达二十多年的知县生涯中，修建李公堤只不过是他惠民实政的一个缩影。

瓣蓮巷的梵音

《瓣莲巷的梵音》
（《铁报》1948 年 9 月 24 日）

观前街相比较，描绘了当时瓣莲巷的禅意和宁静。瓣莲巷在民国时也被称作“古城侨巷”，相传20世纪50年代，这里曾有17户侨眷，许多人负笈远洋，学业有成，比如留美工程师、江苏省立苏州工业专门学校教授华毓鹏（字博云）。清末《申报》记载，瓣莲巷内曾有桂太守公馆[1]、李公馆[2]等宅邸。另外，苏州望族荻扁王氏蠡墅支王祖芬的后裔在清末民初也曾在此居住过。瓣莲巷33号原为东吴大学英文教授陈海澄的居所，而瓣莲巷50号则曾是开明大戏院经理、南区救火会执行委员娄郁生[3]的居所。更鲜为人知的是，红十字会产科护士高文琳也曾在瓣莲巷（旧时门牌55号）内创设文琳医院，开设产科和妇科的门诊。[4]

余天灯巷

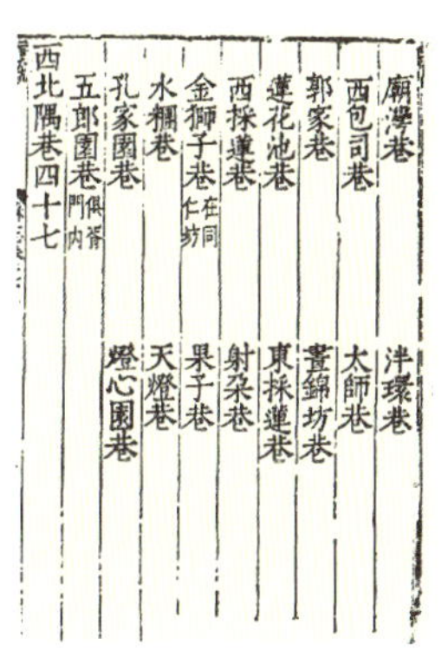
廟灣巷　泮環巷
西包司巷　太師巷
鄭家巷　蕃錦坊巷
蓮花池巷　東採蓮巷
西採蓮巷　射朵巷
金獅子巷（在同仁坊）　果子巷
水潮巷　天燈巷
孔家園巷　燈心園巷
五郎園巷（俱胥門內）
西北隅巷四十七

明王鏊《姑苏志》“天灯巷”条

北接庙堂巷，南端与瓣莲巷相接。明王鏊《姑苏志》“坊巷”一章中载录为“天灯巷”。民国王謇《宋平江城坊考》中则认为：“余天灯巷，卢、王[5]二志天灯巷，疑即此。”孔明灯，又叫天灯，俗称许愿灯、祈天灯，此巷是以节庆取名的街巷。清末民初著名学者张尔田（1874—1945）侨寓吴门时，与“清末四大家”之一的郑文焯（号小坡）、朱祖谋等交游，他在

1882 年 4 月 11 日
《申报》上的记载

1.《申报》（1905 年 4 月 11 日第 18 版）载录，“桂太守”系藩宪陆方伯戚。

2.《申报》（1906 年 7 月 7 日第 10 版）载录，李某系苏州前总捕头。

3.《苏州时报》（1934 年 12 月 25 日第 7 版）载录。

4.《苏州明报》（1926 年 6 月 20 日第 4 版、1926 年 8 月 29 日第 4 版）载录。

5. 指明卢熊《苏州府志》和明王鏊《姑苏志》。

余天灯巷 8 号毕宅

余天灯巷 12 号俞宅

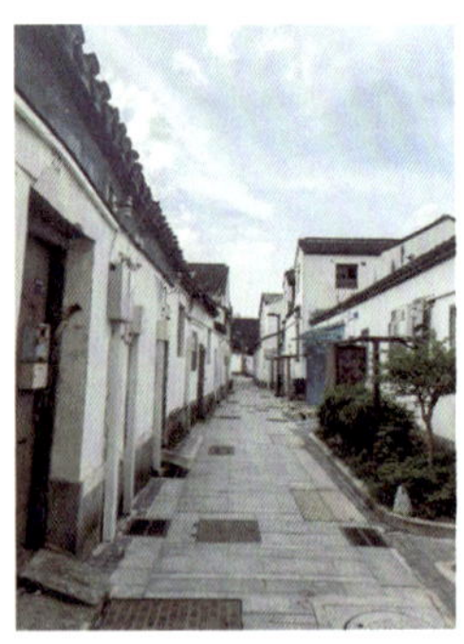
余天灯巷

《大鹤山人逸事》中记载:“时余家居苏州天灯巷。曾记一日大雪, 晚饭后, 小坡携烟具, 敲门入, 欲拉同赴盘门, 观女伶林黛玉(陆金宝)演戏。”据说余天灯巷曾住过定海知府毕治策, 近现代教育家、中国民主建国会元老卫楚材, 传奇作家、《哪吒》《李师师传奇》作者周楞伽, 医家殷济世[1]等名人。余天灯巷8号为毕治策宅, 其东侧毕园已废; 5号原为陈宅, 原有假山、廊池, 建造箔坊时废, 后归胡姓居住。民国时, 苏州女子中学教员李敏斋, 苏州市政筹备处财政科课长汪蔚青, 擅岐黄术、以符水治病的何梧庭, 江苏候补知县周濂, 江苏候补直隶州苏定祥[2]也都曾居住于此巷。

庙堂巷

在瓣莲巷北, 东出养育巷, 与柳巷相直, 西出剪金桥巷, 西端南侧有一断头支巷。巷长406米, 宽2—4.7米, 1984年东端铺设水泥六角道板路面, 其他仍为弹石路面。明卢熊《苏州府志》作“庙堂巷”。清乾隆《苏州府志》载因巷内原有“东岳二圣庙”, 故名。同治苏州府志并注“(与)柳巷对”。《姑苏图》等均标“庙堂巷”。范广宪《吴门坊巷待辅吟》中“庙堂巷”条载录:“旧历三月

廟堂巷發現古碑

廟堂巷明儒陸包山祠堂、前被族人變賣、而包山先生自書之古碑、亦告失蹤、曾由寓公李根源函縣查究在案、昨經縣府查得廟堂巷附近富春堂孫姓空地東側、有古碑五塊、㈠嘉靖年壬辰六月、㈡萬歷四年十一月、㈢隆慶辛未年、㈣道光廿八年十一月、㈤遜吳祖四世孫、當飭該圖南利廿三圖地保劉繼增保管云、

楊蔭杭律師事務所

胥門內廟堂巷五十九號（電話五五五五）

左图: 杨荫杭律师事务所广告(民国报刊)
右图:《庙堂巷发现古碑》(民国报刊)

1. “扬名济世”旧闻出自《申报》(1882 年 4 月 11 日第 5 版)。
2.《申报》(1889 年 11 月 26 日第 4 版)载录。

聲明

相士陳清照論相命庚午年遨[illegible]論相兩判科場論壽延[illegible]歲觀陽宅風水應驗如神寓蘇省廟堂巷韓林第九十號

滿泰懿

乙

不食言蘇城內養育巷中廟堂巷南首楊大昌火腿店告白

民国报刊上关于庙堂巷的记载

二十八，东岳大帝生日，市民往该巷三圣庙祭祀，20世纪40年代后，风俗日趋式微。”民国时知名律师杨荫杭、潘承锷、吴曾善、蒋中觉、张一鹏，名医姚寅生、邵蟾桂、邵元桂、邵一桂、李岐山、桂省吾，土木工程师王心渊等均居此巷内。20世纪20年代，庙堂巷东段南侧曾设立过邮政分局。巷内也曾设有吴县区卷烟税征收局。1921年，十岁的杨绛随父母定居苏州，杨家在此购宅，即住巷内。庙堂巷6号为雷允上业主雷显之别业，1958年用作上海外贸休养院，现属市级文保单位。庙堂巷8号原是奉祀清代画家陆治的包山祠。庙堂巷10号是范仲淹第二十八世孙、《人民日报》原总编辑范敬宜的老宅，庙堂巷53号后则曾住着范仲淹的另一支后裔——苏州职业大学教师范敬宗。庙堂巷16号的忠仁祠则为明代光禄寺卿徐如珂故宅“一文厅”原址，市控保，砖雕门楼。名医邵蟾桂是曹沧洲的门人，曾居庙堂巷15号。步入此宅，在第一进大门背面有“子孙保之”四字的字额，向后人述说着历史。苏州盐公堂潘号经理、大阜潘氏蓼怀公支潘馥的侄子潘廷枞、湖北武备学堂教习孙福保、江苏高等审判总厅刑庭庭长汪棣卿、吴县知事公署科长赵杏生、中国民主建国会元老孙宝冲、镇江名医王秀冬[1]等也都曾居住于此巷。著名作家陆文夫1978年回到苏州后，也曾在庙堂巷岳母家住过一段时间。据说程小青儿子曾去庙堂巷陆文夫住处，请他为程小青的名著《霍桑探案》的再版作序。时大彬弟子邵亨裕在《愿学堂诗存》的“自吴门解缆赴杭州”开篇一节中也曾谈到“暂寓少谷庙堂巷宅”。清代状元石韫玉在《独学庐四稿》卷五“先世祠堂记”一文中则谈到其祖父医家石宁周曾居此巷：“先曾祖初居饮马桥。先祖居庙堂巷，先考乃移居金狮巷则余所生之地也。”如今在沧浪街道道前社区中陈列着一口宋代武康石的古井圈，

展陈于道前社区的宋代武康石古井圈

1.《申报》(1884年6月13日第8版)载录。

庙堂巷

庙堂巷“树德务滋”门楼

见证了32号街坊八百年前先民生活的痕迹。据说当时这口古井圈发现于庙堂巷14号院中。庙堂巷30号仁德堂从前是程宅，后来成了印刷厂。而在30号东侧，新中国成立初期则曾是鸿声火柴厂的产业。庙堂巷31号留存辛酉年仲春文人徐之俊题写的“树德务滋”门楼一座，题额字义出自《尚书·泰誓下》，意思是向百姓施行德惠，务须力求普遍。据《申报》1880年9月28日第5版记载可知，在庙堂巷、养育巷口的南首原有一家杨大昌火腿店。《申报》1886年7月24日中则记载了清末风水先生陈清照寓居庙堂巷“翰林第”的旧闻。《申报》1944年9月24日刊载了曾居庙堂巷77号（旧时门牌号）的民国外交家廖世功[1]的长孙女廖有庆与光裕公司老板严裕棠[2]长孙、民族企业家严庆祥长子严达的结婚启事。而此前庙堂巷77号也曾居住过雷允上老板雷显之[3]。《明报》1930年10月25日第10版上曾刊登一则“庙

移股東會議改推雷顯之爲總經理，雷爲雷允上藥店主，該店廟堂巷七十七號，去年勝利後，該莊

嚴光藻長孫達
廖世功長孫女有慶
爲結婚啓事

光臨

左图：民国报刊上关于庙堂巷77号的记载
右图：《严达、廖有庆结婚启示》（《申报》1944年9月24日第3版）

---

1. 廖世功（1877—1955），号叙畴，上海嘉定人，民国外交家。曾就读于上海广方言馆，留学于法国政治科学院，获学士学位。回国后考授法政科举人，历任学部主事、北洋洋务局帮办、欧洲留学生监督、驻法国巴黎总领事、兼驻比利时公使、中国驻国际联盟首席代表。抗战期间拒任伪职。新中国成立后任中央文史研究馆馆员。
2. 严裕棠（1880—1958），号光藻，上海人，民族企业家。1925年春，与人合伙租办苏州苏纶纱厂，建立光裕公司，总管大隆、苏纶两厂，实施棉铁联营。1930年又在苏州建苏纶第二厂、织布厂、发电厂等。
3. 《申报》（1946年3月30日第2版）载录。另据《申报》（1936年7月10日第5版），雷榘卿、雷显之、雷徵明共同发布的其父雷梓琴的讣告，当时载录的地址为庙堂巷68—70号，存录备考。

堂巷发现古碑”的纪闻，讲述了朱德的老师、当时寓居苏州的辛亥革命元老李根源要求当时的吴县县政府查究包山祠堂古碑的往事。该则纪闻中还刊登了庙堂巷附近富春堂孙姓空地东侧，有明清时代的古碑五块，立碑的年份包括明嘉靖壬辰年（1532）、隆庆辛未年（1571）、万历四年（1576）、清道光二十八年（1848）等。余天灯巷和庙堂巷的交界口有一口清乾隆九年（1744）建造的甘泉义井，井圈八角形，青石材质，距今已有279年的历史。庙堂巷1号原有六角形花岗岩井圈的古井一口，镌“鸿泉”字样，今已不存。苏州地学会秘书长、副理事长蒯元林（1940—2019）曾先后居住在庙堂巷55号和45号，他曾在2016年8月5日的《苏州日报》上发表《庙堂巷纪事》一文，讲述了他所知道的庙堂巷往事。

> 笔者先父蒯荣生以修复网师园砖雕门楼和拙政园远香堂而被苏州地方志记载，他老家在太湖边的香山蒋墩，1930年迁居庙堂巷。笔者生于庙堂巷，曾长期住在巷内55号，结婚后住在45号，故对庙堂巷的人世沧桑有所了解。《苏州日报》前阶段发表文章，考证过杨绛先生的故居在庙堂巷16号，这是完全正确的。先父在世时，也曾多次说起过杨绛先生的故居是庙堂巷16号，他也进去过。但他不说那里是杨绛家，而说是杨大律师（即杨绛的父亲杨荫杭）家，还说杨大律师的管家也姓杨，住在庙堂巷的小粉弄内。
>
> 1980年左右，曾有四位中年人来庙堂巷寻访杨绛故居，正好碰到我，我就把他们领到庙堂巷16号。据他们说，他们是天津大学一位教授的后辈，受老人的嘱托，专程从天津来苏州寻访故居老宅。这样看来，他们应该是杨绛七妹杨必的小辈，杨必的丈夫孙令衔正是天津大学的教授。
>
> 庙堂巷8号是上海外贸疗养院。这里原是“包山祠堂”，后归雷允上业主，故现在被称为“雷氏别墅花园”。据说这里还曾是辛亥革命国民党元老杨度（1875—1932）的别墅。杨度曾主编《中国新报》，主张君主立宪，后倾向革命，1927年曾多方营救被军阀张作霖逮捕的李

杨度

大钊，1929年加入中国共产党，晚年移居苏州庙堂巷。

庙堂巷22号现在挂了杨荫榆故居的牌子，其实是我国早期法学家、大律师、民国江苏省议会议员潘承锷家的房子，他是苏州著名的贵潘家族成员。前番《苏州日报》报道，这一房产档案上登记的名字是潘严生。问了编修新家谱的贵潘家族成员潘裕博教授，才知道“严生”正是潘承锷的字，又写作“砚生”。这宅子本来和东侧的畅园是一起的，分别是住宅部分和花园部分。

新中国成立后，庙堂巷22号畅园内曾住过苏州市园林管理处首任处长秦新东。他与谢孝思通力合作，为修复苏州古典园林作出了不可磨灭的贡献。值得一提的是，近代苏州园林修建大师、《营造法原》作者姚承祖也曾居住在庙堂巷内。

庙堂巷36号是著名电影演员舒适的故居。舒适曾主演电影《林冲》，还曾出演电影《红日》中的张灵甫等角色。此故居的前主人是东吴大学法律系主任吴曾善，他不但精通法律，还擅长书法，现在虎丘山门前的“古吴揽胜”和剑池的“别有洞天”都是他的遗作。而他的儿子吴传钧（1918—2009）是中科院院士，曾任中国地理学会理事长、国际地理联合会副主席。抗日战争之后吴宅易主，卖给了时任江苏省财政厅厅长的舒适之父舒厚德，现已在庙堂巷36号后门盛家浜墙上嵌了舒适旧居的纪念碑。1992年吴传钧来苏州参加中国地理学会在苏举办的学术会议，参与接待工作的我还陪他去看了一下这座宅子。

庙堂巷45号——我曾经住过的地方，新中国成立前曾居住过一位河南人齐老先生。据说他曾担任过孙中山的秘书。后来齐老一家迁回河南郑州。宅内另外一家是孙中山当政时的高等法院院长的遗孀和他们的后代。隔壁51号男主人姓周，是修建京张铁路的詹天佑的同事，此人之前隐居天津时，与末代皇帝溥仪在天津的居所“张园”比邻而居。可惜上述两人的具体名字我没能打听到，只知道齐老先生的儿子叫齐家琪，周家后人有人从事绘画工作。

庙堂巷内还居住过裕华肥皂厂和苏州橡胶厂厂长。1959年，裕华肥皂厂厂长夫人（姓荣）应邀参加在北京召开的群英会，受到毛主席接见，还留下合影。当时在巷内引起轰动，传为美谈。

著名作家陆文夫1978年下放回到苏州后，也曾在庙堂巷岳母家住过一段时间。程小青儿子曾去庙堂巷陆文夫住处，请他为程小青的名著《霍桑探案》的再版作序。[1]

庙堂巷旧时门牌43号曾居中医曹黼侯门人李岐山医士，他常在此通过发放给药券（往诊者免收诊金并附药一剂）和优待券（往诊者免收诊金只取金一角）[2]的方式帮助穷苦人治病。旧时门牌44号曾居西医张惠民[3]。旧时门牌57号曾住过湖州的望族钮家，比如民国时代吴县电报局局长钮因楚（字翘南）、淮南铁路局局长钮因梁（字甸夏）。而钮因楚的女儿钮心慈则是中央戏剧学院音乐剧教学的奠基人。旧时门牌71号曾住建筑工程师孙曾蕃。此外，民国时代庙堂巷曾有一家东来书庄，专售中外书籍、地图和学堂用品，后来迁到养育巷北女冠子桥堍。

游马坡巷

原称游墨圃巷，王謇《宋平江城坊考》卷一"游墨圃巷"今讹作"游马坡巷"，明初卢熊《苏州府志》中称作林家巷、潘家巷、林家院子、潘家院子，在富郎中巷。疑林家院子、潘家院子二巷相连，即今游马坡巷。游马坡巷南北相接富郎中巷与庙堂巷，中段西向与盛家浜相接。巷长133米，宽2.4米，系弹石路面。民国《吴县志》一作游墨圃，俗呼"油抹布巷"，《吴县图》则标注为"游马皮巷"，疑误作"坡"为"皮"。《苏州图》中则标识为"马坡巷"。范烟桥在《吴门坊巷待輶吟》中咏诗曰："院子林潘旧姓多，寻消问息几经过。游家遗迹明明在，墨圃何因误马坡。"范烟桥也曾说："今讹游马坡巷在富郎中巷旧林家院子、潘家院子，二巷相连，疑即是巷。"

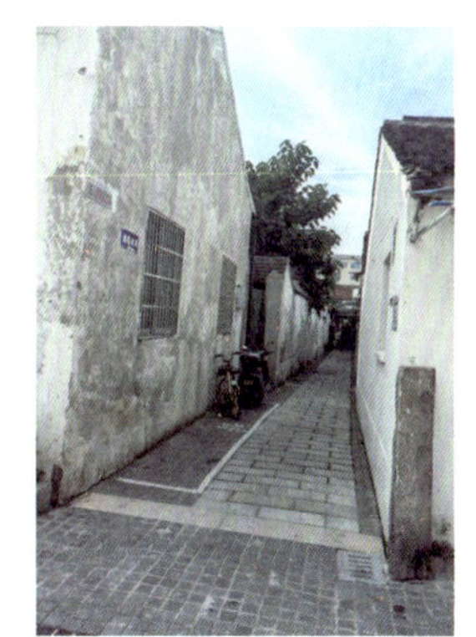

游马坡巷

1. 《苏州日报》（2016年8月5日）"沧浪"副刊载录，蒯元林《庙堂巷纪事》。
2. 《苏州明报》（1930年9月6日第4版）有载。
3. 《苏州明报》（1937年1月22日第7版）有载。

盛家浜

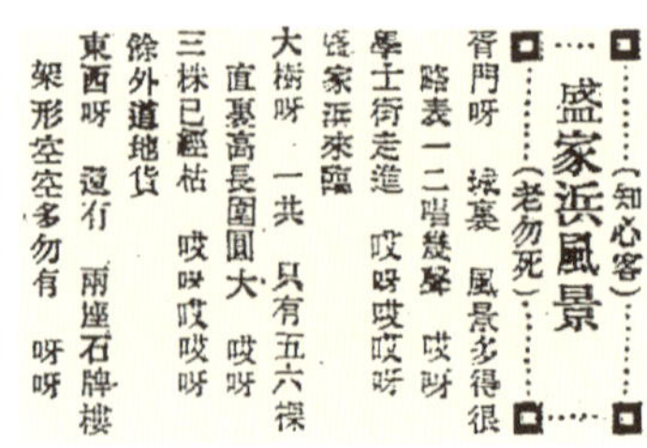

◘……（知心客）……◘

盛家浜風景

◘……（老勿死）……◘

胥門呀　城裏　風景多得很

路表一二喈幾聲　哎呀

學士街走進　哎呀哎哎呀

盛家浜來臨

大樹呀　一共　只有五六棵

直裏高長團圓大　哎呀

三株已經枯　哎呀哎哎呀

餘外道地貨

東西呀　還有　兩座石牌樓

架形空空多勿有　呀呀

《盛家浜风景》（民国报刊）

原称成家浜巷。苏州成氏，唐有成及，曾为苏州刺史，有政声；宋有成闵，从高宗南渡，屡立战功，韩世忠推让其能。成家云云，或与其有关。早先该巷有一条名为第一直河的断头河，西端跨有成家桥。民国初年（道养市民公社）整修驳岸、增加石护栏，20世纪20年代末，填浜、废桥、拓巷。盛家浜东出游马坡巷，西出剪金桥巷，巷长158米，宽3—5.5米，弹石路面。南宋《平江图》上有成家桥，位于今盛家浜西。明初卢熊《苏州府志》“坊市”一章中记载“盛家浜巷”，而“桥梁”一章则记载“盛家桥，成家浜”，又《苏州城厢图》标“盛家浜”，由此可证明“成”“盛”互用，盛家浜原作成家浜无疑。民国《吴县志》作“成家浜”，并注“在富郎中巷南，今讹盛，据《平江图》考正”。《新闻报》1922年12月28日第7版以“开凿盛家浜动工”为题记载了盛家浜历史上一次较大的街巷整治活动。大阜潘氏敷九公四房潘世璜的一支后裔曾居住在盛家浜12号，而潘氏敷九公长房一支后裔潘承祥的后人也曾在盛家浜19号居住，民国大律师潘承锷与潘承祥都是潘奕腾（云庄公）的后人，他们是堂兄弟关系。盛家浜10号原为叶宅[1]，后曾由方姓开办五七粮店，粮店旋又迁址到养育巷南口与道前街交叉的转角（今属33号街坊）。盛家浜16号新中国成立初期曾为程德成的宅子，程德成曾就读于复旦大学。盛家浜18号则为皮场大王庙的遗址。盛家浜16号西侧现已是新建楼房，原主人顾振亚后人去了香港，存东西两块“承庆堂顾”的界碑，留存了一段岁月的痕迹。盛家浜11号为丁宅，现存一方“丁产”两字的界碑。据居民

◎開鑿盛家浜動工　胥門內盛家浜、本一小浜、沿浜居戶十餘家、均搭浮橋、以通出入、現有該處住戶馬董兩姓、以該浜與各處河道、並不貫通、因此並無船隻往來、而且浜中之水、污濁不堪、碍難取煮飲料、爲特發起將該浜橫面舖平、開深浜道、以保水利、昨已實行雇匠動工矣、

《开凿盛家浜动工》（《新闻报》1922年12月28日第7版）

1. 1951年《道、太养镇地籍图》登记为叶仲香，其曾是中国红十字会会员，出自东山叶氏家族。另据《申报》（1932年6月23日第12版）记载，叶伯良曾居盛家浜，叶伯良系洞庭东山旅沪同乡会审查财政委员会委员，存录备考。

讲述，原来丁家后裔早已迁往他处。《苏州明报》1925年10月21日曾刊登“盛家浜风景”的民谣。民国时期，城区公安局第二分局第一分驻所（原南三分所）[1]亦曾开设于此巷中。此外，该巷旧时门牌7号曾经先后开设七星文艺社编辑部[2]、天和织布厂[3]。如今这些往事早已湮没在历史的尘埃中。

盛家浜

织里弄

原名打线弄，边上从前有烟草店、棺材铺，通舒巷到道前街。那里的土墩（今织里苑）是居民登高望远的好去处，据说以前常有居民在此放风筝。《申报》1912年12月19日第7版上曾载录“道前街引线弄口有一家剃发店（理发店）”，店主为赵银宝。该弄原开设有一家“苏州日日新闻报”报社[4]。此外，上海圣约翰大学土木系毕业的建筑工程师冯家治、东吴大学法学系33届毕业的冯家瀚都曾住过原打线弄3号。

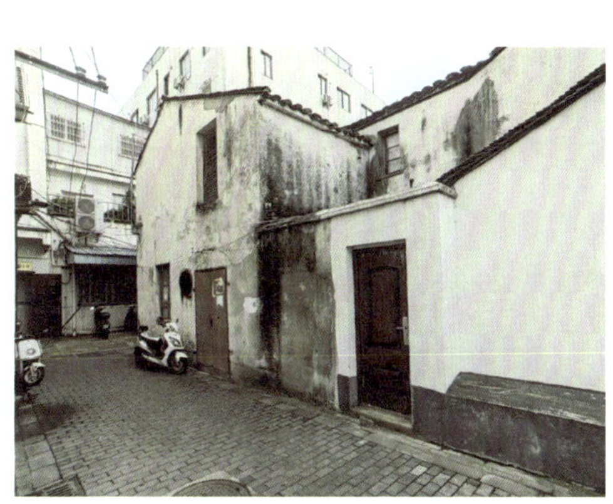

织里弄

蘇州日日新聞報出版廣告

本報准立夏日陽歷五月六日出版送登廣告一星期省內外各報有願交換者請如期惠下社址蘇州道前街打綫弄

《苏州日日新闻报出版广告》（《申报》1918年5月4日第1版）

1. 《苏州明报》（1930年6月28日第3版）载录。
2. 《苏州明报》（1936年9月13日第8版）载录。
3. 《苏州明报》（1948年10月27日第3版）载录。
4. 《申报》（1918年5月4日第1版）载录。

小粉弄

小粉弄

是盛家浜中段南侧的支巷，长158米。因此处原有芡实（小粉）作坊而得名。芡实是“水八仙”之一，俗称鸡头米。芡实可入药，在中医学上有固肾、补脾、止泻的功效，与32号街坊悠久的中医文化相呼应。民国时期，该弄旧门牌5号有知名律师顾宪章、庞靓颜，4号则有沈星侠、吴桂辰、周域在此办公，另原有一家盛姓裁缝店[1]。

府东巷

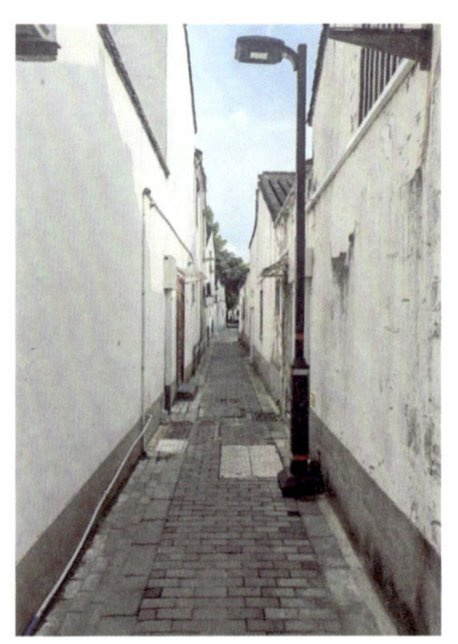

府东巷

南端出道前街，东端则与东支家巷相接。宋代称施巷，曾名舒巷，为避免重复而改名。根据数张古地图，现在的府东巷是由在清代命名的舒巷演化而来的，但多数人不清楚此沿革，加之府东巷是近现代改称，导致此巷子在近代历史资料中有些缺失，也有很多当地人直接将其认为是余天灯巷的南段。舒巷的名称据考在20世纪初叶才出现，1880年的旧地图上尚未标注，舒巷的名称在1940年的地图上依旧被沿用。另外也有认为府东巷的命名源于一个谬误——命名时错将按察使署旧址当成了苏州府署旧址（今会议中心），取其“府”字，加之巷子在按察使署东侧，遂取名“府东巷”。

---

1. 《申报》（1932年10月18日第8版）载录。

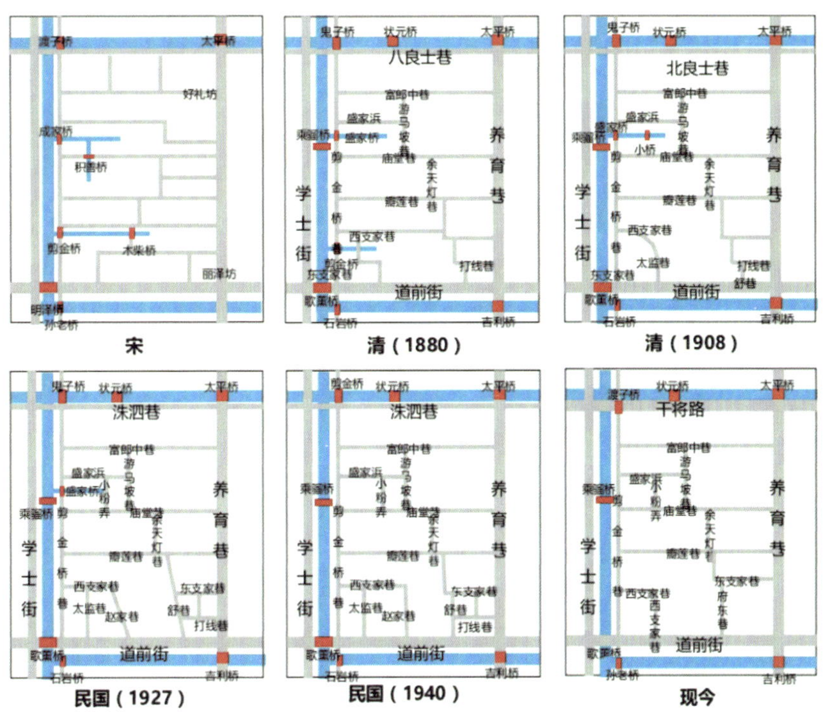

府东巷的历史演变（宋至今）

道前街

道前街

因明代苏松常兵备道衙门设于此而得名，宋代此处称明泽桥（即歌薰桥）东街。民国《吴县志》作道前街，《苏州城厢图》《吴县图》《苏州图》均标道前街。道前街原先分为三段，饮马桥到西馆桥为卫前街（因明代有卫指挥使司得名），西馆桥到养育巷口为府前街（因有苏州府署得名），养育巷口到歌薰桥则为原先的道前街。道前街离东侧子城不远，是原来子城（吴王的宫殿所在地）与胥门之间的过渡地带。20世纪60年代，养育巷口到歌薰桥一段曾改名为红旗西路，后恢复原名。《新闻报》1911年1月10

日记载，在道前街和养育巷口曾开设道前街菜场。《罗宾汉》1930年2月17日记载：“弹词家朱介生，今春在苏州道前街雅仙居独做双珠凤，听客颇众。”清末至民国，道前街上商号颇多，曾有柳益茂茶叶店[1]、述古斋书坊[2]、凤池茶寮[3]、济元典[4]、藜青阁纸铺[5]、恒吉酒肆[6]、同康客栈[7]、恒孚客栈[8]、万康酱园、道社酒店、三珍斋熟肉店、采香斋糖果店、啸云天茶馆、童葆春堂[9]、王颐吉药店、王济美、杜布大记号、大东阳烛号、王由吉酱油店、老万年银楼、豫昌本当铺等商肆，亦有招商旅馆、指升旅馆、鑫升栈等旅馆及演唱沪剧（申曲）的公余书社[10]。《明报》1925年11月5日曾刊登《道前街名店》一文，用五更调的形式讲述了当时道前街上的名店。按察使署东侧原有王义隆轿铺[11]，西侧原有瑞盛提庄、长春客栈[12]。道前街西首曾开设同成米号[13]。《大光明》1930年8月27日上曾刊登过道前街童葆春药铺的广告。

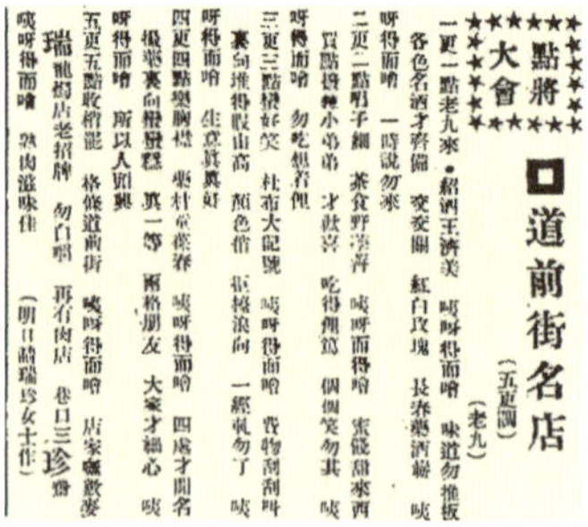
點將大會 □道前街名店（五更調）（老九）

《道前街名店》（民国报刊）

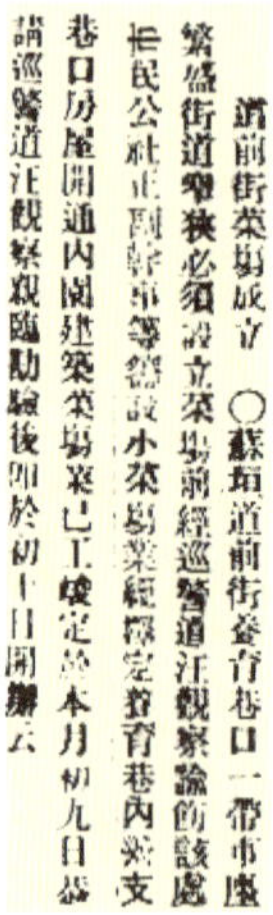
道前街菜場成立 ○蘇垣道前街養育巷口一帶市廛繁盛街道擁擠必須設立菜場前經巡警道汪觀察諭飭該處居民公社正副幹事等籌設小菜場業經擇定養育巷內劉姓支巷口房屋開通內園建築菜場茲已工竣定於本月初九日稟請巡警道汪觀察親臨勘驗後即於初十日開辦云

《道前街菜场成立》（民国报刊）

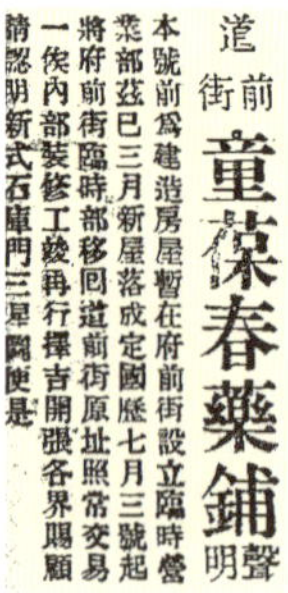
道前街 童葆春藥鋪 聲明

本號前爲建造房屋暫在府前街設立臨時營業部茲已三月新屋落成定國歷七月三號起將府前街臨時部移回道前街原址照常交易一俟內部裝修工竣再行擇吉開張各界賜顧請認明新式石庫門三星爲便是

童葆春药铺的广告（《大光明》1930年8月27日）

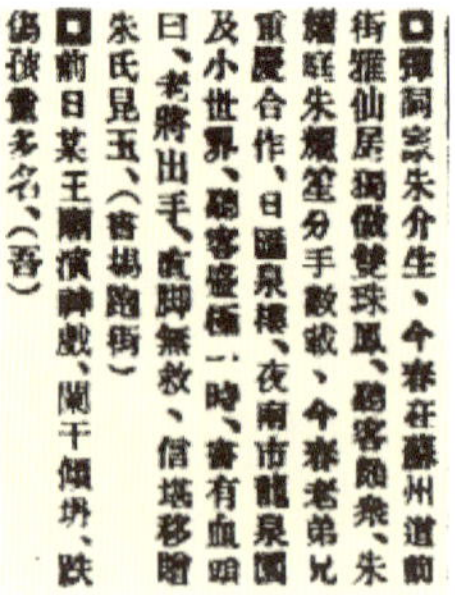
□彈詞家朱介生、今春在蘇州道前街雅仙居獨做雙珠鳳、聽客頗衆、朱耀庭朱耀笙分手數載、今春老弟兄重慶合作、日夜在龍泉樓、夜南市龍泉園及小世界、聽客盛極一時、

弹词家朱介生（《罗宾汉》1930年2月17日）

1. 《申报》（1875年4月20日第2版）载录。
2. 《申报》（1876年5月20日第3版）载录。
3. 《申报》（1877年5月10日第2版）载录。
4. 《申报》（1883年1月13日第2版）载录。
5. 《申报》（1884年5月24日第2版）载录。
6. 《申报》（1897年3月7日第2版）载录。
7. 《申报》（1897年9月12日第2版）载录。
8. 《申报》（1897年7月14日第2版）载录。
9. 童葆春堂位于道前街东首，初名童葆山，是宁波慈溪童氏家族于光绪元年（1875）出资创设的。
10. 《大光明》（1931年3月26日第3版）载录。
11. 《申报》（1901年9月25日第1版）载录。
12. 《申报》（1908年4月15日第12版）载录。
13. 《申报》（1924年7月3日第5版）载录。

养育巷

中街巷 府治西俗名羊肉巷

左图：明王鏊《姑苏志》"中街巷"条
右图：养育巷

明王鏊《姑苏志》记载："中街巷，府治西，俗名'羊肉巷'。"明清时期，道前街是府衙重地，衙内的差役多聚居于其南侧的羊肉巷（即养育巷）。当时的"羊肉巷"商肆林立，十分繁华。养育巷、庙堂巷口曾有杜良济（明记）药铺，创设于清光绪二十一年（1895），1958年并入童葆春堂。[1]清代，当地文人因嫌"羊肉"两字不雅，取其谐音，始作"养育巷"。乾隆《吴县志》载："养育巷，府治西，俗呼羊肉巷。"民国时期，《吴县志》、范光宪《吴门坊巷待輶吟》关于养育巷的得名均沿用了乾隆旧志的说法。《申报》1882年12月18日第2版记载，养育巷一带曾新置洋龙（即水龙）。沧海桑田，如今养育巷南段（太平桥以南）的西侧，已属于32号街坊的范围。新中国成立之初，养育巷仅宽4米左右，中间由长约1米的花岗石板铺成，下面是下水道，两边是弹石路；庙堂巷北、养育巷南侧曾设邮政局。1957年，养育巷路面拓宽，被铺成三合土路，俗称土柏油路；1962年改铺沥青，并在两侧种植香樟树进行绿化，半个世纪过去了，绿树成荫，成为一景。1993年，此巷与干将西路交叉口路面被拓宽。1998年养育巷再次被全线拓宽，并将原沿街树木改建为绿化隔离带，两侧增加慢车道，路宽拓至30米，1999年建成通车。

养育巷与府前街（今道前街中段）交叉口

1.《沧浪区志》编纂委员会编：《沧浪区志（下册）》，上海社会科学院出版社，2006，P1126。

学士街

学士街因明代大学士王鏊居此而得名。在宋代曾名药市街，为当时药业聚集之地，整条街沿第一直河（学士河）。药市街之名称见民国《吴县志·杂记二》：“药市街，俗称学士街，以有王文恪公怡老园。”街名演变与《吴门园墅文献·谈丛》中所载录的说法一致。《宋平江城坊考》卷一中也有载：“集禅里人义泉题记，正书，淳祐庚戌九年，在吴县药市街。”

藥市街 俗稱學士街以有王文恪公怡老園

左图：明王鏊《姑苏志》“药市街”条
右图：学士街

富郎中巷

东端为养育巷，西端与剪金桥巷相接。巷北口立有德寿坊牌坊，因贤臣、北宋大中祥符四年（1011）进士富严（官至刑部郎中）居住于此之故。南宋范成大《吴郡志》：“富严，以耆德称，所居坊，人以德寿目之。”南宋时，德寿坊改名好礼坊，可见南宋《平江图》之标注。《吴郡志》也提到“好礼坊，富郎中巷”。由此可知，南宋时此巷已别称为富郎中巷。明卢熊《苏州府志》中载录为“富郎中巷”，

富嚴大中祥符四年進士以刑部郎中守鄉郡
嘉祐中守祕書監致仕未嘗一造官府以耆
德稱所居坊人以德壽目之富氏本出處之

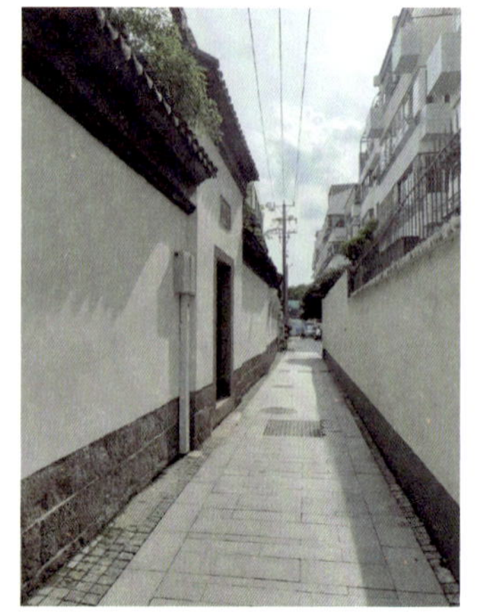

左图：南宋《吴郡志》关于“富严”的记载
右图：富郎中巷

《姑苏图》《苏州城厢图》《吴县图》《苏州图》也均标注为“富郎中巷”。旧时，盐是重要战略资源，因此古代中国各朝各代对盐均有严苛的管理。清同治《苏州府志》卷二十二“公署二”条目中记载：“盐政馆在富郎中巷，天顺五年，知府林鹗建，为盐政通判所居，康熙（府）志：后为游击公署，今废。”清制，地方盐政由总督或巡抚兼管。有

盐务之地，专设都转盐运使司或盐法道具体办理。两淮盐政管辖淮北、淮南盐政。清雍正九年（1731）始由两江总督兼行总理两淮盐务。盐政通判为正六品官，通判也称为“分府”，管辖地为厅，此官职配置于地方建制的府或州，功能为辅助知府政务，分掌粮、盐、都捕等事务。游击将军在清代则是武官的官衔，隶属于总兵、副总兵、分守参将下的地方将领，为从三品的地方高官。民国时开业医生寓此者甚多，诸如顾允若、顾乃绩、顾乃大、宋爱人、陆子安、陆先觉、褚蕙、顾丕功等。民国时期，吴县律师公会会长、曾任苏州城北市民公社社长的费延璜，苏州议事会会长、苏州公益事务所董事陈任也曾在该巷居住。富郎中巷13号原为祇树庵，15号原为兴庵（西方殿），均已散为民居。祇树庵旁有1908年自治局建造的公井一口，井圈镌有“光绪戊申自治局”字样。自治局，全称为江苏省苏属地方自治筹办处，成立于1908年，当时自治局在苏州城区开凿浚治过一批公用水井。富郎中巷20、22、24号吴宅为清代建筑，系市控保建筑。吴宅对面则留存一方“农务局顾”的界碑。富郎中巷28号有一处小院，蟹眼天井，建于清末民初。富郎中巷48号原有“惟德永存”门楼一座，在干将路拓宽时被拆除。清末，襄办洋务的黄怡安曾在富郎中巷自家军门公馆内创设电气灯，“谓无论大街小巷所设电灯总以不断亮光，为度每夜，每户捐钱一文至铺户居家所用之。小灯每一盏每夜取钱二十文，其公司设在富郎中巷军门公馆内”[1]。富郎中巷中据说也曾住过教育家、实业家、慈善家陆鸿吉，教育家周允言，江苏省烟酒事务局局长凌敏刚，江苏财政厅秘书周仲芬，评书名家许荣奎，江苏候补知县姚寿祺[2]，留美政经硕士、常熟人陈博望[3]等。1883年《申报》记载，清末该巷

1914 年《新测苏州城厢明细全图》局部

1.《申报》（1896 年 6 月 4 日第 1 版）载录。
2.《申报》（1897年9月18日第9版）有载：“江苏候补知县姚寿祺于十二日卯时病故富郎中巷寓所。”
3.《申报》（1923 年 7 月 23 日第 10 版）有载：“常熟人陈博望自称留美政经硕士，租赁富郎中巷五十四号民房一间，为东吴女子大学筹备处。”

内庵堂众多，除上述提及的祇树庵、兴庵外，还曾有祈寿庵[1]、其善庵[2]。《吴语》1922年7月5日载录有富郎中巷西口嘉兴秀州中学苏州夏令儿童义务学校的广告。富郎中巷中段民国年间曾设西区第二分署。民国时，该巷原44号曾设有江苏苏常道区烟酒交易所股份有限公司筹备处[3]。富郎中巷西段与洙泗巷（拓宽干将路时拆除）之间原有一条狭窄的弄堂——照明弄，民国报刊上写作“招明弄”，旧时此弄的东、西两侧都是高墙，如今已消失在历史岁月中。

左图：《江苏苏常道区烟酒交易所股份有限公司筹备处成立通告》（《申报》1921年8月14日第1版）

右图：嘉兴秀州中学苏州夏令儿童义务学校招生广告（民国报刊）

富郎中巷清光绪戊申年（1908）的自治局公井

1.《申报》（1883年12月3日第2版）载录，曾有彭姓比丘尼在此修行。

2.《申报》（1882年3月19日第1版）载录。

3.《申报》（1921年8月14日第1版）载录。

第二节 津梁

32号街坊现存桥梁[1]有第一直河（学士河）上的三座桥——歌薰桥、乘骝桥、升平桥及东北角原洙泗巷（太平桥弄）与养育巷交界的太平桥。而临近的吉利桥跨道前河，南堍与司前街相直，已不在今32号街坊范围，未予收录。历史上已废桥梁在前面章节中体现，不再单列。

歌薰桥

始建于北宋皇祐五年（1053），起初名为明泽桥，南宋《平江图》上亦标注为“明泽桥”，俗称“过军桥”。明卢熊《苏州府志》记载：“景定五年重建，刘震孙题名立石其上。”清《姑苏城图》标注“歌勋桥”，清道光年间改称歌薰桥，1953年改称歌新桥，1984年复称歌薰桥。此桥原是石拱桥，1940年改为木构平桥，1984年拓宽为钢筋水泥平桥。

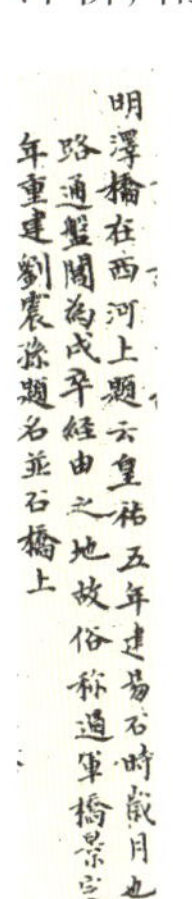

明澤橋在西河上題云皇祐五年建易石時歲月也以
路通盤閶爲戍卒經由之地故俗稱過軍橋景定五
年重建劉震孫題名並石橋上

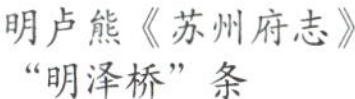

明卢熊《苏州府志》“明泽桥”条

歌薰桥

20世纪80年代的歌薰桥

1. 1994年，干将路拓建工程中升平桥在原址上稍向北移，走向未变，仍延续河道肌理，并考虑其文化背景，故而列入。而原跨第二横河（今干将河）的渡子桥在拆后再建，新桥移位转向跨第一直河（学士河），该桥仅沿用旧名，已无河道肌理上的历史文化印记，故未作收录。原渡子桥在唐陆广微《吴地记》、宋《平江图》载录，范、卢、王及清志上亦载桥名，民国时曾名兔子桥，1975年重建。新桥为钢筋水泥板梁平桥。

歌薰桥边原有一家梅家铁匠铺，是许多老辈人的共同记忆。歌薰桥堍、剪金桥巷南口原有一处李宅[1]。

乘骝桥

位于剪金桥巷中段52号旁边，跨第一直河（学士河），桥东堍通剪金桥巷，桥西径通学士街。建于清同治十三年（1874），1908年《巡警图》中便标注有“乘骝桥”。骝，即黑鬃黑尾的红马，泛指骏马，桥名之义，即为骏马坦途、方便交通。1883年《字林沪报》则载录了此桥得名的另一种说法：“苏城人陈柳桥独办桥工告竣后，人皆呼其桥为陈柳桥。兹闻陈君就其音而名之曰乘骝桥。”[2]1914年《新测苏州城厢明细全图》中称“骝桥”，1929年《吴县城厢图》著录为“陈留桥”。该桥1942年改建，1949年重建为单孔石质平桥，长5.4米，宽2.4米，跨径5.2米，砖石混砌实腹桥栏高0.85米，桥栏板中间书写桥名，两侧花岗石明柱刻有不同时代的字样印记——南侧刻有“桃月建造”“荷月重建”等字样，相对应的北侧明柱刻“同治十三年”“道养市民公社重修”。“桃月”“荷月”是古人对月份的代称，农历三月桃花怒放，称“桃月”；农历六月三伏赤日炎炎，唯有荷花仍亭亭玉立，因而被称为“伏月”，又称“荷月”。《沧浪区志》第五卷“街巷河桥”第三章“桥梁”第四节“已废桥梁”记载乘骝桥“1994年因拓建干将路拆除”，实际上该桥并未拆除，且一直保存至今，还于2006年由沧浪区人民政府改建，原本用水泥粉刷的两侧护栏经清理后，露出了庐山真面目，六根望柱历尽磨难终“现身”。此桥改建后仍为石板单孔平桥，桥面

乘骝桥

乘騮橋○蘇城人陳柳橋獨辦橋工告竣後人皆呼其橋爲陳柳橋兹聞陳君就其音而名之曰乘騮橋鑿石於橋洞之上舟行者一望而知又恐陸路不見因將此三字用黑大漆寫在洋鐵兩邊之側從此騁騮偶路轍騣驄差免如前報所云惜無古柳數株矣一笑

“乘骝桥”的记载（《字林沪报》1883年11月21日第2版）

1. 《申报》(1923年8月2日第10版）载录：“歌勋桥堍、剪金桥巷南口，李顺兴营造厂主李炳生。”
2. 《字林沪报》(1883年11月21日第2版）载录。

由四块长条石梁并列而成，栏杆石是用长条麻石砌在护栏上的，护栏中间镶嵌一块金山石，阳刻“乘骝桥”[1]桥名，并用朱漆涂红。改建后的桥面宽1.75米。

升平桥

位于学士街北端，跨第一直河（学士河）。始建于北宋皇祐五年（1503）。明《苏州府城内水道图》、清《姑苏城图》均标注为“升平桥”。该桥原为石拱桥，1956年改建为水泥平桥，长15米，宽5.7米，跨径5.5米。北宋著名词人贺铸（1052—1125）曾居升平桥附近。明王鏊《姑苏志·第宅》中载：“企鸿轩在吴县东升平桥，越人贺方回所居。”此说系沿袭明卢熊《苏州府志》而来。清乾隆《苏州府志·第宅园林》中则沿用了《姑苏志》的记载，并做了补充：“又有水轩，其亲题书籍云‘升平地’。”明代能吏况钟在苏州知府任上，奏减税粮，建义仓，均徭役，兴水利，都与巡抚周忱的支持分不开。他们在升平桥东，也曾留下过社会善绩：“宣德七年，巡抚周忱、知府况钟相故伪司徒李伯升宅，视旧宽广，乃具疏定址在升平桥东，乃具奏迁焉，通为屋两百三十余楹。”[2]

昇平橋 縣學西皇祐五年建

左图：明王鏊《姑苏志》“升平桥”条
右图：升平桥

太平桥

始建于唐，唐陆广微《吴地记》著录桥名，明王鏊《姑苏志》、清康熙《吴县志》等旧志均记载太平桥在太平坊，系北宋皇祐五年建造。此桥原为石板单孔平桥，1953

1. 《苏州明报》（1935年1月23日第8版）载录：晚清谴责小说《轰天雷》的作者、清末法科举人孙希孟曾居此桥下。孙希孟曾任江苏高等检察厅检察官。
2. 清张大纯：《姑苏采风类记·吴县（上）》。

年改为水泥平桥，1962年重修，长6米，宽11.4米，跨径6米，1993年改建干将路时再次重修。今桥名由书法家崔护题写。

太平桥

第三章　文化遗存

32号街坊自明清至民国乃古城官衙重地、区域司法行政中心、达官贵族聚居区，文化资源丰富。32号街坊共有历史地段2片，省级文保单位2处，市级文保单位5处，控保建筑7处，一般不可移动文物（文物登录点）30处，其中老宅3处。

第一直河（学士河）与32号街坊航拍图

32号街坊各级文控保单位一览

名称	建筑年代	文控保等级
按察使署旧址	清代	省级文保单位
畅园	清代	省级文保单位
陶氏宅园	民国	市级文保单位
舒适旧居	清代	市级文保单位
庙堂巷近代住宅	民国	市级文保单位
洪钧祖宅	清代	市级文保单位
忠仁祠	清代	市级文保单位
富郎中巷吴宅	清代	控制保护建筑
沈飚民故居	清代	控制保护建筑
范氏宅园	清代	控制保护建筑
曹沧洲祠	民国	控制保护建筑
清微道院	清代	控制保护建筑
西支家巷吴宅	清代	控制保护建筑
西支家巷沈宅	清代	控制保护建筑

第一节　省级文保单位

江苏按察使署旧址

江苏按察使署及周边航拍图

位于道前街170号，又名按察使司、臬司衙门、臬台衙门、臬署。

明成化八年（1472），苏州知府丘霁于明泽桥（今歌薰桥）东的旧时馆驿厩坊创设水利分司署，中构康济堂，门外立两坊，东曰治水，西曰劝农。明弘治十四年（1501），改按察分司，凡兵备督粮、水利诸宪使，皆驻节。清雍正八年（1730），江苏按察司自江宁迁至苏州，兵备道署便改为提刑按察使衙门，主管省内司法刑狱。清咸丰十年（1860）毁于战乱。清同治六年（1867），署江苏巡抚郭柏荫重建。清宣统二年（1910），改直省提刑按察使曰提法使，其署扁遂亦易名。其属经历、司狱二缺，亦于是年裁撤。所辖监狱划归高等检察厅管理，设官典守。1913年1月，江苏高等审判厅从桃花坞原牙厘局旧址迁至此。1927年11月1日，江苏高等审判厅、检察厅合署，改为江苏高等法院。

江苏按察使署旧影

自清雍正八年江苏按察司迁苏之后，乔世臣、翁藻、陈宏谋、杨重英、胡季堂、

江苏按察使署旧址

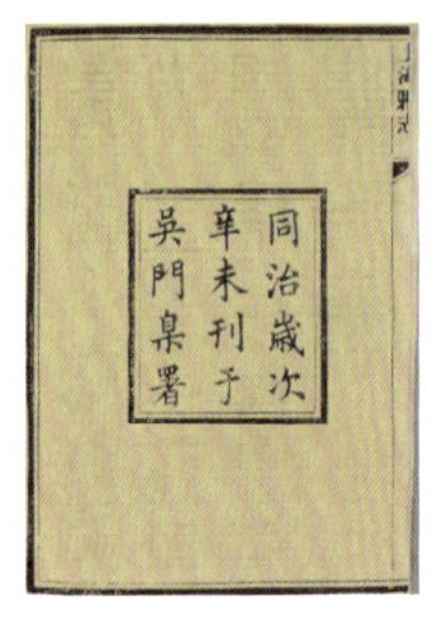
同治歲次
辛未刊于
吳門臬署

《上海县志》书影

张师诚、唐仲冕、陈廷桂、林则徐、王赓言、梁章钜、怡良、李铭皖、郭柏荫、朱之榛、陆钟琦、左孝同等清代名臣均曾在此任过或署过江苏按察使。同治五年（1866），应宝时于苏松太道任内议修《上海县志》，请俞樾、方宗诚担任主纂。清同治九年（1870），应氏改任江苏按察使，以志稿就正于冯桂芬，稍加厘定，次年于按察使署刊刻问世。1930年7月，时任江苏古物保管委员会委员的陈去病先生函请吴县县政府拓宽道前街，以利交通。高等法院便趁机提出改建门面，大门采用驻日中国公使馆式样，面阔120英

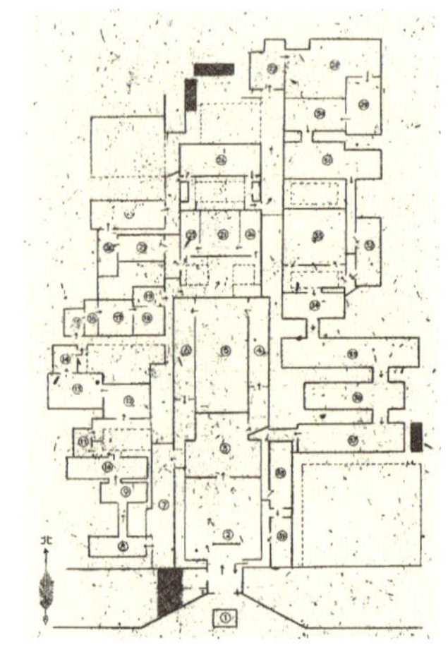

1959年江苏按察使署旧址平面图（徐苏君提供）

江苏按察使署东侧花园

尺（36.58米）筑以短垣；中间之行道，阔40英尺（12.19米），大门至二门，距离50英尺（15.24米）。1947年6月，翻修道前街时，改建大门、二门，添建传达室、警卫室各一间，收发室两间。新中国成立之初，苏州市人民政府曾办公于此。20世纪80年代，江苏按察使署旧址大门及门前照壁因道前街拓宽先后拆除，大堂拆除成通道，两庑改建为办公楼，市纺织、物资、电子、化工、环保等局曾在此办公。2003年，江苏按察使署旧址被列入苏州市控制保护建筑名录。旧址现存主体建筑为北部的二堂和内宅，均面阔五间，硬山式，中以卷棚顶穿廊相连。2004年，维修并复建二门，恢复二堂部分原貌。2006年，江苏按察使署旧址晋级为江苏省文物保护单位。

2023年，苏州名城保护集团募资重修江苏按察使署旧址，建筑本体修缮面积2508平方米。拆除20世纪80年代二堂前所增建之现代屋舍，筹建江苏按察使署旧址二期工程，目前已完成文物本体修缮工作。

院法等高蘇江

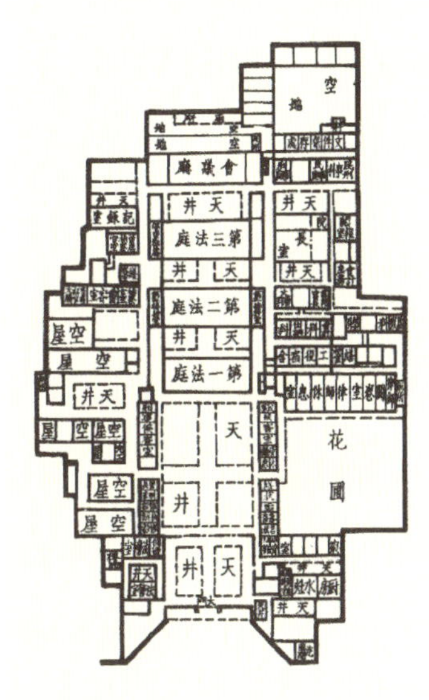

江苏高等法院时期平面图

清徐扬《姑苏繁华图》中描绘的江苏按察使署附近的景象

嘉庆年间江苏按察使署发布的禁私宰耕牛及禁私开押店碑文拓片（苏州碑刻博物馆藏）

畅园

畅园是省级文保单位，位于庙堂巷22号，宅分两路，正路六进，西路三进，整体呈西宅东园布局。花园以水池居中正路，正路第三进为主厅，面阔三间9米，进深7.5米，前带左右两廊。园面积约1414平方米，以狭长水池为中心，绕以桐华书屋、留云山房、涤我尘襟（船厅）和延晖成趣、憩间、待月等五亭，贯以曲廊、曲桥，缀以假山、花木。此园传为清代王姓道台的园子，家族衰败后园内曾开办过茶馆。1918年为律师潘承锷购得，修葺一新。其后，潘去沪。花园在新中国成立之初出租与张姓、方姓住入照看。刘敦桢在《苏州古典园林》中赞其“园景丰富而多层次，是苏州有代表性的小园之一”。刘敦桢在文中还谈道：“园门设东南角，经门厅及小院至桐华书屋。过此展望全园池水亭廊，视界豁然开朗。水池水居园内中心，南北狭长，大部以湖石为岸，疏植花木，近南端以曲桥分水面为二。池东傍水建长廊，曲折逶迤，高低起伏，廊间设小亭两座，南名延晖成趣，平面六角形，北名憩间，为方形半亭，皆一面临水。曲廊与院墙间留有小院，内置湖石，植竹丛、芭蕉，并于廊墙上开洞门和漏窗，构成小品图画。再北有较大的方厅，折西船厅‘涤我尘襟’，此厅平面南北狭长，东向临池，惜基座僵直，出水过高，权衡欠妥。由此往南过方

畅园旧影

建筑大师刘敦桢在畅园留影

畅园

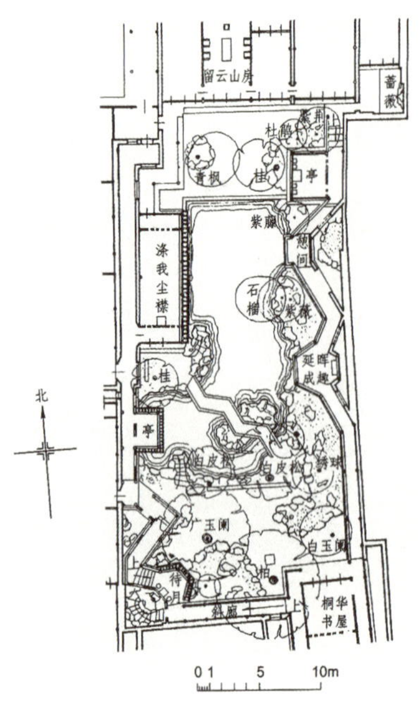

20世纪50年代建筑大师刘敦桢测绘的畅园花园平面图

亭，沿廊升至西南的待月亭。此亭建于假山上，由此俯瞰，全园在目。由亭顺石级可下石洞，或沿斜廊往桐华书屋，循此便环园一周。园内建筑物较多，局部处理手法细腻，比例尺度大体能和周围环境相配合，山石花木的布置也做到少而精，给人以精致玲珑的印象。”[1]童寯在《江南园林志》中说道：“城中尚有小园，以畅园、壶园为最。”1979年，畅园被列入古典园林保护规划，1982年，被列为苏州市文物保护单位。2011年，畅园升格为江苏省文物保护单位。

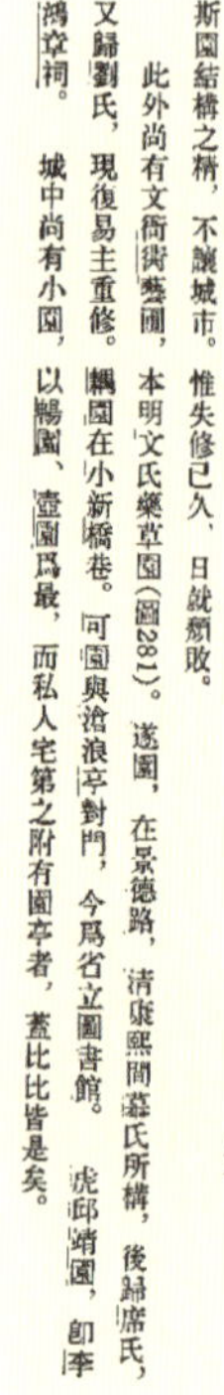
江南園林志 現況

斯園結構之精，不讓城市。惟失修已久，日就頹敗。

此外尚有文衙衖藝圃，本明文氏藥草園(圖281)。遂園，在景德路，清康熙間蔣氏所構，後歸席氏，又歸劉氏，現復易主重修。暢園在小新橋巷。可園與滄浪亭對門，今爲省立圖書館。虎邱靖園，卽李鴻章祠。

城中尚有小園，以暢園、壺園爲最，而私人宅第之附有園亭者，蓋比比皆是矣。

三二

童寯《江南园林志》书影

畅园及周边航拍图

1. 刘敦桢：《苏州古典园林》，中国建筑工业出版社，1979.10，P76。

第二节　市级文保单位

陶氏宅园（桃园）

如今的陶氏宅园（桃园）在新中国成立之初产权原属于三户人家：王、张、陶。盛家浜4号原系民国上海邮务工会理事长王震百宅院。王震百曾于1949年参与南北通邮谈判。宅占地1.07亩（约713平方米），建筑面积358平方米，院内有树龄200年的广玉兰一棵和黄杨树数棵。盛家浜6号原为律师张柳桥的宅院。盛家浜8号为东吴绸厂业主陶伯渊[1]宅园。起初所谓“陶氏宅园”指的只是陶伯渊的宅子，而现在陶氏宅园（桃园）则是4、6、8号三个院子的地域范围。

陶氏宅园（桃园）庭院

陶氏宅园（桃园）陶宅

宅内松迎堂为中式建筑，青砖铺地。堂北有庭园，庭园北侧有三开间、二层洋楼。洋楼屋顶开老虎天窗，地坪嵌水磨石，门窗镶嵌中式玻璃窗。洋楼内部除大厅、起居室外，均铺设地板，上施泥

1. 光绪二十四年（1898），苏州人陶兰荪创建了“上久坎”纱缎庄（苏州东吴丝织厂前身）。宣统元年（1909），陶兰荪子陶耕荪（1886—1937）接管经营“上久坎”，在史家巷14号建厂，生产高丽纱、高丽缎、花累缎、西式花缎等式样的产品。抗战胜利后，陶耕荪长子陶伯渊继承接掌家业，并择地盛家浜8号营造宅院。

塅。陶氏宅园北部有三开间的翰墨楼，纹头脊，青瓦覆屋顶。翰墨楼底层中部为八扇中式落地长窗，两侧各六扇半墙中式短窗，苏式方砖铺地；楼上朝南为裙板中式短窗。1919年，“上久坎”和“大成恒”两家纱缎庄投资创办了东吴绸厂，创始人为陶耕荪和管受之，主要产品是东吴葛、塔夫绸、东吴绡等，是苏州丝织业熟织物品种最多的工厂。1937年，日军轰炸苏州前夕，陶耕荪举家逃至洞庭东山，后有人误传口信说其在史家巷的家已遭炸毁（实际是西侧邻舍），陶知悉后一时气急攻心，竟致遽然离世。后来他的长子陶伯渊接掌家业[1]。抗战胜利后，东吴绸厂改机器丝织。不久，陶家即择地在今盛家浜8号营造了此宅。园内有施城（字振雄）题写的“盛德日新”砖雕门楼一座，门楼右上角有“味弍堂”章款，左侧有“施城之印”和“振雄翰墨”两方章款，右侧镌刻的纪年边款“乙卯四月既望”则是清乾隆六十年（1795）。苏州文史专家施晓平考证，施城系其七世祖[2]。目前陶氏宅园项目已通过古保资金修缮完成。

陶氏宅园（桃园）张宅砖雕门楼

陶氏宅园（桃园）翰墨楼

---

1. 陶景瑗：《忆东吴丝织厂》：“1933年，大兄伯渊年事已长，办事干练，当可佐理父业。伯渊从上海归来后，先父命他任事东吴，辅理厂务。”（苏州市工商业联合会、中国民主建国会苏州市委员会史料工作委员会编：《苏州工商经济史料（第一辑）》，P200）
2. 施晓平：《桃园门楼上，七世祖225年前的题字》，吴中悠悠看（微信公众号）2020-11-10。

舒适旧居

舒适旧居

位于盛家浜5号，建于清末民初，现存门屋、轿厅、大厅、楼房四进，较为显著的是正北面存三扇琉璃漏窗。旧居前三进均为普通梁架，大厅前有混水砖门楼一座，双面字额分别为“拜石”和“艮庐”。西北角绿琉璃瓦角亭，有“爽垲”字额，周边有枇杷、桂花等树木。旧居第四进为二层洋楼，芝麻白外墙，面阔三间，底层缩进为廊，廊内铺设了进口地砖，饰菱形花纹图案，落地长窗为西方建筑风格，上部嵌进口花玻璃。洋楼的前、后均有庭院，其中北侧庭院，有湖石假山数峰。附楼外墙配置钢窗，室内泥墁饰顶。舒适旧居南侧通庙堂巷，有一个院落，存一门楼，字额因年代久远，早已漫漶。

舒适（1916—2015），原名舒昌格，出生于北京，原籍浙江慈溪。著名演员、导演，中国民主同盟成员，中国电影家协会第三、四届理事。童年在苏州居住，后随父迁居上海，19岁入复旦大学，后转入持志大学（上海外国语学院前身）法律系。学生时代喜爱京剧、话剧和古典文学。1938年起从事戏剧、电影活动，曾担任青鸟剧社、上海大同摄影场、金星影片公司演员和编导。曾出演话剧《雷雨》《日出》《不夜城》及《大雷雨》等。正式登台演出后，借用父亲的笔名“舒适”。1942年后，在中联、华影等影片公司主演《白衣天使》《银海春秋》等影片。1946年，应香港大中华影片公司之邀，与周璇主演《长相思》，与胡蝶主演《春之梦》，又拍摄《浮生六记》《弱者，你的名字是女人》。至1948年，舒适已在上海、香港两地的42部影片中担任主角，塑造了许多

舒适故居阳台

舒适

经典的荧幕形象，其中尤以《清宫秘史》中的光绪帝最为人所熟知。同时，他还编导了影片《地老天荒》《苦儿天堂》，导演了影片《母亲》《秋之歌》《蝴蝶梦》等。1958年江南电影制片厂拍摄的《林冲》，堪称一部力作。舒适在其中既担任导演，又饰演主角林冲，其在表演时精准且巧妙地运用眼神，令人叹服。1961年，舒适扮演了《红日》中国民党师长张灵甫一角，被称为当代影坛上的“反派三杰”之一。从《林冲》到《红日》，正反角色的交替标志着舒适的艺术造诣已达到炉火纯青的地步。1994年，舒适获第2届中国长春电影节最佳男配角奖。关于舒适旧居的前世今生，原先居住在此宅的老居民阿坤曾在《苏州日报》上发表《也说盛家浜5号舒适旧居》一文，谈及吴曾善卖宅给舒适之父舒厚德的往事，与蒯元林《庙堂巷纪事》中的回忆一致。

此巷36号是著名电影演员舒适的旧居。但又有一说，盛家浜5号为舒适旧居。2009年，舒适旧居被市政府列为第六批苏州市文物保护单位，它的一块标识碑悬挂在此门前右侧的墙壁上。这究竟是怎么回事？其实，这两种说法并不矛盾，因为庙堂巷36号是一幢连通到盛家浜5号的四进房子，前三进均为普通架梁，现存门屋、轿厅、大厅，大厅前有混水砖门楼一座，字额已毁。第四进，即为洋房别墅式二层民国建筑。三四进之间，有低墙高窗阻隔，但只需脚下填一只矮凳，开了窗就能翻进翻出。

笔者曾经于1974年至1985年间住在这幢舒适旧居里，所以对其房子的来龙去脉有些了解。

舒适旧居外景

庙堂巷36号的房子，在舒适父亲买下来之前，主人为东吴大学法律系主任、吴县律师公会会长吴曾善（1890—1966）。吴为苏州吴县人，是曾为“七君子”做辩护的著名律师，新中国成立后，为上海文史馆馆员。抗日战争之后，吴宅易主，卖给了时任江苏省财政厅厅长的舒适之父舒厚德（舒石父）。清末民初时，西风东渐，因受西方建筑文化影响，苏州城内出现了一批西式建筑风格的住宅，舒父买下吴宅后，将第四进平房拆除，在原地新建了一幢洋房，即为舒宅。

建成后的别墅，为二层建筑，面阔三间，底层缩进为廊，廊内铺设五彩进口地砖，楼上楼下铺的是五分宽水曲柳地板，做工非常考究，虽然历经近百年的时光，这些地砖的色彩与光彩依然保存完好，既没有走样，也没有一块破损，其房屋的建筑质量，令人赞叹。

尽管洋房占地面积不大，但设计精巧，楼的前、后均有庭院，前院比较简单，铺有鹅卵石“花地”，有一口水井；而北侧庭院，有湖石假山数峰，还有绿琉璃瓦角亭，种有几株枇杷、桂花等树木，精巧中透出几分苏式庭园的典雅。别墅建有外墙，上饰有漏窗。

在我住进去时，在进门至楼房的踏跺上方还可见有廊棚残存的痕迹，在二楼的晒台上原建有水箱，我住进去之前已经拆除。此外，楼顶有阁楼，可贮藏杂物，楼底有地下室，至半楼有“楼中间”。

我居住期间，站在二楼阳台，可见北面庭院假山间，有两根两米多高的石笋亭亭玉立，十分秀美。只是有一天，在下了一天倾盆大雨后，翌日就不见了石笋，不知何人所为，亦可见窃者对石笋早就蓄谋已久。

我当时住在舒适旧居时，楼上隔壁邻居蒋姓人家，据悉是舒适的远房亲眷，在新中国成立初期，他们受舒适委托住进此房子里，并负责照看。后来至1956年时，舒适将房子捐给了国家，由房产部门接管。蒋师母曾与我说过，新中国成立之后，舒适一直住在上海，忙于他的电影事业，再也没有来舒宅住过，即使有事到苏州，也是匆匆来去，不去旧居探视。据蒋师母说起，舒适曾派他的妻子慕容婉儿前来看过旧居。[1]

---

1. 《苏州日报》（2016 年 9 月 9 日）《沧浪》副刊载录，阿坤《也说盛家浜 5 号舒适旧居》。

舒适旧居在新中国成立之初也曾住过东吴大学（今苏州大学）法学院毕业、后来成为律师的董端始，现正在修复中。

庙堂巷近代住宅（雷氏别墅）

原为雷允上国药店老板雷徵明、雷显之兄弟的别墅，建于1935年前后，占地2660平方米。原西部中式庭院已废，现存东部西式两层楼一幢。《苏州名门望族》中记载："庙堂巷8号原有东西洋房各一所，分别为雷允上第十一代传人雷显之、雷徵明所有，花木扶疏。今为外贸疗养院。旧有中西式庭院各一，现已拆毁。"

雷氏别墅

老字号"雷允上"始创于清雍正十二年（1734），至今已有近300年历史。创始人雷大升（1696—1779，字允上，号南山）为清代苏州名医，也是"吴门医派"的集大成者。20世纪20年代初，雷氏五房族人公推雷徵明、雷显之兄弟二人分别为苏州和上海雷允上诵芬堂药铺负责人。雷徵明任苏州老店经理；雷显之则至上海整合民国路、天圣街分店的店铺，该店铺后改名为雷允上南号。雷氏别墅楼坐北朝南，面阔三间，平面呈"凹"字形。明间缩进，设前庭廊，列四根罗马柱承上层阳台。东西次间突出，半墙上安玻璃窗，通风采光俱佳。楼上为多间起居室，内设假三层，辟老虎天窗三扇，屋顶覆红瓦。据考，1951年，旧户籍信息上登记，该西式别墅为时任苏州雷允上诵芬堂经理、上海法政学院毕业的雷徵明所有。雷氏别墅几经变迁，曾先后归属中国人民银行、工艺品公司、外贸局办公，后为上海外贸休

雷氏别墅

养院使用。1991年1月，以“庙堂巷近代住宅”的名称列入苏州市文物保护单位名录。1992—1993年，外贸休养院曾在西部中式庭院废址复建小庭院，辟有水池，池周叠湖石假山，建方亭小桥，配植桂花、玉兰等各种花木。该处花园北侧原址为陆包山祠，祀明代吴门画派晚期代表人物陆治（1496—1576，号包山子）。据院内老者称，包山祠后来改建为寺。

雷氏别墅花园

洪钧祖宅

位于西支家巷6、8、10、11、13号，坐北朝南，可分三路入内，现存建筑面积2298平方米。洪钧出仕前曾在此居住了近30年。西路存五进，除门厅外均为楼屋，门厅仿明式，面阔三间，穿斗式梁架，桁间牌科斗六升；大厅梁架雕刻精细；第三进楼厅面阔三间10米，进深8.77米，楼下船棚轩廊，扁作雕花承重。中路存三进，北部临瓣莲巷尚存北向平房一进，三间两夹厢，前船棚轩。东路存一进平房及三进楼厅，第一进门厅进深八檩，内四界为扁作月梁形式，小青瓦屋顶，前后皆出飞椽。洪钧祖宅目前为民居。洪钧（1840—1893），字陶士，号文卿。江苏吴县（今苏州）人。洪钧祖上世代经商，虽非富贾大家，却亦是衣食无忧。少年时期，洪钧的父亲有意培养他学经商，但他喜好诗文笔墨，不惜下跪央求父亲，最终被允许走科举之途。洪钧18岁中生员，补县学生。25岁中举人，虽非拔尖，倒也算得上优秀

洪钧祖宅西路

洪钧祖宅

了。同治七年（1868）戊辰科殿试，洪钧以一甲第一名进士状元及第，授翰林院修撰。从同治九年出任湖北学政开始，洪钧先后充任顺天府乡试同考官，并历典陕西、山东乡试，迁翰林侍讲、侍读，提督江西学政。光绪九年（1883），洪钧迁詹事、内阁学士，兼礼部侍郎。当时外交事务渐多，清廷有意提高外交官身价与档次，且洪钧深得当时清廷两朝帝师、大学士兼礼部尚书翁同龢的赏识，故光绪十三年，洪钧被翁同龢等人保举为清驻俄、德、奥、荷四国公使，由此步入外交领域。《清史稿·洪钧传》记载："出督湖北学政，历典陕西、山东乡试。迁侍读，视学江西。光绪七年，历迁内阁学士。母老乞终养，嗣丁忧，服阕，起故官。出使俄德奥比四国大臣，晋兵部左侍郎。初，喀什噶尔续勘西边界约，中国图学未精，乏善本。钧莅俄，以俄人所订中俄界图红线均与界约符，私虑英先发，乃译成汉字备不虞。十六年，使成，携之归，命直总理各国事务衙门……"光绪十六年（1890），洪钧晋升兵部左侍郎。光绪十七年，洪钧出使回国，任总理各国事务衙门行走，在苏州建造新宅及庄祠，占地3000余平方米，即今平江路悬桥巷的洪钧故居。光绪十八年，沙俄侵占帕米尔事件发生，洪钧遭到官员们的联名弹劾。缘由是洪钧在一张购得的俄制中俄边界地图基础上校勘后刊印上呈朝廷。因洪钧和朝臣皆不谙外文，未察觉此地图中帕米尔地区许多卡哨被画出中国国界，沙俄公使则将此作为两国边境争端的"证据"。洪钧在此事中难辞其咎，遭到弹劾。虽经翁同龢多方回护，免于牢狱之灾，但经此一事，洪钧抑郁成疾，于光绪十九年八月二十三日病逝于北京，年仅54岁。洪钧逝世后，光绪皇帝深为痛惜，诏云："兵部侍郎洪钧，才猷练达，学问优长。由进士授职修撰，叠掌文衡，擢升内阁学士，派充出使大臣。办理一切，悉臻妥协，简授兵部侍郎。差满回京，命在总理各国事务衙门行走，均能尽心职守。兹闻溘逝，轸惜殊深。加恩著照侍郎例赐恤。任内一切处分，悉予开复。"

洪钧祖宅及周边航拍图

忠仁祠（杨绛故居）

忠仁祠

位于庙堂巷16号，原为明光禄寺卿徐如珂的故居“一文厅”，魏忠贤阉党倒台后，苏城百姓[1]于明崇祯三年（1630），将屋舍改建为祠堂，奉祀徐如珂，晚清重修。徐如珂（1562—1626），字季鸣，号念阳，江苏吴县（今苏州）人。明万历二十三年（1595）进士。忠仁祠现存三进，面南，第二进享堂面阔三间12.3米，进深七檩11.5米，扁作梁，前有船棚轩。堂前有砖雕门楼一座，无字牌，全为砖雕人物花卉，雕工甚精细，

1. 史载为崇祯三年巡抚都御史曹文衡建（参见清乾隆《苏州府志·坛庙一》）。

为苏城罕见。“一文厅”后来被杨绛的父亲杨荫杭买下，杨绛在这里度过了童年时光。1935年，钱锺书和杨绛也曾在这里举办婚礼[1]。

忠仁祠砖雕门楼

2019年8月23日，忠仁祠被公布为苏州市第八批文物保护单位。关于杨绛在庙堂巷的故居，坊间众说纷纭，门牌号有多种说法。苏州文史专家施晓平先生根据唐小祥先生提供的旧房产档案最早考证出杨绛故居为今天的庙堂巷16号（1947年门牌号登记为庙堂巷65号），户主登记名为杨绛三妹杨必，施晓平先生在文中提到“鄙人看到的民国三十六年（1947）土地所有权登记声（原件就是‘声’字，鄙人没写错别字）请书上，杨家的这处房产占地面积达‘叁亩柒分玖厘陆毫’；里面有“中式楼房四间，平（房）廿四间’”[2]。

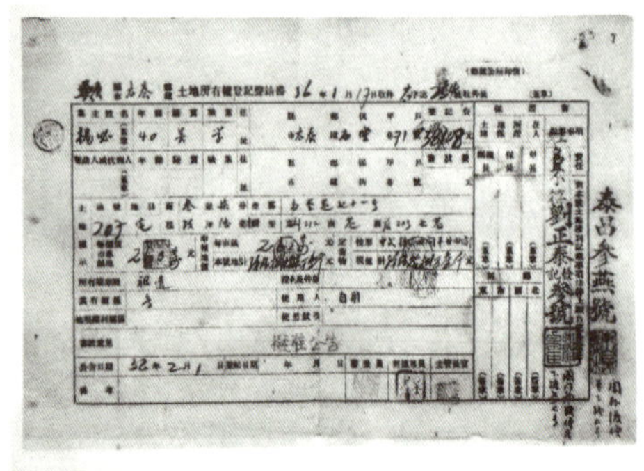

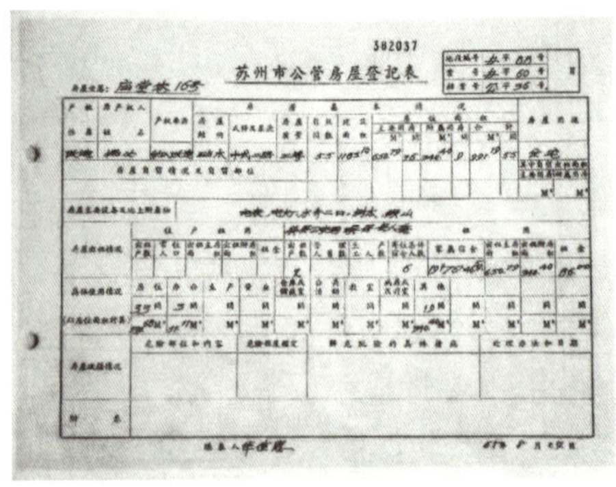

302037

苏州市公营房屋登记表

1947年、1965年庙堂巷16号土地所有和房产登记户主均为“杨必”（唐小祥提供）

1. 《杨绛生平与创作大事记》载：“1935年，钱锺书考取英庚款留英奖金。我办好自费留学手续。7月13日，我在苏州庙堂巷我家大厅上与钱锺书举行婚礼。我父亲主婚，张一麐（仲仁）先生证婚，有伴娘伴郎、提花篮女孩、提婚纱男孩。钱锺书由他父亲、弟弟（锺英）、妹妹（锺霞）陪同来我家。有乐队奏‘结婚进行曲’，有赞礼，新人行三鞠躬礼，交换戒指，结婚证书上由伴郎伴娘代盖印章。礼毕，我家请照相馆摄影师为新人摄影……客散后，新娘又换装，带了出国的行李，由钱家人接到无锡七尺场钱家。”（《杨绛文集（8）》，人民文学出版社，2004）
2. 施晓平：《杨绛家族：吴中，爱你爱到骨头里！》，吴中悠悠看（微信公众号）2018-01-25。

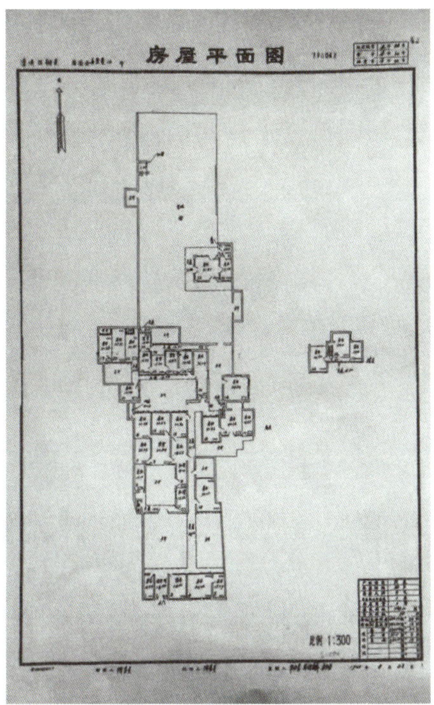

1965 年庙堂巷 16 号房屋平面图
（唐小祥提供）

忠仁祠及周边航拍图

第三节 控制保护建筑

富郎中巷吴宅

位于富郎中巷20、22、24号，坐北朝南，现存三路四进，一色穿斗拱式梁架和清水砖外墙，建筑面积4143平方米。中为正路，存门厅、轿厅、大厅、楼厅四进，均面阔五间。大厅面阔20.9米，进深六檩9.9米，贡式梁架，内为菱角轩，外置船棚轩廊，前出东西廊庑，木构装饰精致，天井内有清水砖雕门楼。西路存花厅、楼厅两进，均面阔三间，花厅前有船棚轩回廊。东路存门屋及楼厅两进，均三开间。吴宅中路前有八字墙门，寓意为“墙门八字开，财气滚滚来”，整体宏伟气派。古人历来重视宅门形象，对各种门堂的建制也做出具体而严格的规定，包括宅门建筑的规模、形式、装修色彩、建筑材料的使用等。这种观念渗透到古代社会生活的各个领域，是古代宅主的社会地位、经济地位的象征。吴宅中路轿厅后存“富贵寿考”砖雕门楼一座，无题款。吴宅的梁架、楣川及轩梁均采用拱形月梁的工艺，明显区别于传统苏式建筑风格，与徽派、浙派建筑风格相近，体现了清末民初建筑的包容性。这里曾居住民国房地产商吴古庭长孙女婿赵敏一家。吴宅的三、四两进间的风火墙上留存有清代彩绘。

富郎中巷吴宅

富郎中巷吴宅砖雕门楼

富郎中巷吴宅

吴宅临富郎中巷中路宅门东侧的墙脚则留存有两处砖雕：南向雕刻“麒麟送子”，西向则雕刻“马上封侯（猴，谐音）”，雕琢精美，生动形象，寓意吉祥。这种嵌在墙角的瑞兽石，是古人注重宅居风水观念的一种体现，在苏州亦属难得一见。著名古建筑园林艺术学家陈从周在20世纪50年代于苏州苏南工业专科学校兼职时，曾测绘此宅。老宅起初为民国时期著名实业家费怀芝的宅子。费怀芝（1874—1936），名延珍，曾在湖北汉口山里（羊楼司）办老茶、砖茶茶厂（名忠信昌），专销蒙、藏地区及沙俄。新生苏联遭经济封锁时，他敢于冒大风险仍出口砖茶于苏联，成为当时轰动武汉的“哈默式”实业家。1931年，他与苏州企业家程干卿合办苏州红十字会。一·二八淞沪抗战，他同李根源、张一麐等一起接待十九路军伤员，并在苏州富郎中巷住宅（原名“敬德堂”，门牌号51号，现控保建筑序号141，新门牌20—24号，该宅后售与吴、陈、朱三家，其中陈即陈安琪，吴为吴雪元，均世代行医）内办伤兵医院。1946年12月24日，当时吴县太养镇土地所有权登记（房地产号268号）该宅业主为费怀芝。费怀芝还在家乡后埠置办义田80多亩，支持族侄苟如开办农场，兴建渡渚穿心港新丰桥，负担桥资五分之三。他还资助另一实业家罗甘尝，在西洞庭创建“成金”煤矿公司和水泥厂，这是西洞庭的首创实业。他同李根源一起兴办中国农商银行，为该行汉口分行行长。（《吴江县志》《苏州名门望族》）

富郎中巷吴宅及周边航拍图

如今的富郎中巷吴宅（即20、22、24号）只是敬德堂（20—24号）的其中一部分，而售与陈、朱两家的部分已被破坏，西路花园旧址上已建造了新式房屋。所以只有吴宅成了控保建筑。1983年吴宅部分建筑用作兴办沧浪印刷厂，后干将路管理办公室曾设于此。1994年，拓宽干将路时，吴宅的第五进被拆除。目前富郎中巷吴宅为苏州基金办公场所，而靠近干将西路的原第四进楼厅中路则已辟为苏州祥韵牙雕艺术馆。苏州牙雕在唐宋时期便已经初具规模，明清时期达到高峰，与其他雕刻工艺不断融合渗透，并吸收了其他工艺中的造型图案、技法，再加上苏州吴门画派、虞山派绘画艺术的重要影响，故一直充满浓郁的文人气息。苏州牙雕善用“隐起”手法，细节处理精致，有精细雅洁之感，文韵尤胜。苏州的牙雕与竹雕、木雕等为明清时期吴地文人士大夫的日常怀袖雅赏之物。

沈瓞民故居

沈瓞民故居内景

位于富郎中巷21号，南向，主厅在西侧，东有两幢中西式楼房，楼房北面存传统建筑厅堂一座，北向由富郎中巷出入，厅前有一枝香鹤颈轩，圆作四界梁，后双步。1932年，沈瓞民定居苏州，在富郎中巷购房并在房屋侧面新建五幢平房，循北宋成例，立坊并恢复宋代旧坊名“德寿坊”。当时沈瓞民与章太炎、蒋维乔曾在德寿坊开办周易讲习班。德寿坊东侧现尚有附房数间。沈瓞民（1878—1969），名祖绵，字瓞民、迪民，浙江钱塘人，中国近代革命家、国学家。沈瓞民幼承家学，及年长，考入浙江大学堂，毕业后留校任教习。1897年留学日本早稻田大学学习史地。沈瓞民受康有为、梁启超改良主义影响，到上海创办“时宜学塾”“识字处”，宣传救国思想。戊戌变法失败后，沈瓞民被清政府列为“乱党”，遭通缉，曾先后8次东渡日本，漂泊异域，化名高山独立郎。在日本，他广交革命志士，与孙中山、章太炎、陶成章、黄克强等人交往，筹组光复会，参加同盟会，立志反

沈瓞民

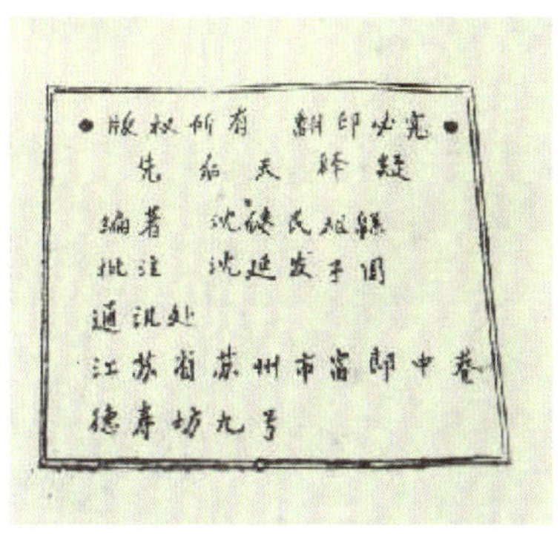
版权所有 翻印必究
编著 沈瓞民
通讯处
江苏省苏州市富郎中巷
德寿坊九号

沈氏《自得斋丛书》（油印本）版权页印有“德寿坊九号（民国门牌）”字样

清。光绪三十年（1904），受光复会推举，沈瓞民回国策动武装起义。1949年新中国成立后，沈瓞民历任苏州市政协委员、浙江省政协文史委员、江苏省政协委员，并被聘为中国社会科学院历史研究所（今中国社会科学院中国历史研究院古代史研究所）特约研究员。1969年，沈瓞民病逝于寓所。其子沈延国（1914—1985）曾师从章太炎，继又入上海光华大学（今华东师范大学）专攻中国文学史，曾与杨宽等编著有《吕氏春秋集解》，交中华书局出版。后亦为章氏国学讲习会讲师兼《制言》编辑。1940年时沈延国曾与章太炎夫人汤国梨在上海筹建太炎文学院，担任教务长，并主讲中国文学史。抗战时，他与父亲沈瓞民曾同任新四军“长江商行”董事并兼秘书。1984年2月25日，沈延国在《沈瓞民先生传略》一文中提到其父沈瓞民的往事：“不久，回苏州，积极协助他的学生、上海华北煤业公司经理潘以三组织的长江商行，分设支行于杨州[1]。长江商行是新四军的地下经济组织，由叶晋明、蔡辉领导。先君邀集国民党元老许崇智、张家瑞及潘以三、徐德明等任董事，许为董事长，潘为经理，徐德明为副理，延国亦忝列为董事并为秘书。商行专运卫生药品、文化用具至解放区，回程则载煤至上海，往来不断，直至解放。陈毅同志对长江商行的工作曾给以好评。”[2]沈瓞民故居现为苏州市控制保护建筑，总建筑面积约1300平方米。

沈瓞民故居及周边航拍图

1. 原文，即扬州。汉碑中杨字皆从“木”，从提手字旁系后人所改，清代学者王念孙有详细考证。
2. 苏州市地方志编撰委员会办公室、苏州市档案局编：《苏州史志资料选辑（第三辑）》，1984.11，P28—29，沈延国《沈瓞民先生传略》。

范氏宅园

范敬宜《总编辑手记》书影

范氏宅园内景

位于庙堂巷10号，建造于清代，存两路三进，以备弄相隔。东为正路，存门厅、轿厅、大厅三进。门厅已改，大厅面阔三间，进深九界。前后有翻轩，东次间尚存斗三升桁间牌科，垫拱板透雕花卉。天井前残存清水砖墙门。西路仅存花厅，面阔三间，扁作雕花梁，有翻轩，厅前有黄石假山。《人民日报》原总编辑、北宋名臣范仲淹第二十八世孙范敬宜曾居住于此宅。范敬宜曾在升平小学读书，抗战全面爆发后，苏州遭到轰炸，随全家避居光福。[1]范敬宜著有《总编辑手记》。他的祖父范端信曾是范氏义庄和文正书院的主奉。父亲范承达毕业于上海交通大学，与邹韬奋是同班同学；母亲蔡佩秋出身书香门第，曾师从章太炎、吴梅，工诗词，

范氏宅园墙门

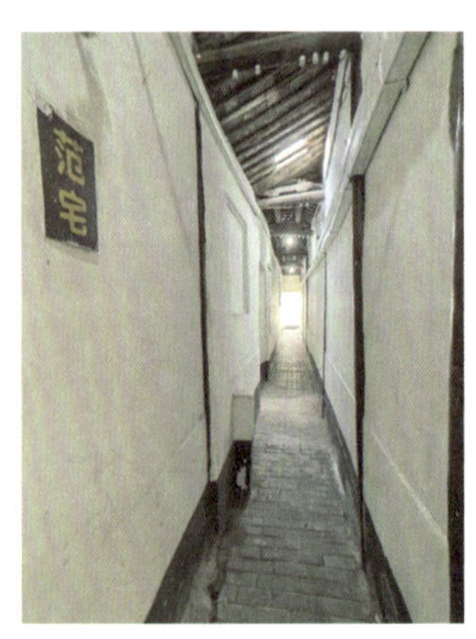

范氏宅园备弄

1. 苏州市政协文史委员会编：《苏州近现代人物（第四辑）》，文汇出版社，2014，P64，汪于定《我的表兄范敬宜》。

擅音律，品格高洁；外祖父蔡晋镛是晚清举人，曾赴日本考察教育，是新式学堂——苏州草桥中学（今江苏省苏州第一中学校）的首任校长，教育家叶圣陶、古典文学研究家俞平伯、历史学家顾颉刚、画家吴湖帆，都是该校第一期学生。

抗战时期，爱国作家柯灵遭日本宪兵队逮捕毒打，遍体鳞伤，经营救获释后，为便于养伤并避免再度被捕，范敬宜的母亲蔡佩秋冒险安排柯灵到苏州庙堂巷10号范氏宅园疗伤，“（他）在范氏亲属的照顾下，由家属悉心护理，服药养伤，经一月多光景，步履如常”[1]。柯灵（1909—2000），原名高季琳，笔名朱梵、宋约，原籍浙江绍兴，生于广州。中国知名电影剧作家、评论家、小说家和散文家。柯灵一生笔耕不辍，二十岁出头投身报界，共参与编辑过十几种报刊，如《文汇报》《大美报》《明星半月刊》《万象》等，被公认为是文坛大家和报界的翘楚。

柯灵

目前范宅已更新改造。

曹沧洲祠

曹沧洲祠旧影

原有三进，现存两进。该建筑原为曹沧洲行医处，后为曹沧洲的儿子曹黼侯的故居，曹黼侯之子曹鸣高亦曾在此居住。第一进为客堂。过清水砖墙门，便是天井。墙门为双面门楼，朝天井的一面题有“厚德载福”四字，另一面则题有“俭以养德”四字。与天井相隔的北面是第二进的享堂，面阔三间，进深八檩17米，梁架为前八界；双船棚轩，扁作雕花四界梁，脊檩饰山雾云；后扁作六界梁，堂前匾额上书“心济苍生”。

曹沧洲像

曹沧洲（1849—1931），名元恒，沧洲是他的医号。曹家世

1. 苏州市地方志编纂委员会、苏州市政协学习和文史委员会编:《苏州史志资料选辑（2000年刊）》，《苏州史志资料选辑》编辑部，2000，P204，香山《柯灵与庙堂巷范宅》。

曹沧洲祠

代行医，曹沧洲的祖父和父亲都是苏州有名的郎中。曹沧洲不仅医术高明，更是宅心仁厚，对前来看病的穷人，不但常常免费诊治，还送药品给他们，所以诊所每天门庭若市。2002年，曹沧洲祠被公布为苏州市控制保护建筑，当时的府前街道集资近百万元，对其进行修缮。2008年，在前期修复工程的基础上，又集资进行第二期维修。2020年5月，再次启动曹沧洲祠整体修缮工程。2021年，百年老字号雷允上入驻曹沧洲祠，设立雷允上中医文化馆对外开放，传播中医中药文化。

清微道院

又称清虚道院。原有主殿两座，大殿名祖师殿，供奉玄武真君；二殿名三官殿，供奉天官、地官、水官。大殿两侧，一边有偏殿两间，另一边有厅堂、客房数间。清微道院始建于南宋端平年间，为隐士沈清微私宅。沈氏平生喜结道士，因无嗣，遂舍此宅赠予道士。改为道院后，即以"清微"[1]名之。据明崇祯《吴县志》卷二十七"玄观"条记载："清微道院，在府治西支家巷内，宋端平间建，本朝永乐间废[2]，里人成普玄募资重建。正统二年，住持王嗣先建三元阁，弘治十四年住持王源清等募修。天启

清微道院

1. 另有一说得名自唐朝末年诞生的新符箓道派——清微派。
2. 清同治《苏州府志》载："明初，归并福济观。"

清微道院

五年，住持马正心建北斗七星楼，十二年知县牛若麟鼎新三元阁。”《吴中寺观小志》中则载录：“清微道院，在郡治西，宋端平中法师余灵山建。”由此可知肇建道院的是南宋道士余灵山。明代都穆撰《清微道院三官阁碑》记录更为详尽，在明崇祯《吴县志》卷二十七“玄观”和《吴中金石新编》卷六中也均有著录。道院清嘉庆时重建。粗碑石两块，现存苏州文庙。1907年《申报》曾记载旅益公所曾借用道院场地开办事务所：“苏垣客寓一业向无公所，现经该业同人公同商议，公举道前街聚星栈主徐姓及悦来栈主某姓为董事，创设旅益公所，暂借清微道院为事务所。”[1]1922年《申报》记载当时道养市民公社曾在清微道院开设平价饭店发售处：“平价饭店将开幕，苏城道养市民公社社长沈束璋、孔受之，近因百物昂贵，贫民生活维艰，特发起组织平价饭店。每人二十文饭菜一并在内，择定瓣莲巷清微道院为发售处，于旧历七月初一日开幕。”[2]民国初年设小学于道院内，即名清微小学，20世纪80年代并入升平小学。1928年，住持徐福记：“（道院）计上下楼房大小五十五间，竹园一方，园基一方。”1982年，大殿被拆毁，建起教师宿舍楼，三官殿被改建为幼儿园，两侧附房用作工厂仓库。清微道院现存殿宇一座及附房数间，系清嘉庆时重建。殿南向，面阔三间，前有廊，内有船棚轩，圆作四界梁，后双步，花岗石柱础浅刻包袱锦。清微道院目前正在修缮中。

吳縣縣立清微初級小學　東支家巷

創設旅益公所　蘇州　○蘇垣客寓一業向無公所現經該業同人公同商議公舉道前街聚星棧主徐姓及悅來棧主某姓爲董事創設旅益公所暫借清微道院爲事務所議就簡章十餘條以後各客棧住客每人每日須加增錢十文爲該公所常年經費業已具稟蘇州府及三首縣請給示保護矣（具）

▲平價飯店將開幕　蘇城道養市民公社社長沈束璋孔受之、近因百物昂貴、貧民生活維艱、特發起組織平價飯店、每人二十文飯菜一併在內、擇定瓣蓮巷清微道院爲發售處、於舊曆七月初一日開幕、

左图：“吴县县立清微初级小学　东支家巷”（民国报刊）

中图：《创设旅益公所》（《申报》1907年3月22日第9版）

右图：《平价饭店将开幕》（《申报》1922年8月18日第11版）

1. 《申报》（1907 年 3 月 22 日第 9 版）载录。
2. 《申报》（1922 年 8 月 18 日第 11 版）载录。

清微道院三官閣碑 都穆

姑蘇清微道院在郡治西宋端平中建於法師余靈山
至國朝永樂初而廢里人成普玄者募緣重建宣德丁
而且當盛夏之日身親其事不憚勞苦可謂有功於院
者矣因不辭而為之記并系之以詩曰姑蘇為邦多老
氏宫有若清微翹然其中由宋建今久歷年歲莫為之
先後何以繼惟茲層閣穹傑洞明四檐翬飛勢凌紫雲
神休是祈聖躔是祝來檝一馮萬象森目風摧雨剥舊
觀莫還爰有真士柤仆補刓煥焉聿新煌麗逾昔邦人
來遊無不嘖嘖稽之道家其宗無為曰清曰微一而靡
他刱茲閣者超乎物表八囱玲瓏纖埃莫擾聖凡同歸
地水三官至衡之子魯而其術益盛則三官之名蓋昉
於此後之道家創為土木之像飾以冠服儼然南面以
為實有其神由是閭巷細民往往趨以祈福夫道家祖
陵稱為天師今若此無乃背其師之説乎雖然天下之
事多出於襲而其襲之之久雖有智者莫能卒變勢則
然也故今之為道家者亦唯謹守其傳以事焚修求無
墜而已矣是閣之壞殆非一日置而不修則無以祝聖
躔祈人望非主之者之責乎源清惟榮是舉其費頗巨
其患弗修人而寘昏盍愧羽流刻我斯文置閣之右庶
幾後人永永其守

明都穆撰《清微道院三官阁碑》

西支家巷吴宅

位于西支家巷15号，清代建筑，存一路四进：门厅、大厅及两进楼厅。原门厅毁于火，今存为重建。大厅面阔三间，进深八界，设一枝香鹤颈廊轩，前有船棚轩，扁作四界梁，脊桁间山雾云、抱梁云，后有穿堂。两进楼厅均面阔三间，前楼厅为传统建筑，扁作承重，东西厢房为楼；后楼厅为民国建筑，扁作雕花承重，原西厢已不存，东厢尚存。此宅据说是吴中名医、经绶章门人吴怀棠的住所。2014年，西支家巷吴宅被公布为苏州市第四批控制保护建筑。

吴宅山雾云和抱梁云

吴宅雕花栏板

西支家巷沈宅

沈宅

位于西支家巷14号，清代建筑，该建筑现存两路五进，西为正路，存大门、轿厅、大厅、楼厅及附房。轿厅面阔三间，前有船棚轩，圆作四界梁，后双步；大厅亦面阔三间，前翻轩，扁作梁。中路存三进，北部临瓣莲巷尚存北向平房一进，三间两夹厢；第四进原为佛堂，扁作梁。东路存一进平房及三进楼厅。沈宅轿厅前及大门内各存混水三飞砖墙门一座，皆为纹头脊，小青瓦屋面，分别篆书“竹瑞歧骈”和“庭瑞双凤”吉祥语，落款人均为“海秋”，题写时间为“岁次癸丑孟春”。“海秋”即民国时期曾任浙江省实业厅厅长的云韶（字海秋），生于清末，江苏苏州人，精篆隶，自成一家，偶作书，时人得片纸而珍之。他与王福庵、褚德彝、何维朴、黄葆戉、伊立勋、高野侯友善，

沈宅内景

也曾应邀为陆恢《江南春图》题跋。晚寓沪上，以书画自娱。东路南有庭园，尚残存湖石花坛和广玉兰古树。此宅据说原系民国沈姓官员[1]的宅院，目前散为民居。

沈宅

1. 查证1951年《道（太）养镇地籍图》并结合1936年道养镇居民户籍登记通告（《苏州明报》1936年10月28日第7版）可知，此宅户主曾为前苏常镇守使兼江苏全省水上警察厅厅长、安徽裕繁铁矿监督杨春普，其外甥张伯华曾任江苏高等审判厅书记官。（生平参见《苏州明报》1926年11月13日第3版）

第四节 文物登录点

根据《国家“十一五”时期文化发展规划纲要》，国务院从2007年开始开展第三次全国文物普查，始于2007年4月，止于2011年12月，花时近5年。苏州市共计普查登录文物点3801处，其中沧浪区有282处，在32号街坊的三普中，有一些如今已升级为各级文控保单位，下表中统计的是三普名单中近年来待升级的文物登录点，共计30处。

文物登录点

<table>
<tr><th>序号</th><th>名称</th><th>文物等级</th><th>文物分类</th><th>类型</th><th>时间</th><th>备注</th></tr>
<tr><td>1</td><td>庙堂巷刘宅</td><td rowspan="11">第三次全国文物普查登录点</td><td>古建筑</td><td>古宅</td><td>清</td><td></td></tr>
<tr><td>2</td><td>瓣莲巷叶宅</td><td>古建筑</td><td>古宅</td><td>清</td><td></td></tr>
<tr><td>3</td><td>西支家巷孙宅</td><td>古建筑</td><td>古宅</td><td>清</td><td></td></tr>
<tr><td>4</td><td>乘骝桥</td><td>古建筑</td><td>古桥</td><td>清</td><td>详见本书街坊细说一章</td></tr>
<tr><td>5</td><td>庙堂巷30号仁德堂砖雕门楼</td><td>近现代重要史迹及建筑</td><td>门楼</td><td>民国</td><td>程宅，仅门楼为登录点</td></tr>
<tr><td>6</td><td>瓣莲巷36号砖雕门楼</td><td>古建筑</td><td>门楼</td><td>清</td><td>程宅，仅门楼为登录点</td></tr>
<tr><td>7</td><td>盛家浜古牌坊立柱</td><td>古遗址</td><td>石坊柱</td><td>清</td><td>盛家浜18号院内古牌坊与桃园前原系一处</td></tr>
<tr><td>8</td><td>西支家巷5号古井</td><td rowspan="4">其他</td><td rowspan="4">古井</td><td>清</td><td rowspan="4">古井现状详见本书附录</td></tr>
<tr><td>9</td><td>余天灯巷5号西北古井</td><td>清</td></tr>
<tr><td>10</td><td>余天灯巷5号东南古井</td><td>清</td></tr>
<tr><td>11</td><td>余天灯巷北口古井</td><td>清</td></tr>
</table>

续表

序号	名称	文物等级	文物分类	类型	时间	备注
12	瓣莲巷24号古井	第三次全国文物普查登录点	其他	古井	清	古井现状详见本书附录
13	瓣莲巷26号古井	第三次全国文物普查登录点	其他	古井	清	古井现状详见本书附录
14	瓣莲巷30号古井	第三次全国文物普查登录点	其他	古井	清	古井现状详见本书附录
15	瓣莲巷36号古井	第三次全国文物普查登录点	其他	古井	清	古井现状详见本书附录
16	瓣莲巷39号古井	第三次全国文物普查登录点	其他	古井	清	古井现状详见本书附录
17	瓣莲巷44号古井	第三次全国文物普查登录点	其他	古井	清	古井现状详见本书附录
18	瓣莲巷46号古井	第三次全国文物普查登录点	其他	古井	清	古井现状详见本书附录
19	瓣莲巷49号古井	第三次全国文物普查登录点	其他	古井	清	古井现状详见本书附录
20	瓣莲巷52号楼厅南古井	第三次全国文物普查登录点	其他	古井	清	古井现状详见本书附录
21	瓣莲巷52号楼厅北古井	第三次全国文物普查登录点	其他	古井	清	古井现状详见本书附录
22	瓣莲巷55号恒德堂义井	第三次全国文物普查登录点	其他	古井	清至民国	古井现状详见本书附录
23	府东巷5号古井	第三次全国文物普查登录点	其他	古井	清	古井现状详见本书附录
24	府东巷7号古井	第三次全国文物普查登录点	其他	古井	清	古井现状详见本书附录
25	织里弄2号古井	第三次全国文物普查登录点	其他	古井	清	古井现状详见本书附录
26	东支家巷19号古井	第三次全国文物普查登录点	其他	古井	清	古井现状详见本书附录
27	西支家巷1-9号南古井	第三次全国文物普查登录点	其他	古井	清	古井现状详见本书附录
28	西支家巷1-4号古井	第三次全国文物普查登录点	其他	古井	清	古井现状详见本书附录
29	西支家巷3号古井	第三次全国文物普查登录点	其他	古井	清	古井现状详见本书附录
30	道前街194号古井	第三次全国文物普查登录点	其他	古井	清	古井现状详见本书附录

庙堂巷刘宅

位于庙堂巷14号，范氏宅园的西侧，坐北朝南，系传统民居。刘宅为一路三进，坐北朝南，前二进间均有天井。此宅在新中国成立之初曾居清末叶姓进士，20世纪50年代为槐永茂号老板刘克成所居。刘宅现属文物登录点。

刘宅

瓣莲巷叶宅

原为洞庭东山务本堂叶氏后代叶璞山的祖宅。现存两路四进。西为正路，一进门厅带砖细垛头、斗六升桁间牌科；二进大厅前设船棚轩，现已改建，残存清水砖墙门一座，字额已失，字牌上曾有隶书“分”“力”等字；三进内厅前有“式好无犹”砖雕门楼，兜肚较精细，檐廊带挂落，厅两厢立卍川栏杆，左右有“芝秀”“兰芬”字额。东路有回顶花厅。花园已改造，树木参差。楼厅有半圆戗檐，局部栏杆等尚存。另有青石八角古井、圆形古井

叶宅砖雕门楼

叶宅院景

叶宅洋楼内景

叶宅洋楼

叶宅及周边航拍图

各一眼。民国时“梁溪酒丐”邹弢[1]寓苏时，曾作为叶家的“西席”，在此居住。翰林院编修江标曾至此访邹弢。这座房子也曾住过画家蒋风白。瓣莲巷叶家太太曾是节食会的同人。[2]目前叶宅散为民居。

西支家巷孙宅

位于西支家巷5、7、9号，坐北朝南，五路四进。东起第二路为主路，进门后第二进为扁作花厅，第三进为主

孙宅

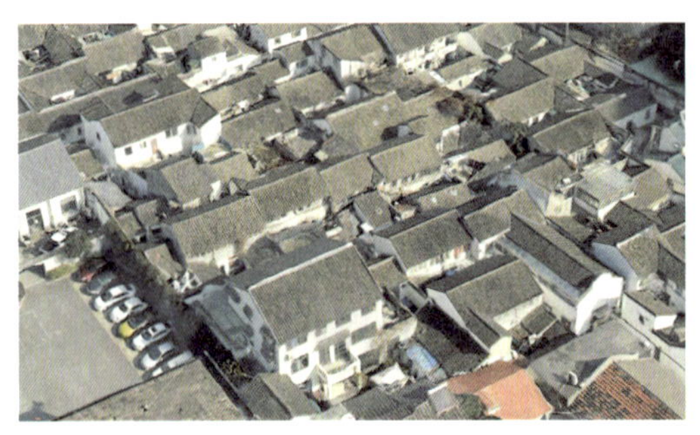
孙宅及周边航拍图

1. 邹弢（1850—1931），字翰飞，又字瘦鹤，自号酒丐，别署司香旧尉、潇湘馆侍者、玉愁生等。
2. 《申报》(1937 年 9 月 22 日第 4 版）载录。

厅，面阔三间，前有船棚轩。西路以圆作厅堂为主。孙宅原为清代员外孙冠儒[1]的宅子，目前散为民居。

仁德堂程宅

仁德堂程宅

庙堂巷仁德堂程宅砖雕门楼（倪浩文提供）

位于庙堂巷30号，曾为商人程清涛的宅子。临街一幢为民国洋楼，东、西存界碑两方，均为“仁德堂界”。后有砖雕门楼一座，字牌题字为“竹苞松茂”，系第三次全国文物普查新发现点。程宅在20世纪90年代初，曾被用作苏州市银光老干部印刷服务厂厂房。程宅在游马坡巷有边门，即后一进院落，有两层楼房，系晚清传统民居建筑风格。院内现存枇杷树一棵。

瓣莲巷程宅

位于瓣莲巷36号，坐北朝南，系徽州大族程家的宅子，现为程家女婿、美食家老凡（朱军）居住。原先的户主叫程畴五，是程德泰茶号老板的后裔。程德泰茶号由徽州婺源商人程少富创始于光绪六年（1880），开设在阊门外上塘街，程少富聘任歙县

1. 民国报刊多写作“孙冠如”（《苏州明报》1926年10月7日第2版载录），孙员外系“西支家巷孙清怀栈主”（《苏州明报》1930年12月21日第2版载录）。

瓣莲巷程宅庭院

瓣莲巷程宅内景

人汪子健为经理，以门柜本销为主，在东北营口设有自销庄口。光绪二十六年(1900)庚子之乱，因关外的座庄损失惨重，程德泰茶号被转手给了苏州前小邾弄吴胜元茶行老板——歙县人吴子平，更名为吴馨记茶号。范小青《家在古城》记载：“1979年4月，朱军和夫人程家丽结婚，住进了程家丽家的祖屋，瓣莲巷36号。程家的祖先，最早是从徽州过来的，认真往前推算，大概在200年前就来苏州了。”[1]程宅有一门楼，系第三次全国文物普查新发现点，门楼字牌题为“芝田毓秀”。“芝田”旧时指的是仙人种灵芝的地方，而“毓秀”则指孕育着优秀的人，寓意为人才辈出。题字人是徐康，在字牌右侧署“子晋徐康题”字样。徐康(1814—1889)，字子晋，号窳叟。江苏长洲(今苏州)人。诸生。通医理，工诗，能篆、隶书，善治印。精鉴别金石、书、画之真赝，寓目立判，杨岘以宋荦称之。门楼左侧题额的时间为光绪庚辰年(1880)，署款为“光绪庚辰八月穀旦”。

瓣莲巷程宅门楼题额（倪浩文提供）

1. 范小青：《家在古城》，江苏凤凰文艺出版社，2022.10，P93，《瓣莲巷 36 号》。

第五节 已湮灭的文化遗存

洙泗巷

在富郎中巷北，因干将路拓宽被拆除。该巷初名支使巷，后因清代吴县县学在市河的北面，古时以“洙泗”指代儒学，故名。因此巷近太平桥，在20世纪80年代又改称太平桥弄。“支使”是唐代的官名，唐代节度使、观察使属官皆有支使，位在判官下，监察侍御史巡按州县时，如事务繁重，亦置支使。明卢熊《苏州府志》著录“支家巷”“支使巷”之名。民国《吴县志》载：“支使巷，富郎中巷北，今俗讹洙泗巷，据卢熊府志[1]正。”民国王謇《宋平江城坊考》：“卢志列开家巷后，道堂巷前，疑即今俗讹之洙泗巷。”洙泗巷西段原有一小桥名兔子桥。此桥堍在清末原有王公馆[2]、冯公馆[3]。洙泗巷原先的位置如今已是干将西路南侧的人行道。洙泗巷东口东南角在新中国成立之初原设有镇江会馆，后废。

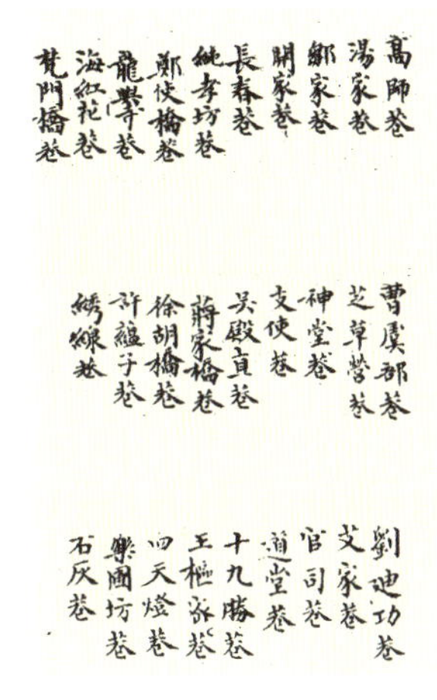
高師巷
湯家巷
鄒家巷
開家巷
長春巷
純孝坊巷
鄭使橋巷
龍興寺巷
海紅花巷
梵門橋巷

曹虞部巷
芝草營巷
神堂巷
支使巷
吴殿直巷
蔣家橋巷
徐胡橋巷
許縋子巷
繡線巷

劉廸功巷
文家巷
官司巷
道堂巷
十九勝巷
王枷泳巷
四天燈巷
樂圃坊巷
石灰巷

洪武《苏州府志》中“支使巷”“支家巷”之名

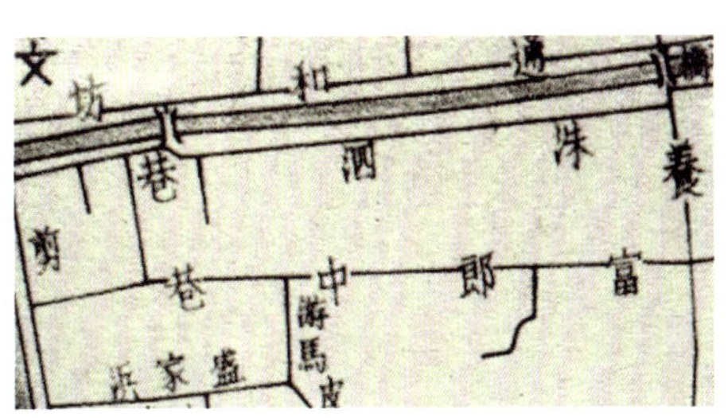

1940年《吴县城厢图》上的洙泗巷

1. 即明卢熊《苏州府志》。
2. 《申报》(1894年6月7日第2版)载录。
3. 《申报》(1883年9月6日第5版)载录。

剪金桥

有史可载的剪金桥名称出现在唐代陆广微《吴地记》及南宋范成大《吴郡志》中，同名南宋《平江图》上也有标记。范广宪《吴门坊巷待辅吟》卷一咏剪金桥曰：“参差河水映桥深，倚棹仍哦放浪吟。买笑十年成一梦，行时莫剪路旁金。”又咏剪金桥巷曰：“里乘冥搜斫肺肝，剪金容易剪名难。休言此去疑无路，循迹仍因唤水团。”他怀疑剪金桥巷是水团巷的南延，应该仍是水团巷。“剪金”从字面上理解至少有三种意思：一便是“吴王剪金”的传说；二是指剪金花，为禁宫花别称，又称剪夏罗、剪春罗，剪金花科剪秋罗属植物，广泛分布于我国，在苏州有桃花桥等以花命名的桥，“剪金”自然也可作桥名；三是泛指金银器的加工工艺，桥、巷名称也由此而来。宋李新《寿王提举二首》有“尚忆前时司玉牒，试簪明日剪金花”。宋欧阳修《龙茶录·后序》载“宫人剪金为龙凤花草贴其上”，明杨基《端阳十咏》咏钗符也有“红縠剪金蟆，轻罗蔟艾花”。而苏州恰好有悠久的金银器加工历史，《宋史》载，崇宁元年（1102）派宦官童贯在苏设造作局，役使工匠制造象牙、犀角、金银等器，无不精工细作，因此苏州有“天下器，苏州工”之美誉；清康熙四十八年（1709），苏州有金铺47家，金银铺等52家，到同治七年（1868），大小银楼增至104家，数量之巨全国少有；而苏州出土的金蝉玉叶、如意云纹金盘、金镶宝凤冠等顶级金银器文物，与民国王謇《宋平江城坊考》中考证出的苏州“金银巷”“碎金巷”“碎银巷”等巷名相互佐证。苏州市人民政府（2014年）10号文件《市政府关于公布苏州市区第一批吴文化地名保护名录的通知》载录了“剪金桥”地名。

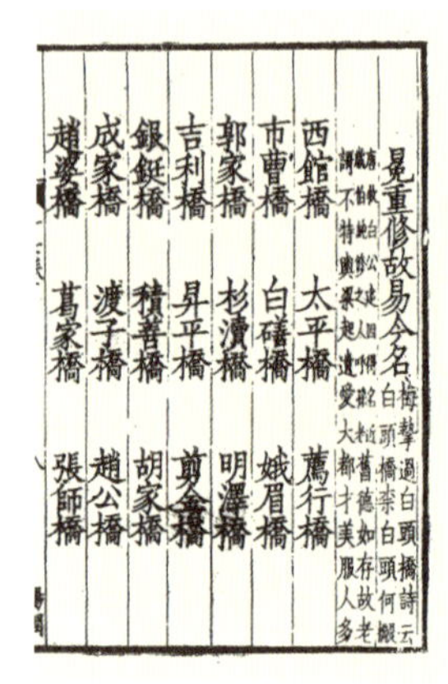
晁重修故易今名
西館橋　太平橋　鷹行橋
市曹橋　白礬橋　娥眉橋
郭家橋　杉瀆橋　明澤橋
吉利橋　昇平橋　剪金橋
銀鋌橋　積善橋　胡家橋
成家橋　渡子橋　趙公橋
趙婆橋　葛家橋　張師橋

南宋《吴郡志》上“剪金桥”条

瓣莲巷吴宅（鸳鸯礼堂）

为民国乃至新中国成立以后百姓订婚、结婚的场所。瓣莲巷1号原有一吴姓大

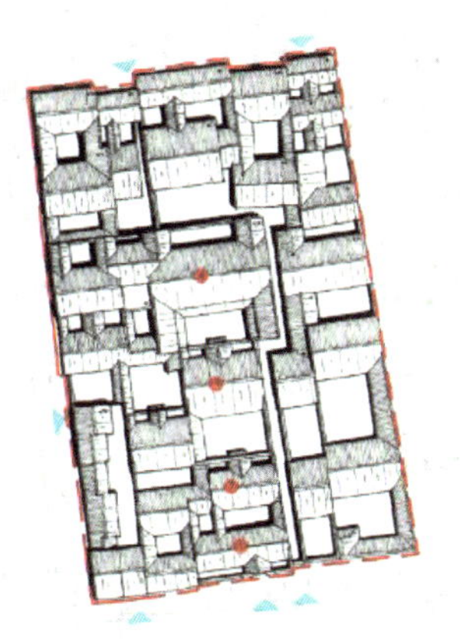

吴宅（鸳鸯礼堂）历史院落复原图（推测）

宅，户主将家宅一部分辟为此用，名鸳鸯礼堂。整组建筑共有五路，中路为正路，共六进，第一进门厅，第二进大厅，大厅北有蟹眼天井及砖雕门楼，第三进平面呈“H”形，三开间带两厢，明三暗五，建筑精美细腻，第五、六进为一层附房。东一路有六进，第一进南庭院中有廊、亭，第一、二、三进建筑之间有连廊连接，连廊下有挂落。东二路有四进，为辅助用房。西两路为吴姓地主家人自住部分，其中西二路有七进，西一路有五进，西一路第一、二进建筑之间有一排东西向沿街建筑。民国时期，苏州地区举办婚礼较为隆重，特别是大户或中户人家。旧式婚礼费钱又耗时，其间开始流行新式婚礼，新式婚礼仪式安排在礼堂里，称为文明婚礼，结婚衣服也改为男子西装，女子礼服或婚纱。这时期还崇尚简朴之风，年轻人比较喜欢办集体婚礼。苏州民俗研究学者沈建东对20世纪30年代初苏州文明结婚已渐成风气有过简单而全面的介绍：“文明结婚的形式趋于规范化是20世纪30年代以后，多是教育界、学界、金融界、洋行、各级政府工作人员、西医等行业的人员，苏州离开埠的上海很近，故城里的开明士绅、教育界人士等特定的社会阶层多崇尚‘文明结婚’，一般的百姓家则多采用传统婚礼，故文明结婚民间又称‘新式婚礼’或‘西洋婚礼’。有时旧式的花轿与新式的花车在大街相交而过，也成为苏州古城那个时代特有的街景，赚得路人引颈而望。”民国《吴县电话号簿》载：“鸳鸯礼厅，东支家巷20号。”由此可知，民国时期32号街坊的鸳鸯礼堂可能不止一家或门牌号在历史中有变迁。

禮　廳

百壽禮堂…………塔倪巷23號……1424

鴛鴦禮廳…………東支家巷20號……1506

民国《吴县电话号簿》上门牌号的记载

茲承程履之孫致和兩先生
歷正月廿六日）在蘇結婚
席設蘇州養育巷東支家巷鴛鴦禮堂

《申报》1940年3月1日第1版关于结婚信息的记载

富郎中巷顾宅

顾允若（1886—1937），名恩湛。江苏吴县（今苏州）木渎人。顾德昌曾孙，张一夔次女婿，孔昭晋甥，顾仲华兄。“七子山顾氏”世医传人。清光绪三十三年（1907）毕业于巡警学堂，后执业行医，擅内、妇科，兼精男、儿、喉诸科，擅治风痨臌膈疑难杂症，对贫病尤加体恤，名噪江浙皖等地。曾任吴县医学会副会长，弟子众多，学生中最有成就者是同样居住在富郎中巷开诊所的宋爱人。顾允若16岁即开业行医，1925年医馆迁富郎中巷30号。长女顾乃大为苏州市第三人民医院药剂师。“七子山顾氏”是始于清代的医学世家，经“文革”等变故，现“七子山顾氏”中医已鲜有传人。（《吴中名医录》）顾允若宅在拓宽干将路时被拆毁。其子顾乃绩[1]也曾在富郎中巷坐诊。顾允若旧宅在富郎中巷西口（民国时门牌号为富郎中巷42号[2]），《申报》顾允若迁苏告示则记载为“胥门内富郎中巷西口四十三号”[3]。沧海桑田，顾家的老宅今已不存，成为天河花园住宅小区。

《顾氏医径读本》书影

顾乃大医生

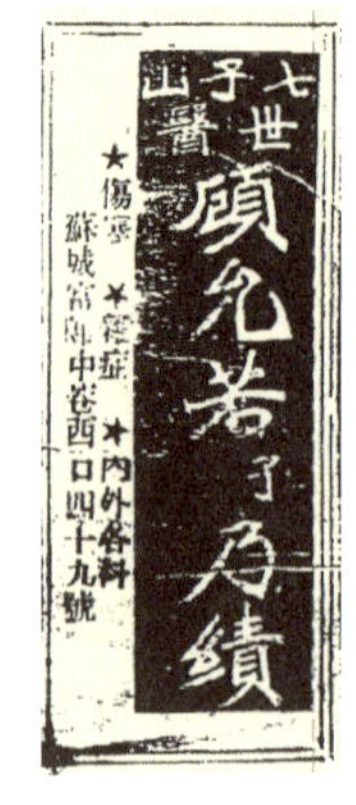
七子山世醫
顾允若子乃绩
★傷寒　★痧症　★內外各科
蘇城富郎中巷西口四十九號

《七子山世医顾允若乃绩》（《明报》1930年9月13日）

顧允若家主於七月十三日酉時壽終擇於十七日巳時大殮特此報聞
蘇州富郎中巷四十二號顧醫室號房謹稟

七子山顧允若世醫遷蘇

左图：“顾宅报丧”（《申报》1937年7月18日第6版）

右图：《七子山顾允若世医迁苏》（《申报》1921年5月25日第12版）

---

1. 顾乃绩曾住富郎中巷原49号。
2. 《申报》（1937年7月18日第6版）载录“顾宅报丧”：“顾允若家主于七月十三日酉时寿终，择于十七日巳时大殓，特此报闻。苏州富郎中巷四十二号，顾医室号房谨禀。”“国医顾乃绩启事”：“先严允若公弃养，百身莫赎，乃绩遭此大故，忧心如焚，只得暂时停诊。惟病家远道就诊，际此溽暑徒劳往返，内疚实深，拟委托先严门人代诊，尚祈病家鉴谅为幸。”
3. 《申报》（1921年5月25日第12版）载录，题为《七子山顾允若世医迁苏》。

徐迪功祠

徐祯卿像

原在盛家浜，今不存。徐祯卿（1479—1511），字昌谷，江苏吴县（今苏州）人，明代文学家。明弘治十八年（1505）进士，被称为“吴中诗人之冠”，是“吴中四才子”（亦称“江南四大才子”）之一，因曾任迪功郎，故也被称为“徐迪功”。徐祯卿著有《迪功集》《迪功外集》《翦胜野闻》《异林》等。清道光《苏州府志》卷三十三“坛庙二”条目记载：“徐迪功祠在盛家浜，祀明国子博士祯卿，万历四年巡检都御史宋仪望建并记，今改为张纯公祠。”《吴门表隐》则记载了明崇祯十六年（1643）张纯公祠从枫桥的谢宴岭移建盛家浜的史实：“张纯忠公祠在谢宴岭，祀宋团练使选。建炎中敕建，明崇祯十六年裔孙起文移建盛家浜。”张选，字公抡，关中（今属陕西）人。北宋大观年间进士，累官至京西团练使（从五品），奉命使金国，不屈而死。清道光七年（1827），入祀沧浪亭五百名贤祠。

张选像

陆包山祠

陆治像

陆治（1496—1576），字叔平，因曾居包山，故自号包山子，江苏吴县（今苏州）人。明代“吴门画派”代表人物、画家。陆治师承文徵明，既善行楷，又善画花鸟、山水，兼工能写，花鸟以工笔见胜，得徐熙、黄筌遗意，勾勒精细，敷色清丽，有妍丽派之称；山水笔墨劲峭，善通过留白强调画作韵味。陆治青年时与文徵明、祝允明相来往，后隐居于支硎山（今苏州枫桥观音山），潜心书画，种菊自赏。

他为人倜傥嗜义，以孝友著称。清道光《苏州府志》卷三十二“坛庙一”条目记载：“陆包山祠在庙堂巷，祀明贡士治。”而《吴郡名贤图传赞》卷八中则更为详细地记载了陆治的生平，称其祠堂在庙堂巷：“公姓陆讳治，字叔平，吴县人，世居包山，因号包山。少年喜为豪侠游长而束修自好，困诸生数辞廪，督学嘉其才行，令为贡生。遂衣处士服，坚卧支硎不出，工写生，得徐、黄遗意，山水喜仿宋人而时出己意。王世贞称其上逼李、郭、马、夏而勿论也。晚年贫甚，有贵人因所知，以画请作数幅与之，其人具厚币以谢。公曰：‘吾为所知，非为贫也。’却之。诗秀雅可诵，年八十一卒。祠在庙堂巷。”

盛家浜皮场大王庙

盛家浜18号皮场大王庙旧址

如今盛家浜18号院落，就是原先皮场大王庙的遗址，庙址曾用作仓库。《吴门表隐》记载：“各衙门立土地一祠，明太祖命建，名皮场大王神。”明洪武二十五年（1392），朱元璋曾诏颁《醒贪简要录》，其与元末明初叶子奇的《草木子》中的记载大致相仿：“官吏贪赃六十两（另有记载说是八两[1]）以上者枭首示众后剥皮楦草，悬于特设在衙门左旁的土地庙中。”[2]对于皮场大王庙是否就是明初惩办贪官污吏的刑场，北京大学历史学系教授赵世瑜等学者认为：“该庙起源似与明初剥皮实草的政策没有直接联系。”[3]《沧浪区志》中则谈道：“这座小庙如同一般的土地堂，又矮又小，长宽都不足三米；门楣上嵌方砖五块，浅刻‘皮场大王庙’五字；清道光年间即已俗称为‘瘪虱大王庙’。1966年前还能见到高约70厘米的彩色泥塑土地神坐像，那便是皮场大王。”关于皮场大王的身份，民间有席旦、张森、神农氏三种说法，宋人

1. “八两”说详见顾颉刚：《苏州史志笔记》，江苏古籍出版社，1987，P137。
2. 《沧浪区志》编纂委员会编：《沧浪区志（下册）》，上海社会科学院出版社，2006，P1340。
3. 《北京日报》（2001年12月10日第16版）载录：赵世瑜、郭向光《“剥皮实草”考》。

实际是将其作为药王供奉。其中《吴门表隐》认为皮场大王是张森，而国学大师俞樾在《春在堂随笔》卷六“疡医”中则引述《夷坚志》趋于此庙系供奉药王的观点。由此可见，皮场大王除了作惩治贪官污吏的剥皮楦草之所外，在民间还可作祭祀求愈、供奉疮疥菩萨之处。民间文学史上也留下了许多关于皮场大王的神话故事，在《古今图书集成·神异典》《夷坚甲志》《西湖游览志》等古籍中都有描绘。

西禅寺

始建于唐贞观年间，募建者为唐代僧人壁法。明崇祯《吴县志》记载：“（唐）咸通间，有僧自南泉来居此，号西禅和尚，寺因得名。”南宋景定年间寺被毁后，改称观音庵；明洪武二十六年（1393）重建后，再次为寺；明天顺五年（1461）知府胡缵宗改为巡盐公署，明嘉靖二年（1523）为巡盐公署，明万历三十一年（1603）军门游击移驻于此，因其长期改作衙署，按制其旁设置了皮场大王庙，寺庙部分只剩小部分僧舍，被称为东、西观音庵，也是在这一时期，此地成了文人墨客聚集的胜地；清康熙八年（1669）到康熙十九年（1680）又多次重建，清康熙十三年（1674），移料建姑苏驿馆，乃地归僧，复为寺；太平天国运动时期，寺全毁，未再修复；新中国成立后，寺址曾为木器厂、沙发厂、金属家具厂所在，现已散为民居。《沧浪区志》第二卷第二章及第二十卷第二章记载：盛家浜原有一座西禅寺，始建于唐贞观年间。清代第十二位状元、诗人缪彤（故居遗址在养育巷）的《重修西禅寺西院记略》载：“先朝嘉靖、万历间，两借正殿为官署，所存者仅左右僧寮，人又称东、西观音庵云。先是西院僧定周与其徒殊霁募盖精舍，周设垣墙。王百谷先生与诗人社集于此，称为胜地。迄于今百有余年，沧桑屡变，名流胜轨不可复问，而琳宫贝宇皆化为寒烟蔓草矣。于是西睦目击忉怛，矢大誓愿，尽出其囊钵所蓄兼聚檀施而鼎新之，属余弁其募疏。乃未几而远近同知，一时云集。鸠工于康熙己酉春仲，阅四寒暑至壬子秋始蒇事，康熙十三年缪彤撰。”1926年，西禅寺遗址土阜中曾发现进士缪曰藻原藏的题额“明人小楷”碑石十一方，下署“南有堂藏”款，碑文包含了

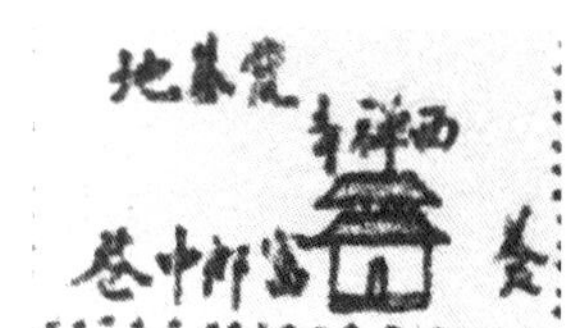

《姑苏城图》上标注的西禅寺

明代书家文徵明、祝允明、王宠、文彭等人的小楷。[1]《苏州日报》2021年11月8日A08版载："盛家浜西端不显眼处的墙边，竖立着一根孤零零的石牌坊残柱，这是古西禅寺遗址。"《苏州府志》中亦有类似的记载。

2011年初，周湧、陈逸云等苏州文保志愿者在高新区横塘街道学府社区顾塔里村发现了西禅寺的界碑。20世纪50年代横塘修建水利工程，从苏州城里运来大批金山石料；70年代后，水利工程废，周边几个村的村民便拿石头去建房，这块碑就是被发现于1978年所建的平房墙基。《苏州日报》报道，此界碑于2016年由文保志愿者捐赠给了苏州市碑刻博物馆。因《沧浪区志》限止于1999年，当时并未发现此界碑，遂将盛家浜16号墙内和陶氏宅园（桃园）门前的两根坊柱记载为佚名牌坊，其实这两根坊柱亦是西禅寺的遗迹。

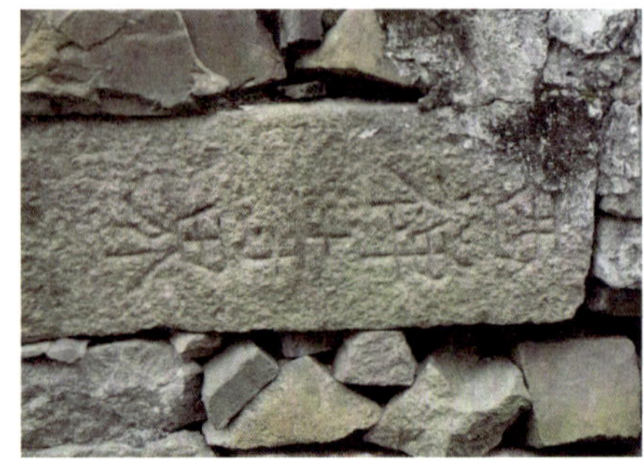
西禅寺界碑（苏州文保爱好者周湧提供）

凌敏刚故居

原在富郎中巷46号，今已不存。《沧浪区志》记载："凌敏刚（1876—1944），字毅然，湖南平江人，辛亥革命元老。民国十七年（1928）退出军界，后定居苏州。三十三年在湖南被侵华日军所俘，不屈投水自尽[2]。故居'艺园'为薛氏所有，民国十五年归凌敏刚。原为东园西宅布局。宅有两路房屋，现存正路门厅、三间带两厢大厅和两进楼房，以及西路三进平房。园仅存一座四面厅，假山水池均废。"[3]

1. 《苏州明报》（1926年6月11日第3版）载录。
2. 一说被日军杀害。
3. 《沧浪区志》编纂委员会编：《沧浪区志（上册）》，上海社会科学院出版社，2006，P174—175。另《沧浪区志》所述"现存"的屋舍，经实地考察，目前均已不存。

富郎中巷黄宅

《沧浪区志》第四章“会馆旧宅”第三节“旧宅”中载：“富郎中巷黄宅，在富郎中巷48号。南向两路七进。东路第六进为大厅，面阔三间10米，进深6.17米。扁作梁，明间雕人物，次间雕花卉。厅前有清同治十三年（1874）磨砖做细门楼西向，额题‘惟德永存’。西路第六进为花篮厅，有前后翻轩，梁枋雕刻精细，壁面有磨砖做细勒脚。曾列为控制保护古建筑。1994年因干将路工程被拆。”[1]

养育巷戴宅

《沧浪区志》第四章“会馆旧宅”第三节“旧宅”中载：“养育巷戴宅，在养育巷59号。清代住宅。坐西朝东两路两进，建筑面积595平方米。北路有大厅及楼厅。楼厅面阔三间附书房一间共13.8米，进深五檩5.6米，圆作梁，红木雕花落地长窗。南路第二进为花篮楼厅。曾列为控制保护古建筑。已于1999年拆除。”[2]

从简易模范识字学塾到培智学校

《沧浪区志》中也有关于吴县县立女子高等小学以剪金桥巷原洗心局旧址房屋为校舍的记载。学校的变迁经历了女子高等小学到吴县城西小学时期（1913—1929）和升平小学时期（1930—1996）两个主要的时段。

一、简易模范识字学塾第七塾（1909）

清礼部主事孔昭晋于宣统元年（1909）八月在吴县创办简易模范识字学塾5所，次年又续办5所，其中设在沧浪地区的有3所。简易模范识字学塾第七塾塾址设在剪金桥巷38号原洗心局旧址，民国初年即停办（据《吴县志》卷二十八学堂）。此外，《沧浪区志》（2006）中对简易识字模范学塾的整体情况也有详细记载。

---

1. 《沧浪区志》编纂委员会编：《沧浪区志（上册）》，上海社会科学院出版社，2006，P181。
2. 《沧浪区志》编纂委员会编：《沧浪区志（上册）》，上海社会科学院出版社，2006，P181。

二、从女子高等小学到吴县城西小学时期（1913—1929）

1913年，吴县县立女子高等小学校创办，以胥门内剪金桥巷38号原洗心局旧址房屋为校舍，由县知事委任北京女子师范毕业的孙郁文哲为校长。招收高等生43人，补习科生48人，编为高等科、初习科各一级，教职员7人。学校以“勤、俭、诚、朴”四字为校训。后因学生增加，学级逐年添设，教职员也相应增加。1919年建成新教室及礼堂。

1920年，添办幼稚园，名为吴县第二幼稚园。

1926年，高、初小合并为六年制，改名为吴县公立女子小学。

1927年，改称吴县城西女子小学校。

1928年，改为吴县城西小学，设高、初级9班，幼稚园2班。

三、升平小学时期（1930—1996）

1930年5月，改名吴县县立升平小学。

1937年，抗战军兴，学校停办。1938春，汪伪政府办学，继续招生上课。

1943年，改称吴县升平中心小学校。

1945年10月，改称吴县县立升平小学。

1946年，改称吴县道养太养镇中心国民学校。

1947年2月，改称吴县南园镇第二中心国民学校。

1949年，改称苏州市升平中心国民学校。

1951年，改称苏州市升平中心小学校。

1953年8月，设小学12班，另租用学校斜对门华姓民房设幼儿园2班。

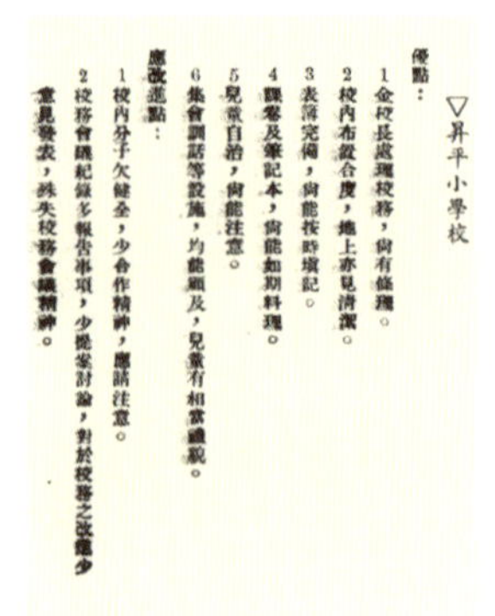
▽昇平小學校
優點：
1金校長處理校務，尚有條理。
2校內布置合度，地上亦見清潔。
3表簿完備，尚能按時填記。
4課卷及筆記本，尚能如期料理。
5兒童自治，尚能注意。
6集會訓話等設施，均能顧及，兒童有相當禮貌。
應改進點：
1校內分子欠健全，少合作精神，應請注意。
2校務會議紀錄多報告事項，少提案討論，對於校務之改進少意見發表，殊失校務會議精神。

1936年《吴县教育视导报告》[1]

“文革”初期，改称苏州市代代红小学。

1972年3月，改称苏州市升平小学。

1976年，附近东支小学（原清微小学）与跃进巷小学（原养育巷第二小学）并入该校，班级增至21个，学生达千余人，教职员工50人。

1978年8月，复为苏州市升平小学。

1. 孟毓琪、卫光炯：《二十四年度第一学期吴县教育视导报告》，1936。

1988年，完成校舍改造。

1995年，红旗桥小学撤销，部分师生并入升平中心小学。

1996年，万年桥小学撤销，全部并入该校，改为升平中心小学二院。

四、苏州市姑苏区特殊教育学校时期（1976至今）

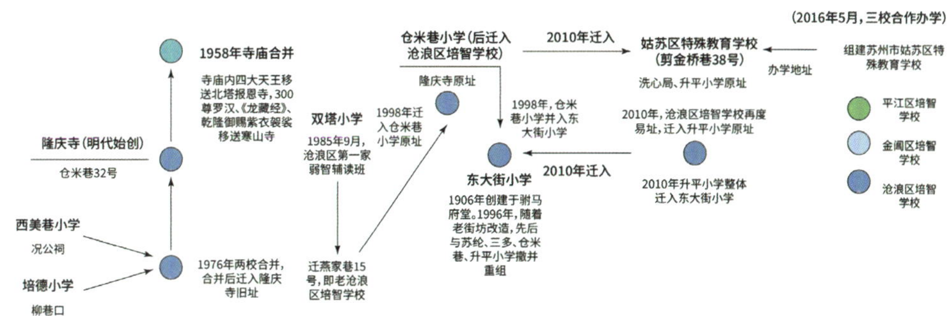

1.仓米巷小学时期（1976—1998）（隆庆寺旧址）

1976年，西美巷小学（况公祠）与柳巷口的培德小学合并，更名为仓米巷小学。校址为仓米巷32号（隆庆寺旧址）。

（1）西美巷小学

地址在况公祠［清道光六年（1826）建］。

1933年，况公祠大修，之后祠堂改作幽兰中心小学。1946年，改为苏民小学，新中国成立后益民小学并入，改名为西美巷小学。

（2）隆庆寺（仓米巷）

民国《吴县志》记载：“隆庆寺在胥门内仓米巷，旧为圆通庵，建于明季，历经废兴后改名普荫。道光丁未，僧雨香重加修葺，扩充庵址，易名隆庆。咸丰庚申，毁于兵燹，雨香再兴之。光绪十七年，僧炯庵建藏经楼，赴都恭取龙藏全经，改庵为寺，并建大悲阁及三圣佛殿罗汉楼焉。”道光丁未年即1847年。咸丰庚申年即1860年，这一年太平军攻陷苏州，庵堂被焚毁，战后，僧人雨香再度募资重建。1958年，寺庙合并，隆庆寺内四大天王移置北寺塔，300多尊罗

民国《吴县志》上关于隆庆寺的记载

汉、《龙藏经》及清代乾隆皇帝钦赐的紫衣袈裟皆移送寒山寺，寺庙原址用作仓米巷小学。今址为姑苏区老年大学。

2.培智学校初创时期（1985—1992）

1985年9月，沧浪区政府在双塔小学开办沧浪区第一个智能障碍辅读班，后迁到燕家巷15号，更名为苏州市燕家巷培智学校。1992年5月，更名为苏州市沧浪区培智学校。

3.合并办学的变迁时期（1998—2016）

1998年8月，仓米巷小学整校并入位于东大街222号的东大街小学校后，苏州市沧浪区培智学校迁入仓米巷32号。

2010年8月，剪金桥38号的升平中心小学整体并入位于东大街222号的东大街小学校（2021年更名为升平实验小学校）。同年，苏州市沧浪区培智学校迁到升平中心小学原校址。2016年5月，苏州市平江培智学校、苏州市沧浪区培智学校、苏州市金阊区培智学校三校进行合并办学，苏州市沧浪区培智学校更名为现在的苏州市姑苏区特殊教育学校（本部）。

壶园

壶园旧影

位于庙堂巷，今已不存。《江南园林志》中载："城中尚有小园，以畅园壶园为最，无愧于苏州小园之精品，系吴趋汪氏第七代孙汪锡珪[1]所建。"汪锡珪在咸丰年间被委为胥盘路城内团练局总董，对抗太平军。清咸丰十年（1860），太平军攻克苏州后，汪锡珪避居上海，与顾文彬、吴云等筹设中外会防局。汪殁后，园售归潘遵礼之孙潘廷枞。新中国成立后归苏州仪表厂使用，古建筑大师刘敦桢在《苏州古典园

1.《吴趋汪氏支谱》记载，汪锡珪（字搢甫，号秉斋）系大阜潘氏敷九公长房蓼怀公支下潘世经的外孙，汪本人又娶潘世经的孙女（潘遵礼之女）。汪锡珪系清道光年附贡生，捐纳江苏试用训导，光禄寺署正职衔，署江阴训导，分部郎中，后累加盐运使衔。

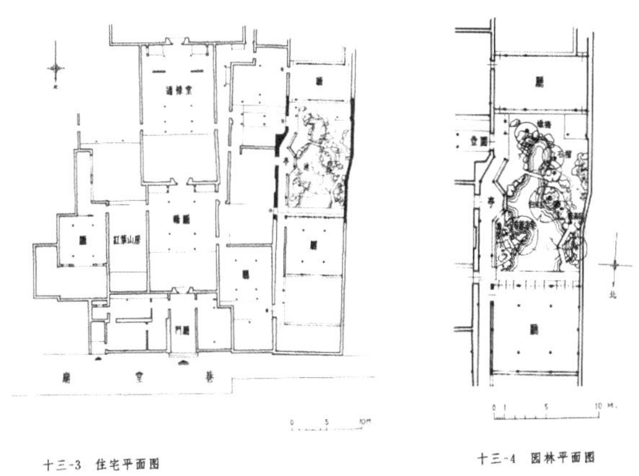

十三-3　住宅平面图
十三-4　园林平面图

壶园　20世纪50年代建筑大师刘敦桢的测绘图

林》中曾专门测绘，并在书中这样描绘壶园：

> 庙堂巷七号壶园位于住宅西侧。门作圆洞形，入门即为走廊，北通一厅，南接一轩，走廊中部有六角半亭一座。园以水池为中心，北、东两面厅廊临水而设，池岸低平。北面厅前平台挑临水池之上，六角亭临水而建，增加了水面的开阔感。园内不叠假山，仅在池周散置石峰若干，间植海棠、白皮松、蜡梅、天竹和竹丛等。掩映于水石亭廊之间。池上架桥两座，以沟通水池两岸，小桥低矮简朴，能与水池相称，唯铁制栏杆与全园风格不相协调。园西界墙高几平板，故在上部开漏窗数方，再蔓以薜荔之类的藤萝，沿墙布置花台、石峰和竹丛树木，形成较为活泼的画面。西北角厅前湖石花台与水池、小桥的结合也较别致。此园面积仅约300平方米，但池水曲折多致，池上小桥及两岸树木湖石错落布置，白皮松斜出池面，空间富有层次变化，无论从南望北或从北望南，都有竹树翳邃的风景构图。小园用水池为主景者以此为佳例。[1]

1970年左右，北面主厅被零部件车间胶木班所用，由于转为生产场地，园内面貌开始凋零，当时园林构件已有所损坏。1973年因扩建综合大楼而被拆毁。关于壶园被拆毁的史料在《苏州仪表元件厂志》“杂记—壶园”篇中有详细记载：“苏州仪表元件厂厂址自定于养育巷99号所在地后，壶园即属工厂管理和使用。从一九五九年至一九七〇年壶园基本保持了原貌，期间也曾几经修葺，坐北面南主厅堂为接待来宾专用，南面房室为厂保健站，壶园在较长时间里作为职工工余休息之场所。一九七〇

1. 刘敦桢：《苏州古典园林》，中国建筑工业出版社，1979.10，P77。

年之后，北面主厅被零部件车间胶木班所用，由于转为生产场地，园内面貌开始凋零，园林构件有所损坏。一九七三年因工厂扩建综合大楼而被拆毁，现壶园旧迹已荡然无存。”

志圃

位于太平桥南。本为明代缪国维宅。清同治《苏州府志》载：“缪国维宅，在府治西北太平桥之南，其子孙世居之。清康熙间参政孙侍讲彤，于宅旁构志圃，以奉亲。”清康熙年间，状元缪彤在宅旁构志圃。园成之日，其父对其言道：“你祖父宦游二十年，归田之日，欲治一圃未果。今你能成祖父之志，故名园为‘志圃’。”园中有双泉草堂、白石亭（石为白居易遗物）、媚幽轩、似山居、青松坞、大魁阁、小桃源、不系舟、更芳轩、红昼亭、梅洞、莲子湾诸胜。

毕园

民国富商毕康候的宅子。毕康候为吴江震泽毕万茂丝经行少东，1921年，由震泽丝业公会推为中国代表团内辑里丝业代表之一，出席在美国纽约举行的第一次万国丝绸博览会。毕康候与二夫人有一女儿，女儿育有一子名叶放，系苏州国画院高级画师。叶放的外曾祖父毕诒策曾任定海知府，告老还乡后在余天灯巷建造了约一亩的毕园。毕诒策，字勋阁，系清代状元毕沅裔孙，江苏太仓人。工书，善工笔花卉，狮子林里的“燕誉堂”匾额为其74岁时题写。附近老居民回忆，当时来毕园的常客有贝聿铭的叔父贝晋眉，苏州昆曲家许镜清、张紫东，沪上民族资本家穆藕初等人，他们常与毕康候拍曲、唱堂会。叶放在《我·园林·我》中谈到20世纪60年代，毕园变成了“七十二家房客”居住的杂院，后来被拆毁。出生在园林（毕园），读书在园林（拙政园），工作在园林（听枫园）的独特经历，让园林成为叶放独特的情怀。

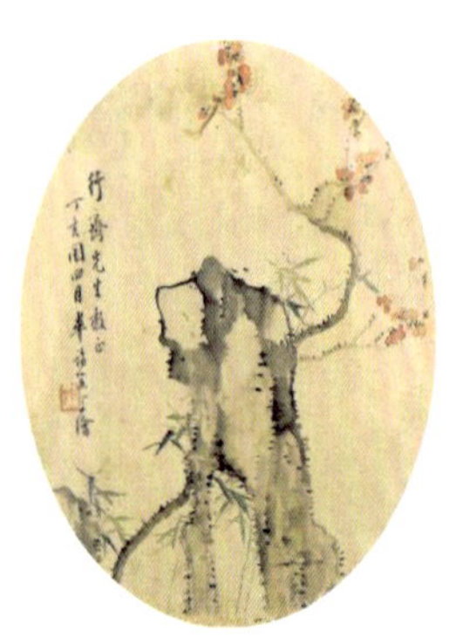

毕诒策花鸟设色绢本镜片

清莲庵

位于西支家巷西侧南入口，与剪金桥巷交会，旧时门牌为剪金桥巷12号。民国《吴县城区寺庙公产调查表》记载，该庵堂建于清同治十年（1871），住持尼为善修，房屋八间。根据房产旧档，至1951年该庵依旧存在，后废。

如意庵

位于洙泗巷，民国《吴县城区寺庙公产调查表》记载，该庵堂建于清道光五年（1825），住持尼为莲根，房屋六间。根据房产旧档，至1951年该庵依旧存在，后因拓宽干将路，庵随洙泗巷一同被拆除，大致方位在今干将西路创元商务中心西南侧的康美口腔诊所。

道前街瑞盛提庄

“提庄”一词如今已不再被时人提及，但作为曾经流行的一种行业，提庄不仅是二手成衣店，对典当而言，更是金融流通环节上至关重要的一节。《申报》1888年11月12日第5版记载：“本庄开设苏省胥门内道前街臬辕[1]东首，朝北三开间门面，交易专售原典绸绉、估衣选制、加工重料、时式新衣，挑办上等各色粗细皮服。无论棉夹、单纱、男女衣件一应俱全，定价格外克己公道，如蒙仕商赐顾者，务请认明本庄招牌为幸，特此布白。瑞盛提庄谨启。”在道前街上，除了紧临江苏按察使署衙门的瑞盛提庄，在民国年间还开曾设过一家宏大提庄[2]。

《苏省新开瑞盛提庄》（《申报》1888年11月12日第5版）

1. 臬署，即江苏按察使署。
2. 《申报》（1924年1月7日第1版）载录。

第六节 现存的传统建筑选介

剪金桥巷查宅

剪金桥巷查宅

查宅，原有五路四进，西临剪金桥巷，南临庙堂巷，北临盛家浜。现入口沿剪金桥巷，原出入口还有两处，分别位于盛家浜和庙堂巷。民国时期为查富琦之宅。查家祖籍安徽泾县查济古村，该支树滋堂后代查承恩于清同治年间迁苏。查承恩的父亲查振先为清诰封中宪大夫，查承恩则是同治时期举人，直隶州知州。查承恩的儿子查凤声，为光绪二十九年（1903）江南乡试癸卯科副榜贡。查凤声之子查富琦毕业于华东师范大学，曾是苏州群力业余京剧研究会会长。

剪金桥巷查宅庭院

剪金桥巷邵宅

建于清末，位于剪金桥巷67号，内部梁架为穿斗，木结构完好，长窗则是民国年间改建的。此宅为浒墅关蚕种场邵姓老板所有，现为其后裔居住。

剪金桥巷邵宅

剪金桥巷静性庵

剪金桥巷静性庵

是苏州为数不多还存在的庵堂，现存二层小楼，上层筑砖花窗格，木结构吊顶仍存。堂内供桌前有“佛光普照”四字，边上壁龛中依旧存放着神像。庵堂大门为石库门，依旧存留原貌。民国《吴县城区寺庙公产调查表》记载，该庵堂建于清同治九年（1870），有屋舍八间，住持尼为广道。静性庵在20世纪50年代的地籍图上依旧有标注。由此可见，从清末到新中国成立之初，这里一直用作庵堂。后来，苏州庵堂中的许多尼姑都还俗参加社会劳动，许多庵堂亦改作民居。笔者曾在数年前路过静性庵的门前，发现里面依旧香火不断。

笔者曾走访剪金桥巷一带的老人，有不少依旧对此庵堂有童年的记忆。苏州的庵堂，也称“尼众丛林”，历史久远，甚至声闻海外。曾住在苏州大卫弄的来华洋人杜步西（H.C. DuBose，1845—1910）曾在《儒释道三教》（1886）一书中描绘了苏州的庵堂文化：“苏州有五十到一百个尼姑庵，她们在城里的贵族家庭中有很大的影响，平均每个贵族家庭大约有六名尼姑，其中不少是年轻的，但也有一些上了年纪的女医士，是这些贵族妇女们的精神导师。”另一位来华洋人美魏茶（W.C.Milne 1815—1863）对比也有类似的描绘。由此可见清末苏州民间庵堂的盛况。

剪金桥巷静性庵内景

盛家浜潘宅

建于清末，位于盛家浜12号，原为大阜潘氏后裔敷九公四房探花潘世璜后裔潘承范的宅子。潘承范，字镜奩，号子畤，大阜潘氏敷九公四房贡湖公（潘冕）支后裔，

盛家浜潘宅内景

盛家浜潘宅墙门

毕业于东吴大学附属第一中学（今苏州大学附属中学），上海麦加利银行会计，中国通商银行苏州、无锡分行会计主任。

盛家浜叶宅

盛家浜叶宅

建于清末，位于盛家浜10号，原为叶仲香的房子。《吴中叶氏族谱》载：叶仲香出生于光绪戊寅年（1878），原名叶昭荃，字云门，号仲香，吴中叶氏三十四世孙，曾捐过同知（正五品）的官衔加三级，诰封中议大夫。叶仲香曾是中国红十字会会员，新中国成立之初仍居住在盛家浜10号，卒年不详。叶宅内亦曾居住过多支叶姓族人，20世纪30年代，此宅旧门牌号为17号，宅内曾居东山盐商叶伯良及其侄东吴大学教授叶承炘、上海商业银行职员叶承恺。叶宅后为富郎中巷32号（旧时门牌），居广东郭姓商人。[1]

慶荃 原名昭荃字雲門號仲香光緒戊寅四月十三日生報捐同知

《吴中叶氏族谱》上的“叶仲香”

盛家浜程宅

位于盛家浜3号，建于清代。据房产资料，原为程安时的旧宅。民国《吴县志》选举表七有载：“程

程安时像

盛家浜程宅

1.《苏州明报》(1932年10月18日第10版）载录。

安时，鲁常，江苏师范学堂毕业，举人。”“鲁常”应为其字，民国《吴县志》记载，程安时中过举人。民国时期，程安时曾在江苏省立苏州女子中学任教，也曾在国民党吴县党部任宣传部部长。程宅目前已经荒废，但依旧能看出昔日的格局。程宅内部为穿斗式梁架，船棚轩，雕花窗板保存完整。

庙堂巷庞宅

庙堂巷庞宅第二进

建于民初，位于庙堂巷的中段，雷宅与陈宅之间。房产旧档显示，原有一处二进的院落，原为庞莱臣所有。沿街的一进已消失在历史的长河中，两进之间的花园成了开放的广场。第二进现存二层六开间民国洋楼一座，外窗已改建，但此楼内民国时期铺设的木楼板、木楼梯依旧存留完好。洋楼前有一株粗大的重阳木，枝干分出两枝，其叶为三出复叶。重阳木为长寿树种，人称“千岁树”。《易经》中将奇数定义为“阳”，一元复始，万象更新。阳气之始在于“一”，而“九”则为奇数中最大的“阳”，因此古人将九月九日称作“重阳”。重阳木寓意为家中老者长命百岁。这棵古树如今已是枝繁叶茂，见证着庞家曾经的繁荣。

庞元济（1864—1949），字莱臣，号虚斋，浙江湖州南浔人。庞氏先祖原籍浙江绍兴，到了庞元济的曾祖父庞夷简一代迁居南浔。他的祖父庞听泉是绍兴师爷，曾在湖南佐幕。其父庞云鐕（1833—1889，字芸皋）年少时曾在陈裕昌丝行做学徒，满师后与南浔的张源泰丝行、蒋元春丝行合伙经营丝绸生意，后来独立在上海泰康里设庞怡泰丝行，经营外贸出口生意。庞云鐕还曾与胡雪岩一起做过蚕丝生意。左宗棠当时西征新疆，急需采购军火，庞云鐕经胡雪岩引荐还参与过楚军的军火生意，因而发家致富，被时人称为“南浔四象”之一。庞元济则于清光绪六年（1880）补博士弟子，援例为刑部江西司郎中。因助赈10万元，特赐举人，加四品京

庞元济像

堂。庞元济继配夫人贺明彤在1968年8月6日写的回忆材料记载，庞元济家族在苏州有房产40处，在上海有7处，杭州则有5处，由此可见庞家当时置业的重点在苏州，且产业庞大。除了房产外，庞家还在苏州开设了福泰典当行，由庞家本家亲戚庞福亭照管。除了苏州的产业外，庞家在南浔、新市均曾开设过药店、酱园。另外，庞家在20世纪30年代曾与人合伙在上海开设了龙章机器造纸厂。除了兴办实业外，庞元济更为人所知的身份是收藏名家。除了瓷器、玉器、铜器外，庞元济对于书画尤为精通，曾自称“嗜画入骨”，每遇名迹，不惜重资求购。他曾收藏过倪瓒的《渔庄秋露图》轴、王冕的《墨梅图》轴、文徵明的《石湖清胜图》轴、仇英的《柳下眠琴图》轴、吴历的《湖天春色图》轴等古画名作。庞元济不仅收藏古画，也曾著有《虚斋名画录》《续虚斋名画录》《中华历代名画志》等画论著作。他与于右任、张大千、吴昌硕等文人墨客均有往来。新中国成立后，庞元济的收藏由庞家后人捐赠或出让，分藏于上海博物馆、南京博物院和苏州博物馆，得到了很好的归宿。

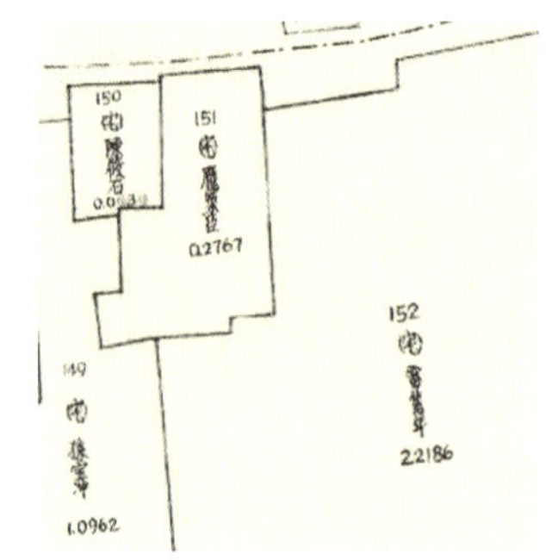

1951年道养、太养镇地籍图上的户主为“庞莱臣”

庙堂巷雷宅

位于庙堂巷33号，民国雕花灰塑西洋式石库门，二进均有雕花落地长窗，后一进为走马楼风格的院落，原系雷允上后人雷隽年的祖宅。现此宅第一进为原吴县建设局的孔老先生居住，他在20世纪80年代搬入。孔老系孔子第七十四代孙（繁字辈）。

庙堂巷雷宅

庙堂巷夏宅

庙堂巷夏宅门楼

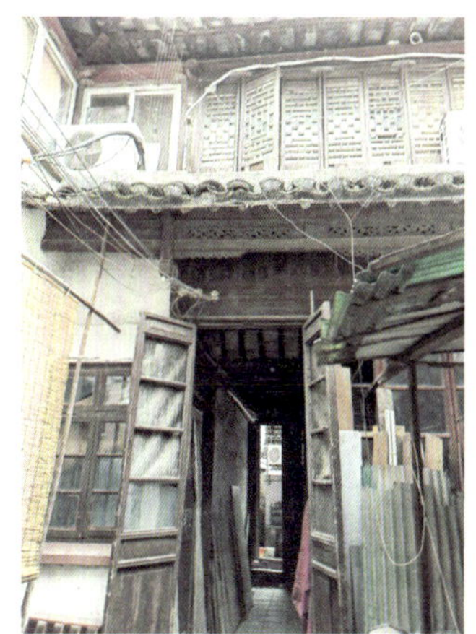
庙堂巷夏宅内景

位于庙堂巷25号弄后，清代建筑，据房产旧档，此宅原为商人夏质臣的宅子。老宅二进院落，鹤颈轩、雀宿檐，木制楼板嵌冰裂纹。夏宅存留有“燕翼贻谋”门楼一座，木制楼板、冰裂纹雕花完整。夏宅后为王姓居住，坊间曾传闻此宅即夏志清、夏济安兄弟的旧居，因年代久远，加之门牌号变动，已无法确证，但可以确证的是夏氏兄弟的确居住过庙堂巷。20世纪中叶，曾任苏州市交际处副处长、首任南京金陵饭店总经理的周鸿猷也曾居住于此宅。

庙堂巷潘宅

建于清末，位于庙堂巷15号，宅内一进存题额“子孙保之”，有落地长窗（民国）、木制楼板存留，传曹沧洲门人吴门医派名医邵蟾桂曾在此居住，后查找房产旧档，此宅新中国成立之初为大阜潘氏后人潘家震居住。潘家震是潘志枞的孙子，出自敷九公长房蓼怀公支，1955年成为新中国成立后我国最早组建的网球临时国家队队员，曾担任网球国家集训队教练、上海市网球协会副主席。1951年房产档案显示，游马坡巷1号、2号西侧也都曾为潘家震的产业。

庙堂巷潘宅

庙堂巷周宅

建于清末民初，位于庙堂巷45号后，系振源庄老板周兰生[1]的宅子。前后二进，左右两个厢房，屋内二层有花窗，窗格为冰裂纹。

庙堂巷周宅

庙堂巷蒋宅

建于清末民初，位于庙堂巷46号，民国律师蒋中觉曾在此居住，有二进。蒋中觉（1875—1927），字鹈翥，号坚志，优增贡生，京师大学堂法律别科修业，曾先后任京师地方审判庭民科第二庭推事、司法部总务厅第五科主事、吴县律师公会评议员。[2]蒋宅前一进为传统清末民居风格，蟹眼天井；后一进有民国洋楼一座，东西两厢房有民国时代落地长窗。

庙堂巷蒋宅及周边航拍图

瓣莲巷赵宅

位于瓣莲巷24、26、28号，原为民国时商人赵廷箴的宅子[3]。1946年赵廷箴举家迁台，瓣莲巷赵宅被转卖给了三家：26号售卖给了欧美同学会成员严景秋，24号则售归钱姓所有，28号转卖给了赵的妹夫陆寅生。陆家据说是陆逊家族在常

瓣莲巷赵宅

---

1. 另一说为新苏饭店协理（《苏州明报》1931年7月15日第2页）。
2. 夏冰：《苏州士绅》，文汇出版社，2012，P237。
3. 原瓣莲巷30号居民口述，赵宅最早的主人是山东朱姓商人，后来才被赵廷箴买了下来。

州的一支后裔，堂号继述堂。赵廷箴1954年在中国台湾创立第一个聚氯乙烯（PVC）厂；1964年设立华夏海湾塑料公司，该公司后来发展成为包含多个亚洲大型塑料厂的集团——华夏集团，最后华夏集团被卖给了台聚公司；1986年赵廷箴转战美国，建立了今日在纽约证券交易所挂牌的华美化学公司，同时在马来西亚创建了大腾化学股份有限公司，成为马来西亚首个也是最大的石化集团；1992年，他在江苏投资建立聚氯乙烯塑料及加工事业，扩展其全球化事业体系。海峡交流基金会首任董事长辜振甫的二女儿辜怀箴与赵廷箴的儿子赵元修结婚，赵家和辜家成为姻亲。赵廷箴晚年曾回苏探亲。赵宅坐北朝南，二路四进，东路为主路，西路各进为辅房。二进有扁作花厅，第三进为主厅，面阔三间，前有船棚轩，上部装饰有樟木，厅前有明瓦落窗。原有砖雕门楼，今已不存。东路已改建，西路为圆作厅堂。

瓣莲巷赵宅及周边航拍图

瓣莲巷陈宅

瓣莲巷陈宅

瓣莲巷陈宅内景

位于瓣莲巷60号，民国建筑，系吴江平望大族陈家的祖宅。陈家的碑传记载，先祖是五品衔奉直大夫莺湖公陈复亨，因太平天国战乱从吴江迁居苏州，起初住在西支家巷3号。陈家与吴江平望望族金家联姻，先后诞下四子，行一为陈乃常，行二为陈乃时，行三为陈乃圣，行四为陈乃康。而此宅宅主陈其愉老先生是陈乃时的儿子，因此称呼陈乃圣为“三叔”。陈宅内有精美的书画屏风，上题写着唐柳宗元、李白、孟浩然的诗文，古雅纯正、文气浓郁，由此可看出陈家的文化底蕴。陈宅楼内洞门存有“生花”两字题额。

瓣莲巷陈宅庭院

瓣莲巷李宅

瓣莲巷李宅外立面

瓣莲巷李宅内景

位于瓣莲巷55号，系民国时期燮昌火柴公司老板叶世恭手下的经理李秉恒所建，堂名恒德堂。李宅系民国洋楼，左右各有厢房，庭院内种植有牵牛花。外立面时代特征明显，内部木结构窗板、围栏保存完好，原有墙门和照壁，今不存。宅内院子里有“如意泉”一口，左右镌刻“义泉”字样。至今已居住李家三代人。

瓣莲巷范宅

位于瓣莲巷52号，原为民国年间主持过养育巷使徒堂的圣公会牧师范友博的宅子，后其长子范志信曾在此居住，范家现已迁居西安、昆山等地。范宅为二进合院，内部梁架为穿斗，木制窗格、楼板存留完整。

瓣莲巷范宅

瓣莲巷范宅二层内景

瓣莲巷崔宅

位于瓣莲巷32号，建于民初，原为钱庄老板崔君九、崔琴森父子的宅子。崔宅二进，第一进为庭院，第二进系二层民国风格走马楼，有民国时代落地长窗，整体木结构保存尚好，存石库门一座。

瓣莲巷崔宅

西支家巷陈宅

位于西支家巷21号，原为陈乃圣的故居。陈乃圣号怪佛、艺丐，绰号“陈怪物”。擅吹箫，左手工书反字，笔致飘逸称绝。喜新好奇。1928年在苏州东吴大学读书时，曾贩运书籍，自制冰激凌，学习理发。陈宅存留民国木制楼板。

西支家巷陈宅

游马坡巷潘宅

游马坡巷潘宅四面厅航拍图

位于游马坡巷2号后、3号，原为一处，系民国律师潘家本的宅子。潘家本是民国名律师、畅园原主人潘承锷的长子。潘家本，字养涵，又字立本，号复初，毕业于上海法政大学法律系，后曾在庙堂巷开办律师事务所。潘宅建于民国，2号内有一民国风格的四面厅，保存完整。3号存一清水砖墙门。

游马坡巷潘宅清水砖墙门

游马坡巷郭宅

位于游马坡巷5号，民国建筑，原是中医郭碧松的宅子。建筑一路两进，坐北朝南，其中北侧楼厅为民国风格小楼。现一层已改造，二层过道留存木制雕花栏板、竹节状廊柱，有一定时代特征。

游马坡巷郭宅内景

富郎中巷赵宅

赵曾珏

位于富郎中巷24号东侧，紧临街面，今已属于富郎中巷吴宅范围。此处原为中国电信界先贤赵曾珏的宅子。赵曾珏（1901—2001），字真觉，上海人。1924年毕业于交通部南洋大学（今交通大学）。1928年赴美国哈佛大学深造电机工程，1929年毕业，得硕士学位。回国后，历任国立浙江大学（今浙江大学）教授兼浙江省广播无线电台台长，浙江省电话局局长兼总工程师。全面抗战时期，被交通部委派为第三区东南五省（苏、浙、皖、赣、闽）电政特派员兼浙江省电话局局长，调动全区人力、物力，支援战时通信需要。1943年6月，被委任为交通部邮电司首任司长。1945年5月，又改任交通部参事。同年8月，任上海市公用局局长。1946年3月成立电世界杂志社，任社长，副社长为顾毓琇。1949年，赴美国，后定居美国，起初为纽约爱迪生国际公司系统工程师，1957年起在美国哥伦比亚大学河畔电子研究所任资深研究员。赵曾珏还曾被膺选为斐陶斐荣誉学会会员。他毕生从事工程科研工作，积极为华裔后辈开拓机会。他曾于1953年在美国纽约发起组织纽约中国工程师学会，凡在纽约或邻州的中国工程师都可参加。主要目的有三：一是使留美的中国工程师能精诚合作，互通声气；二是每年推选有杰出成就的中国工程师给予奖章，以资鼓励；三是每年举行年会，共同交换学识经验。赵曾珏在主持美洲中国工程师学会的重组建设中成就卓著，在华人工程师业界中有很高的声誉。

富郎中巷赵宅

富郎中巷宋宅

位于富郎中巷32号，系桥梁工程师宋尧臣的房子。附近居民讲述，宋曾参与修建南京长江大桥。宋宅系一座二层砖木小楼，保存有民国风格的窗棂和木制楼梯，时代特征明显。

富郎中巷宋宅

富郎中巷宋宅内景

富郎中巷马宅

32号街坊原有两处马宅：老宅是富郎中巷37号，为祖上分留，宅子的西侧墙在游马坡巷；新宅位于庙堂巷47号，比老宅规模大并且更精美。清末民初，马家家道中落，新宅遂被出售与吴姓，新宅后立延陵堂吴界界碑，仍存。当时新宅的宅主为民国时代信孚银行西中市办事处经理吴炳章。老宅在新中国成立后，公私合营，现仅正路第四、五进为马家后人居住。民国时期马家祖父一直在上海发展，生有三子，长子马叔庸是民国时期著名的律师。

富郎中巷马宅东侧

第四章　红色印记

第一节　德寿坊的红色五角星

在富郎中巷德寿坊坊门的门额顶端塑有一颗红色五角星，至今基本保存完好。叶天底（1898—1928），原名霖蔚，学名天瑞，又名天砥，浙江上虞谢桥乡谢桥村人。1916年，考入浙江省立第一师范学校。1920年夏，参加了名噪一时的“浙江一师学潮”，随后离开学校赴上海，由陈望道推荐，在印刷所做校对《新青年》文稿工作。其间，与沈定一、邵力子、杨明斋等交往频繁，开始接受马克思列宁主义的启蒙教育。同年8月，在上海与俞秀松等创建社会主义青年团。同年9月，又进入上海外国语学社攻读俄语和马列主义著作，并主持团务工作。1922年9月，上虞春晖中学正式开学，教育家经亨颐出任校长，叶天底应聘到该校教务处工作，并参与创办农人夜校，组织附近农民学习文化，以提高反帝反封建的思想觉悟。1923年秋，赴沪加入东方艺术研究会，并任《民国日报》副刊《艺术评论》编辑，常去上海大学听课，接受马克思主义教育。其间，与陈独秀、瞿秋白、罗亦农、恽代英等人交往甚密。1923年底，加入中国共产党。浙江旅沪公学是光复会首领陶成章等委托沈瓞民创办的秘密据点之一，叶天底来苏前曾在此读书，与沈瓞民有师生之谊。1924年来苏后，叶天底以乐益女中语文、美术老师身份为掩护，从事地下革命活动。他常去德寿坊拜会老师沈瓞民，密商革命。1925年9月，中共上海区委委派侯绍裘在乐益女中秘密主持建立中共苏州独立支部，直属上海区委领导，由叶天底任首任书记兼组织委员，张闻天为宣传委员。当时德寿坊坊门新修，拟作一些装饰性图案，叶天底便建议塑一五角红星，沈瓞民欣然同意，继而诞生了苏州较早的标志革命的“红五星”。沈瓞民的大女儿沈延平在乐益女中读

学生时代的叶天底

书时，经叶天底介绍，加入中国共产党，是苏州最早的一批学生党员。中共苏州独立支部成立后，曾有两次重要的会议在此召开。1927年11月，遵照八七会议精神，中共浙江省委决定组织以象山港、上虞为中心进行浙东秋收大暴动。不料，暴动计划被敌人探悉，叶天底也于同年11月12日被捕，翌日他被押送到杭州的浙江陆军监狱。1928年2月8日，叶天底在浙江陆军监狱刑场慷慨就义。如今的“红五星”系20世纪80年代重塑，还原了当时的面貌。这颗五角星在阳光下显得尤其夺目，为德寿坊厚重的历史平添一份红色基因。

德寿坊“红五星”

第二节　中共地下苏州工委机关联络处旧址

余天灯巷11号外景

位于余天灯巷11号，目前为传统民居，曾为中共地下苏州工委机关联络处，以新光针织厂（小袜厂）为掩护开展地下工作。1947年1月，中共中央上海分局组织部部长钱瑛派原南方局青年工作委员会领导成员赖卫民到苏州利用空房开设“苏英职业中学”，下设初高中两个班，为当时开展地下工作提供掩护。晓洋《市井街巷系列之二十六》文：“余天灯巷知名的除了园子，还有一所职业高中，‘苏英职业中学’。那么知名肯定是升学率特高，或者出了什么了不得的校友吧？都不是，这是一个重要的地下联络站。”这个地下联络站在当时掩护了许多地下党员，“譬如在上海江湾成功地爆炸了敌人军火仓库的周沙尘，就是由上海地下党的周克将他安排在‘苏英’学校，以教师身份而隐蔽下来的”。

第三节　舒巷隐蔽所

《沧浪区志》第五章“古迹遗址”中记载：地下党隐蔽所旧址在府东巷6号（原舒巷7号）。[1]苏州广播电视总台新闻节目《穿越100年——图说党史》26：“中共苏州工委的成立”中描述：“1942年，江苏省委先后派遣上海文林小学教师孔令宗、原省委工人运动委员会委员王中一[2]等人来到苏州隐蔽，于1942年11月，成立了中共苏州工委，王中一任负责人。他们先后在舒巷（今府东巷）、西善长巷开设一大针织厂作掩护，开展党的秘密活动。”由此表明府东巷是苏州历史上最早的党工委所在地。

王中一

府东巷6号外景

1. 《沧浪区志》编纂委员会编：《沧浪区志（上册）》，上海社会科学院出版社，2006，P185。

2. 王中一（1913—1968），又名王烈帆，浙江宁波人。20世纪30年代，中共法电支部重建，王中一任支部书记。他带领法电党员和积极分子，贯彻中共中央的抗日民族统一战线总方针，团结各种可以团结的力量，在斗争中法电党的力量得到发展。1942年11月，王中一来到舒巷隐蔽，直至1944年8月调任中共上海工人运动委员会（工委）委员，参加组建工人地下军，发展抗日力量。抗战胜利后，王中一负责工委的宣传、统战工作，之后先后担任中共杨浦区委书记。1953年起，担任上海电业管理局党委副书记、副局长。

第四节 王月英与赵祖康的故事

位于瓣莲巷38号，系民国建筑，这里曾经住着一位不平凡的老人，她就是中共地下党员王月英。现在还居住在那里的王月英侄子的讲述，揭开了这座老宅少有人知的一段红色记忆。在上海城市历史上，王月英是一位不得不提的人物，她成功策反了国民政府代理上海市长赵祖康，为上海的解放做出了巨大贡献。赵祖康在任上海工务局局长的时候便与王月英（化名李敏）有联系，在王月英的指导下，赵祖康参与营救进步学生，后为解放上海提供了《上海市市郊大桥地址图》等当时上海市政设施的情报。赵祖康1949年1月29日的日记中的最后一句话便是“夜听陕西电台广播”。日记中也谈到上海工务局副局长王绳善悄悄告诉他，中国共产党的电台点了3位技术型局长，欢迎他们留在上海建设新上海，其中就有他。

瓣莲巷李宅（王月英故居）

1949年2月4日，赵祖康的远房亲戚突然给他打来电话，让赵祖康马上去他们家一趟。赵祖康以为发生了什么大事，于是立即赶了过去。到了亲戚家中，赵祖康才知道亲戚其实没事，而是一位名叫王月英（化名李敏）的上海地下党，受组织委派，要跟他谈一谈有关上海前途的事情。上海地下党了解过赵祖康的情况，知道他是美国康奈尔大学毕业的著名道路工程专家，也是热爱和平的爱国民主人士。当王月英向赵祖康亮明共产党员身份时，赵祖康显得十分紧张。王月英积极开导，说明来意，表示解放军很快就会解放上海，希望赵祖康能留在上海，并想办法保护好上海。赵祖康当即向王月英表态，表示在保护上海这件事情上，他一定竭尽所能。王月英还送给赵祖康两本书——《论联合政府》和《目前形势和我们的任务》。离开亲戚家之前，赵祖康给王月英递了一份在沪的人员名单。1949年5月24日凌晨1点，赵祖康接到了时任国民政府代理上海市长陈良让社会局局长陈宝泰打来的电话，说是要见他。赵祖康忐忑不安地去见陈良，陈良传达了要找一个人维持上海局面的命令，并让赵祖康任上海代理市长。接到委任后，赵祖康随即联系了王月英，汇报了这个情况。5月24日凌晨3点，身为上海代理市长的赵祖康决定，一定要把上海完整地交给解放军，这时离上海解放只有5天。从5月24日开始到5月28日，赵祖康忙得连睡觉和吃饭的时间都没有。上海解放那几天，上海水、电、煤供应正常，电话没有中断，地痞流氓没有出来打砸抢。5月28日上午，上海市人民政府宣告成立。下午3时，赵祖康和陈毅在汉口路原国民政府大楼那间80平方米的旧市长办公室里举行了上海解放新旧政权交接仪式。

1982 年，上海兴国路 324 号赵家花园，赵祖康（右）与王月英重逢时合影

第五章　名人逸事

第一节 禁烟之事，始于苏州

民族英雄林则徐[1]在道光三年（1823）任江苏按察使时写给朋友杨国翰[2]的《答奉化令杨丹山明府国翰书》中谈道：“吴中有不治之症二，在官曰疲，在民曰奢。即如游手好闲之民，本业不恒，日用无节，包揽侉船，开设烟馆，要结胥役，把持地方，渐溃既非一朝，剪除势难净尽，唯有将积蠹有名之棍，密访严拿，期于闾阎稍靖。”触目惊心的事实，让林则徐萌生了在苏州坚决禁烟的想法，他明令禁止苏城百姓吸食、贩卖鸦片，这也是有关于林则徐最早进行禁烟活动的记载，由此可见禁烟之事，始于苏州。当时的南濠街地处苏州闹市，烟馆林立，嗜者云集！林则徐在南濠街一带，严厉查办烟贩、关闭烟馆，在苏州点燃了销烟之火。2023年6月18日，“林则徐就任江苏按察使200周年暨禁毒展”在江苏按察使署旧址成功举办。

……僕於閏四月，勞拙時形，州縣既鮮任事之氏，風俗復有積重之勢。是以下車伊始，不得不大聲疾呼，而玩愒已深，猶虞不易，殷憂昕夕，奈何奈何！……吳中有不治之症二，在官曰疲，在民曰奢。即如游手好閒之民，本業不恆，日用無節，包攬侉船，開設煙館，要結胥役，把持地方，漸潰既非一朝，剪除勢難淨盡，惟有將積蠹有名之棍，密訪嚴拿，期於閭閻稍靖。……兩江案牘繁多，視浙省不啻數倍。僕受事之初，京控多至三十餘起。中丞審各員以提人為宕延之計，而各屬延不解審，委員四出，音耗杳然。因而詳定章程，酌立限制，省中所提人證，均請由司嚴定始准札提；無甚關要者，取供錄送，並令該州縣各自批解，委員全行撤回。其緊要被證逾限不到，即予特參。與臬督在省委員排日提訊，可結即結。自通飭以後，批解尚能如期。數月以來，結者已什之九。……現在一切黜陟皆出親裁，不肯輕有假手。……各屬積案通飭嚴禁，細故控司者一概不准，庶健訟鬼蜮伎倆窮於所施。……今年梅雨霪淫，湖膝漫溢，久經留農積潦未消，加以連日東南風，大水無所歸，頃已大暑，稻期仍擬補種，蘇常等屬均須辦災。……（文鈔卷四答奉化令楊國翰明府書。案據上列一書可證公就任按察使係在大暑之前四月。）

《林文忠公年谱》上的记载[3]

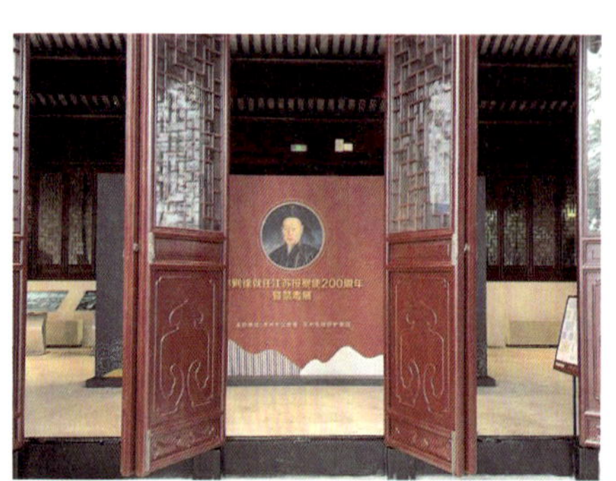

“林则徐就任江苏按察使200周年暨禁毒展”现场

1. 林则徐（1785—1850），字元抚，又字少穆，晚号俟村老人、瓶泉居士等，福建侯官人。道光三年正月，林则徐升任江苏按察使，是年十二月改署江宁布政使，翌年七月后回任江苏按察使。
2. 杨国翰，字丹山，云南顺宁人。林则徐嘉庆二十四年（1819）典试云南时所录取的举人。嘉庆二十五年进士，曾任奉化知县。
3. 魏应麒编：《林文忠公年谱》，《民国丛书》第四编第86册，上海书店，1992.12，P20。（图片来源）

第二节　江苏高等法院与七君子事件

1936年初，上海文化界爱国民主人士率先在沪上成立救国会，提出了“建立起民族统一阵线”的主张。随着日本侵略步伐的迫近，上海成立“全国各界救国联合会”，通过《抗日救国初步政治纲领》，向全国各党各派建议：立即停止军事冲突，释放政治犯，各党各派立即派遣正式代表进行谈判，制定共同救国纲领，建立统一的抗日政权等。同年，上海日商纱厂华工因不堪忍受在沪日商的残酷剥削和欺压，多次举行大规模罢工斗争。救国会对上海日商纱厂华工的罢工不仅在道义上进行声援，而且从经济上予以支持，日本资本家对此十分恼火，要求日本政府予以干涉。日本驻沪总领事若杉认为上海日商纱厂华工得以持久罢工，是因为得到了救国会在经济上的支持，因此代表日商出面，与上海市政府交涉，约见国民党上海市政府秘书长俞鸿钧，提出四项要求，第一项就是逮捕救国会的沈钧儒、章乃器、李公朴等人。若杉向俞鸿钧炫耀武力，以日本陆战队相威胁，俞鸿钧唯唯诺诺。上海市政府在日本的压力下，于11月22日夜，以“危害民国”罪逮捕了救国会领导人沈钧儒、章乃器、邹韬奋、史良、李公朴、王造时、沙千里，并于23日上午移送苏州江苏省高等法院羁押，酿成震惊中外的“七君子事件”。1936年12月12日，为挽救民族危亡、劝谏蒋介石改变“攘外必先安内”的既定国策、停止内战一致抗日，张学良、杨虎城毅然在临潼对蒋介石实行“兵谏”，也就是著名的“西安事变”。在中国共产党和宋庆龄的斡旋下，张学良发表通电提出八项主张，其中第三条为“立即释放上海被捕之爱国领袖”。1937年4月12日，中共

“七君子”合影

中央发表《对沈、章诸氏被起诉宣言》，驳斥起诉书的谬论，称赞沈钧儒等“以坦白之襟怀，热烈之情感，光明磊落之态度，提倡全国团结、共赴国难、停止内战、一致抗日，此实为我中华男女之应尽责任与光荣模范，而为中国及全世界人民所敬仰”，要求释放“七君子”等全体政治犯。上海律师界潘震亚、俞钟骆、李文杰等自请为“七君子”辩护，毕业于东吴大学（今苏州大学）法律专业的汪葆楫（叔用）律师亦挺身而出，慨然应邀成为由27名律师组成的“辩护团”成员，义务替“七君子”辩护。最终，国民政府受西安事变谈判和社会舆论的压力，于1937年7月31日宣布具保释放沈钧儒等七人，最后于1939年2月撤销了起诉书。

孫夫人廖夫人等為沈案呈蘇州高等法院文

呈為沈鈞儒等被訴危害民國羈押受審一案

具狀人等言行相同，束身待質，請予併案辦理事竊愛國無罪，不待煩言。沈鈞儒等從事救國工作，並無不法可言，羈押囹圄已逾半載，倘竟一旦判罪，全國人民均將為之惶惑失措。具狀人等或為救國會會員，或為救國會理事，或雖未加入救國會而在過去與沈鈞儒等共同從事救國工作，愛國如竟有罪，則具狀人等皆在應與沈鈞儒等同受制裁之列。具狀人等不忍獨聽沈鈞儒等領罪而願與沈鈞儒等同負因奔走救國而發生之責任，為特聯名具狀，束身待質，仰請

鈞院將具狀人等一併予羈押審訊，愛國無罪則與沈鈞儒等同享自由，愛國有罪則與沈鈞儒等同受處罰。

具狀人等願以身試法律上救國之責任，特具呈

宋庆龄等为“七君子案”呼吁奔走[1]

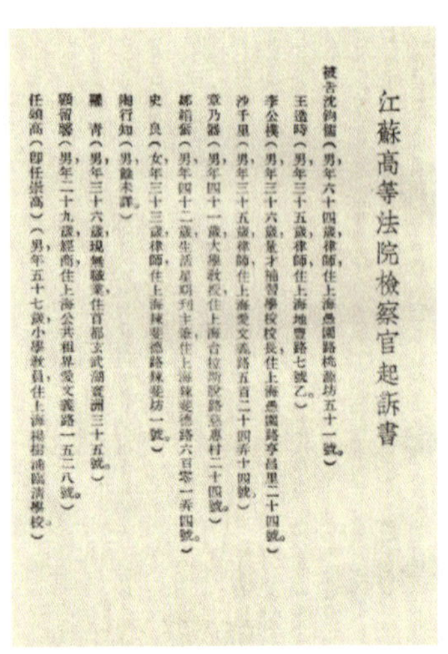

江蘇高等法院檢察官起訴書

被告沈鈞儒（男，年六十四歲，律師，住上海愚園路桃源坊五十一號。）

王造時（男，年三十五歲，律師，住上海地豐路七號乙。）

李公樸（男，年三十六歲，量才補習學校校長，住上海愚園路亨昌里二十四號。）

沙千里（男，年三十五歲，律師，住上海愛文義路五百二十四弄十四號。）

章乃器（男，年四十一歲，大學教授，住上海台拉斯脫路意惠村二十四號。）

鄒韜奮（男，年四十二歲，生活星期刊主筆，住上海辣斐德路六百零一弄四號。）

史　良（女，年三十三歲，律師，住上海辣斐德路辣斐坊一號。）

陶行知（男，餘未詳。）

羅　青（男，年三十六歲，現無職業，住首都玄武湖實洲三十五號。）

顧留馨（男，年二十九歲，經商，住上海公共租界愛文義路一五二八號。）

任頌高（即任崇高）（男，年五十七歲，小學教員，住上海楊樹浦臨清學校。）

江苏高等法院对“七君子”等案件的起诉书[2]

1.《“七君子”事件》，时代文献出版社，1937.10，P207，《孙夫人廖夫人等为沈案呈苏州高等法院文》。
2.《“七君子”事件》，时代文献出版社，1937.10，P13，《江苏高等法院检察官起诉书》。

第三节　杨绛在苏州的故事

杨绛眼中的父母和一文厅

杨绛在回忆她父亲的文章中，提及了很多关于庙堂巷的旧宅（一文厅）的回忆，这些回忆让历史的细节得以被完整鲜活地呈现。1935年7月13日，钱锺书和杨绛分别在苏州庙堂巷和无锡七尺场举行两场婚礼。婚后，两人在苏州乘坐远洋轮船前往英国。杨绛在《将饮茶》中有一篇《回忆我的父亲》的文章，回忆了她在苏州度过的童年时代。

1927年冬，杨绛（后左三）与家人摄于庙堂巷家中

我父亲杨荫杭（1878—1945），字补塘，笔名老圃，又名虎头，江苏无锡人，一八九五年考入北洋大学堂（当时称“天津中西学堂”），一八九七年转入南洋公学，一八九九年由南洋公学派送日本留学，卒业早稻田大学。他回国后因鼓吹革命，清廷通缉，筹借了一笔款子，再度出国，先回日本早稻田读得学位，又赴美留学。我是父亲留美回国后出生的，已是第四个女儿……

杨荫杭

我母亲唐须荌也是无锡人。我父母好像老朋友，我们子女从小到大，没听到他们吵过一次架。……我父亲辞官后做了律师。他把每一件受理的案子都详细向

我母亲叙述：为什么事，牵涉什么人等等。他们俩一起分析，一起议论。[1]

杨绛在这篇回忆文章中也提到了父亲杨荫杭在庙堂巷购房定居的往事。

可是有些事不由自主。我家急需房子，恰恰有一所破旧的大房子要出卖。那还是明朝房子，都快倒塌了。有一间很高大的厅也已经歪斜，当地人称为“一文厅”。据说魏忠贤党人到苏州搜捕东林党人，民情激奋，引起动乱。魏党奏称“苏州五城（一说五万人）造反”。“徐大老爷”将“五城”（一说五万人）改为“五人”。苏州人感其恩德，募款为他建一楠木大厅。一人一文钱，顷刻而就，故名“一文厅”。张謇为我父亲题的匾上，“安徐堂”三个大字之外，有几行小字，说明房子是“明末宰相徐季鸣先生故居”。

我自从家里迁居苏州，就在当地的振华女中上学，寄宿在校，周末回家，见过那一大片住满了人的破房子。全宅二三十家，有平房，也有楼房。有的人家住得较宽敞，房子也较好。最糟的是“一文厅”，又漏雨，又黑暗，全厅分隔成三排，每排有一个小小的过道和三间房，每间还有楼上楼下。总共就是十八间小房，真是一个地道的贫民窟，挑担的小贩常说：“我们挑担子的进了这个宅子，可以转上好半天呢。”

我父亲不精明，买下了这宅没人要的破房子，修葺了一部分，拆掉许多小破房子，扩大了后园，添种了花树，一面直说：“从此多事矣！”据他告诉我，买房子花掉了他的一笔人寿保险费，修建是靠他做律师的收入。因为买房以后，祖母去世，大伯母一家基本上能自立，无锡老家的负担已逐渐减轻。房子费了两年左右才修建完毕。

我常挂念原先的二三十户人家到了哪里去。最近，有个亲戚偶来看我，说他去看了我们苏州的房子（我们已献给公家），现在里面住了五十来户。我大为惊诧，因为许多小破房子全都拆了，哪来那么多房间呢？不过小房子既能拆掉，也能一间间

1. 杨绛：《将饮茶》，生活·读书·新知三联书店，2010.7，P3—5。

再搭上。一条宽走廊就能隔成几间房呢。许多小户合成一个大宅，一个大宅又分成许多小户，也是“分久必合，合久必分”的“天下大势”。[1]

杨绛对文中父亲杨荫杭和母亲唐须嫈也有更细微的描写。

自从我家迁居苏州，我就在苏州上学，多半时候住校，中间也有一二年走读。我记忆里或心理上，好像经常在父母身边；一回家就像小狗跟主人似的跟着父亲或母亲。我母亲管着全家里里外外的杂事，用人经常从前院到后园找“太太”，她总有什么事在某处绊住了脚。她难得有闲，静静地坐在屋里，做一会儿针线，然后从搁针线活儿的藤匾里拿出一卷《缀白裘》边看边笑，消遣一会儿。她的卧房和父亲的卧房相连；两只大床中间隔着一个永远不关的小门。她床头有父亲特为她买的大字抄本八十回《石头记》，床角还放着一只台灯。她每晚临睡爱看看《石头记》或《聊斋》等小说，她也看过好些新小说……

我跟着父亲的时候居多。他除非有客，或出庭辩护，一上午总伏案写稿子，书案上常放着一叠裁着整整齐齐的竹帘纸充稿纸用，我常拣他写秃的长锋羊毫去练字。每晨早饭后，我给父亲泡一碗酽酽的盖碗茶。父亲饭后吃水果，我专司削皮；吃风干栗子、山核桃等干果，我专司剥壳。……冬天只我父亲屋里生个火炉，我们大家用煨炭结子的手炉和脚炉。火炉里过一时就需添煤，我到时轻轻夹上一块。姐姐和弟弟妹妹常佩服我能加煤不出声。

……记得有一次也是大冬天，金鱼缸里的水几乎连底冻了。一只只半埋在泥里的金鱼缸旁边都堆积着凿下的冰块。我们就想做冰淇淋，和父亲商量——因为母亲肯定不赞成大冬天做冰淇淋。……我们胡乱偷些东西做了半桶，在“旱船”（后园的厅）南廊的太阳里摇了半天。木桶里的冰块总也不化，铁桶里的冰淇淋总也不凝，白赔了许多盐。我们只好向父亲求主意。父亲说有三个办法：一是冰上淋一勺开水；二是到厨房的灶仓里去做，那就瞒不过母亲了；三是到父亲房间里的火

1. 杨绛：《将饮茶》，生活·读书·新知三联书店，2010.7，P29—31。

炉边摇去。我们采用了第三个办法，居然做成。只是用的材料太差，味道不好。父亲助兴尝了一点点，母亲事后知道也就没说什么。[1]

杨绛在《回忆我的父亲》中也提到了空袭后回到苏州老宅时的场景，那时她母亲已在逃难途中去世。杨绛在文中提到她二姑母杨荫枌居住在一文厅旁边的事，据考证，二姑母杨荫枌居住的地址在今天富郎中巷25号宅。

一九四〇年秋，我弟弟回国。父亲带了我们姐妹和弟弟同回苏州。我二姑母买的住宅贴近我家后园，有小门可通……我们在二姑母家过了一宵，天微亮，就由她家小门到我家后园。后园已经完全改了样。锺书那时在昆明。他在昆明曾寄我《昆明舍馆》七绝四首。第三首"苦爱君家好巷坊，无多岁月已沧桑，绿槐恰在朱栏外，想发浓荫覆旧房"。他当时还没见到我们劫后的家。

忠仁祠

我家房子刚修建完毕，母亲应我的要求，在大杏树下竖起一个很高的秋千架，悬着两个秋千。旁边还有个荡木架。可是荡木用的木材太顸，下圆上平，铁箍铁链又太笨重，只可充小孩的荡船用。我常常坐在荡木上看书，或躺在荡木上，仰看"天澹云闲"。春天，闭上眼只听见四周蜜蜂嗡嗡，睁眼能看到花草间蝴蝶乱飞。杏子熟了，接下等着吃樱桃、枇杷、桃子、石榴等。橙子黄了，橘子正绿。锺书吃过我母亲做的橙皮果酱，我还叫他等着吃熟透的脱核杏儿，等着吃树上现摘的桃儿。可是想不到父亲添种的二十棵桃树全都没了。因为那片地曾选作邻近人家共用的防空洞，平了地却未及挖坑。秋千、荡木连架子已都不知去向。玉兰、紫薇、海棠等

1. 杨绛：《将饮茶》，生活·读书·新知三联书店，2010.7，P40—42。

花树多年未经修剪，都变得不成模样。篱边的玫瑰、蔷薇都干死了。紫藤架也歪斜了，山石旁边的芭蕉也不见了。记得有一年，三棵大芭蕉各开一朵“甘露花”。据说吃了“甘露”可以长寿。我们几个孩子每天清早爬上“香梯”（有架子能独立的梯）去摘那一叶含有“甘露”的花瓣，“献”给母亲进补——因为母亲肯“应酬”我们，父亲却不屑吃那一滴甜汁。我家原有许多好品种的金鱼；幸亏已及早送人了。干涸的金鱼缸里都是落叶和尘土。我父亲得意的一丛方竹已经枯瘁，一部分已变成圆竹。反正绿树已失却绿意，朱栏也无复朱颜。“旱船”廊下的琴桌和细磁鼓凳一无遗留，里面的摆设也全都没有了。我们从荒芜的后园穿过月洞门，穿过梧桐树大院，转入内室。每间屋里，满地都是凌乱的衣物，深可没膝。所有的抽屉都抽出原位，颠横倒竖，半埋在什物下。我把母亲房里的抽屉一一归纳原处，地下还拣出许多零星东西：小银匙，小宝石，小象牙梳子之类。母亲整理的一小网篮古磁器，因为放在旧网篮里，居然平平安安躲在母亲床下。堆箱子的楼上，一大箱古钱居然也平平安安躲在箱子堆里，因为箱子是旧的，也没上锁，打开只看见一只只半旧的木盒。凡是上锁的箱子都由背后划开，里面全是空的。我们各处看了一遍，大件的家具还在，陈设一无留存。书房里的善本书丢了一部分，普通书多半还在。天黑之后，全宅漆黑，据说电线年久失修，供电局已切断电源。

父亲看了这个劫后的家，舒了一口气说，幸亏母亲不在了，她只怕还想不开，看到这个破败的家不免伤心呢。[1]

杨绛最后一次来到庙堂巷一文厅是她父亲杨荫杭去世之后。

父亲去世后，我末一次到苏州旧宅。大厅上全堂红木家具都已不知去向。空荡荡的大厅上，停着我父亲的棺材。前面搭着个白布幔，挂着父亲的遗容，幔前有一张小破桌子。我像往常那样到厨下去泡一碗酽酽的盖碗茶，放在桌上，自己坐在门槛上傻哭，我们姐妹弟弟一个个凄凄惶惶地跑来，都只有门槛可坐。

1. 杨绛：《将饮茶》，生活・读书・新知三联书店，2010.7，P54—57。

开吊前，搭丧棚的人来缠结白布。大厅的柱子很粗，远不止一抱。缠结白布的人得从高梯上爬下，把白布绕过柱子，再爬上梯去。这使我想起我结婚时缠结红绿彩绸也那么麻烦，联想起三姐结婚时的盛况，联想起新屋落成、装修完毕那天，全厅油漆一新，陈设得很漂亮。厅上悬着三盏百支光的扁圆大灯，父亲高兴，叫把全宅前前后后大大小小的灯都开亮。苏州供电有限，全宅亮了灯，所有的灯光立即减暗了。母亲说，快别害了人家；忙关掉一部分。我现在回想，盛衰的交替，也就是那么一刹那间，我算是亲眼看见了。[1]

杨绛外甥眼中的杨绛往事

杨绛三姐杨闰康之子何肇琛在《我的四姨》一文中深切回顾了他四姨杨绛在苏州的往事。

上海沦陷后，我们全家跟着外公到苏州，住外公家。外公家院子里有两棵非常高大的核桃树，树下是几间青瓦白墙的平房。那年核桃树枝繁叶茂，果实累累，核桃成熟的时候，妈妈和七姨在平房前摆下两张方凳，在方凳上支起了长梯，梯子上端靠在屋檐上。妈妈和七姨拿着竹竿，跨上方凳，从梯子攀上屋顶，用竹竿敲打树枝，核桃像雨点似的噼噼啪啪掉向屋顶和地面。掉到屋顶的由妈妈和七姨捡了扔下来。掉到地面的，我们孩子拿着脸盆捡。梯子和支撑梯子的方凳由四姨的小保姆阿菊掌管。阿菊看我们满地追核桃，忘了自己的职守。忽然听到七姨在屋顶上大喊："快散开！"我们抬头只见方凳倒了，长梯倒了，妈妈两手吊在屋檐上，上不去也下不来。圆圆（钱媛）大喊："娘，不得了啦！快！快……"紧接着，四姨像箭一样从外公房门口射出来，即刻扶起方凳，和阿菊一起架上长梯，移到妈妈身边，把妈妈救了下来，前后不到三分钟！如果四姨不在现场，或者在现场而反应没有那么快，再或者因惊慌而举措失当，那将会是什么结果呢？[2]

1. 杨绛：《将饮茶》，生活·读书·新知三联书店，2010.7，P60—61。
2. 周绚隆主编：《杨绛——永远的女先生》，人民文学出版社，2016.12，P332。

杨绛眼中的“庙堂巷16号”户主杨必

杨必（1922—1968），祖籍无锡，生于上海，曾为庙堂巷16号户主。著名翻译家，上海复旦大学外文系副教授。钱锺书称她为“西碧儿”（Sibyl），意为古罗马帝国的女预言家。其译文被誉为“艺高胆大”的范例，“字里行间充满了灵气”。杨绛在1990年写的《记杨必》一文中深情回忆了她和小妹杨必稚气孩童时的趣事，字里行间饱含着思念。

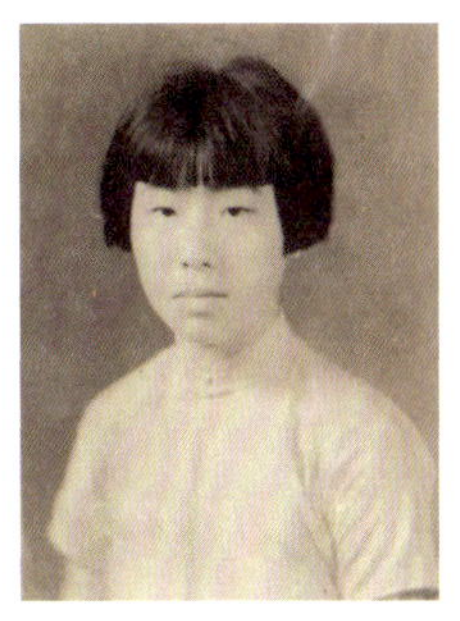

青年杨必

中年杨必

杨必是我的小妹妹，小我十一岁。她行八。我父亲像一般研究古音韵学的人，爱用古字。杨必命名“必”，因为“必”是“八”的古音；家里就称阿必。她小时候，和我年龄差距很大。她渐渐长大，就和我一般儿大。后来竟颠倒了长幼，阿必抢先做了古人。她是一九六八年睡梦里去世的，至今已二十二年了。

杨必一九二二年生在上海。不久我家搬到苏州。她的童年全是在苏州度过的。[1]

……我每周末回家，两个妹妹因五天不相见，不知要怎么亲热才好。她们有许多新鲜事要告诉，许多新鲜本领要卖弄。她们都上学了，走读，不像我住校。

……两个妹妹带我到菜园里去摘最嫩的豆角，剥出嫩豆，叫我生吃，眼睁睁地看着我吃，急切等我说声“好”。她们摘些豆苗，摘些嫩豌豆，胡乱洗洗，放在锅里，加些水，自己点火煮给我吃。（这都是避开了大人干的事。她们知道厨房里什么时候没人。）我至今还记得那锅乱七八糟的豆苗和豆角，煮出来的汤十分清香。那时候我已上大学，她们是妹妹，我是姐姐。如今我这个姐姐还在，两个妹妹都没有了，是阿必最小的打头先走。

1. 杨绛：《杂忆与杂写（1933—1991）》，生活·读书·新知三联书店，2015.4（2018.6 1版7印），P91。

> 也不知什么时候起，她们就和我差不多大了。我不大看电影，倒是她们带我看，介绍某某明星如何，什么片子好看。暑假大家在后园乘凉，尽管天还没黑，我如要回房取些什么东西，单独一人不敢去，总求阿七或阿必陪我。她们不像我胆小。寒假如逢下雪，她们一老早便来叫我："绛姐，落雪了！"我赶忙起来和她们一起玩雪。如果雪下得厚，我们还吃雪；到后园石桌上舀了最干净的雪，加些糖，爸爸还教我们挤点橘子汁加在雪里，更好吃。我们三人冻红了鼻子，冻红了手，一起吃雪。我发现了爸爸和姑母说切口的秘诀，就教会阿七阿必，三人一起练习。我们中间的年龄差距已渐渐拉平。但阿必毕竟还小。我结了婚离家出国，阿必才十三岁。[1]

苏州学者黄恽在《钱杨摭拾》中引用了1934年4月4日苏女师附小优良儿童杨必的介绍资料并考证："杨家住在庙堂巷，苏女师则在侍其巷，今立达学校附近，附小在离女师不远的今教育学院附小，吉庆街小仓口这个地方。目前看来距离不远，不过对于一个幼稚园孩子，当然不能以我们现在的眼光来估量，因此有离住的地方太远的说法。"[2]

杨绛眼中的杨荫榆

杨绛在《回忆我的姑母》中这样写道。

> 杨荫榆是我的三姑母，我称"三伯伯"。我不大愿意回忆她，因为她很不喜欢我，我也很不喜欢她……
>
> 我父亲兄弟姊妹共六人。大姑母最大，出嫁不久因肺疾去世。大伯父在武备学校因试炮失事去世。最小的三叔叔留美回国后肺疾去世。二姑母（荫枌）和三姑母都比我父亲

杨荫榆

1. 杨绛：《杂忆与杂写（1933—1991）》，生活·读书·新知三联书店，2015.4（2018.6 1版7印），P98—100。
2. 黄恽：《钱杨摭拾》，东方出版社，2017.4，P223。

小，出嫁后都和夫家断绝了关系，长年住在我家。

……我记得她是一九二五年冬天到苏州长住我家的。我们的新屋刚落成，她住在最新的房子里。后园原有三间“旱船”，形似船，大小也相同。新建的“旱船”不在原址，面积也扩大了，是个方厅（苏州人称“花厅”），三面宽廊，靠里一间可充卧房，后面还带个厢房。那前后两间是父亲给三姑母住的。除了她自买的小绿铁床，家具都现成。三姑母喜欢绿色，可是她全不会布置。我记得阴历除夕前三四天，她买了很长一幅白“十字布”，要我用绿线为她绣上些竹子做帐帷。“十字布”上绣花得有“十字”花的图样。我堂兄是绘画老师。他为三姑母画了一幅竹子，上面还有一弯月亮，几只归鸟。我不及把那幅画编成图案，只能把画纸钉在布下，照着画随手绣。“十字布”很厚，我得对着光照照，然后绣几针，很费事。她一定要在春节前绣好，怕我赶不及，扯着那幅长布帮我乱绣，歪歪斜斜，针脚都不刺在格子眼儿里，许多“十”字只是“一”字，我连日成天在她屋里做活儿，大除夕的晚饭前恰好赶完。三姑母很高兴，奖了我一支自来水笔。可惜那支笔写来笔划太粗。背过来写也不行。我倒并不图报，只是看了她那歪歪扭扭的手工不舒服。

她床头挂一把绿色的双剑——一个鞘里有两把剑。我和弟弟妹妹要求她舞剑，她就舞给我们看。那不过是两手各拿一把剑，摆几个姿势，并不像小说里写的一片剑光，不见人影。我看了很失望。那时候，她还算是喜欢我的，我也还没嫌她，只是并不喜欢她，反正和她不亲。[1]

杨绛在此文中对杨荫榆的死亦有描绘。

一九三八年一月一日，两个日本兵到三姑母家去，不知用什么话哄她出门，走到一座桥顶上，一个兵就向她开一枪，另一个就把她抛入河里。他们发现三姑母还在游泳，就连发几枪，见河水泛红，才扬长而去。邻近为她造房子的一个木工把水里捞出来的遗体入殓。棺木太薄，不管用，家属领尸的时候，已不能更换棺材，

1. 杨绛：《将饮茶》，生活·读书·新知三联书店，2010.7，P75，P82—84。

也没有现成的特大棺材可以套在外面，只好赶紧在棺外加钉一层厚厚的木板。[1]

也有一种说法是杨荫榆被日本人枪杀的地点事实上在苏州盘门庙湾街旁的瑞凤桥上，而不是吴门桥。知名作家俞明先生曾写过《杨荫榆之死》的文章，费孝通先生见到后即嘱咐俞明寄一本《姑苏烟水集》给杨绛先生。后俞明收到杨绛先生的回信[2]，杨绛写道："承称誉其骨气，具徵文笔。"俞明先生将这封回信编入他的自印本《吴苑深处》一书中。

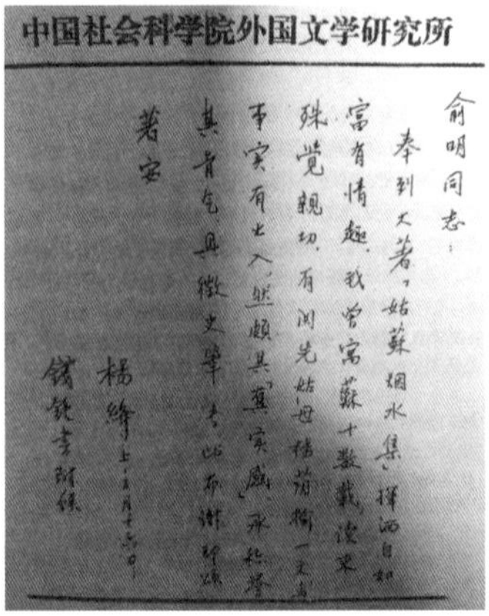
中国社会科学院外国文学研究所

俞明同志：

奉到大著《姑苏烟水集》，挥洒自如，富有情趣。我曾寓苏十数载，读来殊觉亲切。有关先姑母杨荫榆一文，与事实有出入，然颇具"真实感"。承称誉其骨气，具徵文笔。专此布谢，即颂

著安

杨绛上 五月十五日

钱锺书附候

杨绛给俞明的回信

---

1. 杨绛：《将饮茶》，生活·读书·新知三联书店，2010.7，P97。
2. 俞明：《吴苑深处》，2012.3，P33。

第四节　杨荫杭论茶

杨绛的父亲、知名律师杨荫杭对茶饮的演变历史颇有研究，他在1921年5月28日的《申报》上发表过一篇名为《茶话》的文章，从饮茶的起源一直讲到中国茶文化在西方的融摄，可谓侃侃而谈。后来这篇文章被收入《老圃遗文辑》，再版时由杨绛亲自整理，改书名为《杨荫杭集》出版。杨荫杭《茶话》一文从三国时代吴国末代国主孙皓嗜酒，威逼臣僚陪酒讲起。侍中韦昭不善饮，吴主孙皓常减少他的酒数，或者暗中让人给他添茶，以此蒙混过关，这就是"以茶代酒"的典故："三国时，孙皓逼人饮酒，每飨宴，率以七升为限。韦昭饮酒过二升，初见礼异时，或密赐茶茗以当酒。至宠衰，更逼之。此茗饮见于史书之始。"[1]当时茶成为不善饮酒者的代饮品，但是饮茶的风气到了晋朝才逐渐在全国流行。杨荫杭谈到东晋太傅褚裒和天门太守任瞻（字育长）的饮茶典故："晋时此风渐盛。褚太傅在金昌亭，吴中豪右多与茗汁，少着粽汁。任育长江过，坐席竟，下饮，问人为茶为茗。知茗饮为江左风。当时北人不习惯饮茶，犹南人不习饮酪。"[2]任育长不知茗就是茶的典故原载于《世说新语》，恰恰从侧面反映了茶饮在北方普及已广的程度，正因为中原人士大多数都习茶，所以任育长会有"此为茶？为茗？"的发问。杨荫杭认为饮茶之风的真正兴盛是在茶圣陆羽出现之后，茶饮流传海外："是饮茶盛行，在陆羽之后。今此法推行各国。各国茶字，皆译自汉音。尝见英人记载，茶初入英，由英商自华邮饷亲友，其家秘为珍奇，投水中瀹之，去其水而食其渣，食之无味，加以盐，又加以孛脱油，仍不得其佳处，乃投之于地……"[3]由于风俗、文化的差异，中土的茶饮到了英国就遭遇了此类"文化休克"，"孛脱油"是旧译，即白

---

1. 杨荫杭著，杨绛整理：《杨荫杭集》，中华书局，2014.3，P173。
2. 同上。
3. 同上。

脱油，亦称黄油，由此可见当时英人不识茶饮之道。杨荫杭又进一步比较中西饮俗的差异，并谈到中国茶道的别致之处：“吾谓饮茶之法，备于陆羽，善饮茶者，不特辨茶味，并须辨水味，且于煮水之炉之炭，与盛茶之壶之盃，皆有研究。此事固非欧人所长。自吾视之，加以糖，亦犹加以盐；加以牛酪，亦犹加以孛脱油耳。其所加者不同，其不知味则一也。”[1]

1. 杨荫杭著，杨绛整理：《杨荫杭集》，中华书局，2014.3，P173—174。

第五节　徐如珂与一文厅

徐如珂像

徐如珂世居苏州西跨塘（今属吴中区木渎镇），关于这段里籍，可见清黄中坚《蓄斋二集》卷八《明南京工部侍郎念阳徐公传》：“徐公名如珂字季鸣世居吴县之跨塘后迁西城庙堂巷。”他的曾祖父徐政曾与文徵明、王宠等文人在家中凝翠楼结社吟咏。徐如珂在十四岁的时候便失去了父亲，于明万历二十二年（1594）中举，次年又联捷为进士，先后在江西、浙江、云南、湖南任职，几经起落，后因平定奢安之乱有功，官至从三品的光禄寺卿、南京工部右侍郎。因忤魏忠贤，旋被借故削籍。杨廷枢的《全吴纪略》和张溥《五人墓碑记》记载，明天启六年（1626）农历三月，阉党的爪牙（锦衣卫缇骑）来到苏州，捉拿得罪皇帝宠宦魏忠贤的清官、吏部员外郎周顺昌，百姓为周顺昌求情而与攀附阉党的苏松巡抚毛一鹭发生冲突，造成一名爪牙被愤怒的百姓打死，五名爪牙被打伤，阉党大怒，诬陷苏州城的老百姓造反，动议尽屠苏城百姓。在京城当官的苏州人徐如珂冒着风险四处奔波，当时的首辅（宰相）是攀附魏忠贤的昆山人顾秉谦，负责奏章批阅建议（票拟），徐如珂故意放风说皇帝要屠杀苏城百姓，百姓会先冲到顾的昆山老家，烧掉他的房子。顾秉谦听到这个传闻后星夜找到徐如珂商量对策，随后顾秉谦对魏忠贤报告说：“苏州是钱粮赋税的重地，屠了城，以后税赋会有问题，建议惩办‘首要分子’。”魏忠贤听从了顾秉谦的建议。徐如珂通过诱导，使魏忠贤阉党同意对苏城百姓“从轻发落”，保全了当时苏州城十万百姓的性命。阉党最后下令，将周顺昌押到北京，其余群众一概不过问。第二天，颜佩韦、杨念如、马杰、沈扬、周文元五位义士前往巡抚毛一鹭的府衙“自首”，最终这场危机以五位义士挺身而出，几天后被杀害而告终，这也就是如今山塘街上著名的“五人墓”的由来。阉党在这次事件之后反应过来，便将徐如珂削职为民，徐如珂回到苏州不久便被人投毒而亡。他在庙堂巷居住的房子“一文厅”是当时苏州百姓为感激这位“徐大老爷”而建造的。一人一文钱，顷刻募足款项，所以称“一文厅”。一文厅后来改成了忠仁祠，明末张国维曾撰《苏州忠仁祠碑记》，记其事。清代状元石韫玉也曾这样描述忠仁祠：“忠仁表其祠，岁时修蒸尝。非徒香火缘，亦争闾里光。”由此可见忠仁祠在清代依旧有岁时的祭祀，虽然香火不旺，亦是庙堂巷这条闾巷的荣耀。中国古典文献学专家王欣夫在《蛾术轩箧存善本书录·辛壬稿卷四·望云楼稿选》中曾谈道：“苏城庙堂巷旧有念阳专祠，少时往谒，犹见明画遗像，衣冠甚伟。今祠已毁，苏地更鲜有知其人者矣。”这座宅子曾被杨绛的父亲杨荫杭买下，杨绛在这里度过了童年的时光。

［资料参考：施晓平：《没有头，1626 年苏州说不定就被屠城》，吴中悠悠看（微信公众号），2023-06-04］

第六节 状元洪钧少年发奋勤读

洪钧官服像

洪钧(1840—1893),字陶士,号文卿,祖籍安徽歙县,先世因经商而移家定居苏州,遂为苏州人。洪钧自幼便寒窗苦读,勤奋异常。年少时因家贫,父母让他学做买卖,他痛哭流涕,双膝跪地,要求父亲洪坦准其念书。民国《吴县志》中有洪钧少时发奋攻读的记载:“洪钧,字文卿,先世自徽州歙县迁苏,遂为吴县人。少时慨然有当世之志,父旦以家道中落,令弃儒就商,跽而泣,请卒事于学。年十八补博士弟子员。同治七年成一甲一名进士。”据说父亲洪坦见儿好学,也就同意他躲到太湖洞庭西山岛包山坞显庆寺专心攻读。洪钧发奋努力,勤奋苦读。在他18岁时考中生员,补县学生。同治三年(1864),考中甲子科江南乡试举人。同治七年(1868),戊辰科殿试以一甲第一名进士状元及第,授翰林院修撰。后来,洪钧出使俄国、德国、奥地利、荷兰四国,是中国古代状元中唯一的外交官。当时与他一同出使国外的是他的妾室赛金花(赵彩云),他们的故事在坊间广为流传,经过不断的文本渲染,越传越离奇。曾朴的《孽海花》便是以洪钧和赛金花的故事为原型撰写而成的。

第七节 状元缪彤

缪彤像

缪彤（1627—1679），字歌起，号念斋，别署双泉老人。清苏州府吴县（一说长洲）人。出身书香门第，从小特别聪明，幼承庭训，早年即以文章著名，他的老师宋实颖为词坛名宿。顺治十四年（1657）八月，缪彤中丁酉科乡试举人。但后接连四次参加礼部考试均未中。康熙六年（1667）第五次会试终以第三十六名中试，并在三月份殿试中夺魁，为清代第十二位状元。

缪彤中状元后，授翰林院修撰，后升侍讲。他出资创办三畏书院，亲自刊刻了明代儒学大师曹月川的《家规》、蔡虚斋的《密箴》、刘念台的《证人会约》，作为书院的规范与纪律。康熙十二年（1673），他出资修建吴县文庙前的状元坊。康熙十九年（1680），又出资修建长洲县学东南的文星阁。翌年，再捐资修建吴县文庙圣殿。康熙二十四年（1685），江苏巡抚汤斌重建苏州府学尊经阁，缪彤第一个出资捐助。缪彤擅长诗歌，律诗、绝句兼工，有唐人风格。他知识渊博，德高望重，学者尊称其为“双泉先生”。江苏巡抚汤斌向康熙奏荐吴中“以道义自持者”，首荐就是缪彤。缪彤故居遗址在养育巷太平桥南。清康熙年间，缪彤在宅第旁构筑“志圃”以奉其父。缪彤墓在苏州光福竺山。

第八节　冯桂芬父子创办洗心局

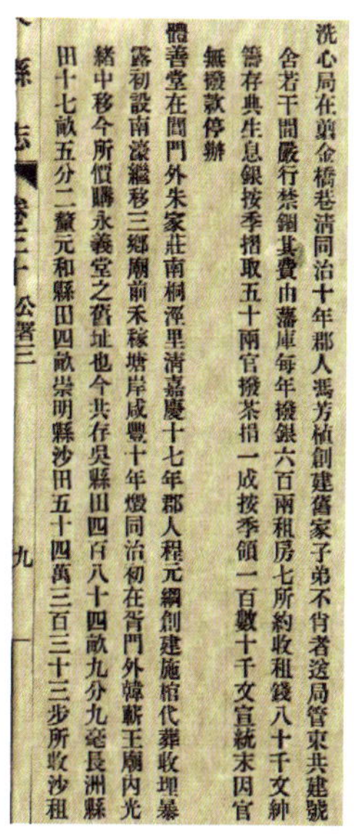
洗心局在剪金橋巷清同治十年郡人馮芳植創建舊家子弟不肖者送局管束共建號
舍若干間嚴行禁錮其費由藩庫每年撥銀六百兩租房七所約收租錢八十千文紳
籌存典生息銀按季摺取五十兩官撥茶捐一成按季領一百數十千文宣統末因官
無撥款停辦
體善堂在閶門外朱家莊南桐涇里清嘉慶十七年郡人程元綱創建施棺代葬收埋暴
露初設南濠繼移三鄉廟前禾稼塘岸咸豐十年燬同治初在胥門外韓蘄王廟內光
緒中移今所假縣永義堂之舊址也今共存吳縣田四百八十四畝九分九毫長洲縣
田十七畝五分二釐元和縣田四畝崇明縣沙田五十四萬三百三十三步所收沙租
吳縣志　卷三十　公署三　九

民国《吴县志》“洗心局”条

洗心局是清末收容和教化不肖子弟的新式慈善组织，类似于惩戒所。洗心局雇有“司事”和“教习”数人，分别负责管理号舍、处理文牍、劝导和教育子弟等事。民国《吴县志》载：“洗心局在剪金桥巷，清同治十年郡人冯芳植创建。旧家子弟不肖者送局管束，共建号舍若干间，严行禁锢。”

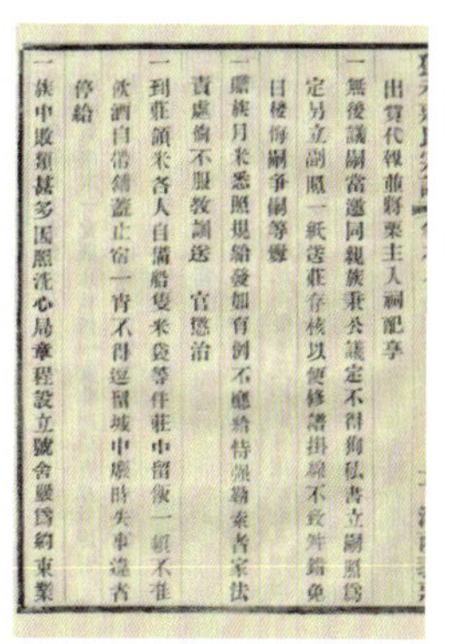
出貲代辦葬費粟主人祠配享
一無後議嗣當邀同親族秉公議定不得徇私書立嗣照爲
定另立副照一紙送莊存核以便修譜掛線不致舛錯免
日後侮嗣爭嗣等弊
一孀族月米悉照規給發如有例不應給恃强霸索者家法
責處倘不服教訓送　官懲治
一到莊領米各人自備稻斗米袋等件莊中留飯一頓不准
飲酒自帶鋪蓋止宿一宵不得逗留城中廢時失事違者
停給
一族中敗類甚多因照洗心局章程設立號舍嚴爲約束案

《邓巷蒋氏宗谱》书影

在1921年《邓巷蒋氏宗谱》中也有记载：“一族中败类甚多，因照洗心局章程设立号舍，严为约束。”清余治《得一录》卷十六中亦收录了《苏郡洗心局章程》，由此可见洗心局在当时已制定完备的规章制度。冯芳植是晚清著名思想家冯桂芬的次子。那么冯桂芬本人是否与洗心局有关呢？笔者在清吴云《两罍轩尺牍》中找到了答案，一份写给冯桂芬的信函中谈道：“尊处所办安节、洗心二局，经费及顺之季玉诸君紧要善举之用，以期周妥。”这里的尊处，指的就是冯桂芬。“安节”则指的是冯桂芬在太平天国运动时期在沪上避居时创设的慈善机构“安节局”，用于救济难民。此外，吴县议事会的一份《议县知事交议洗心局辨别性质案》（1913年11月4日）的档案中亦提到“冯绅桂芬与城绅数人会商后，从女普济堂名下拨出房屋开办”。此外，

冯桂芬像

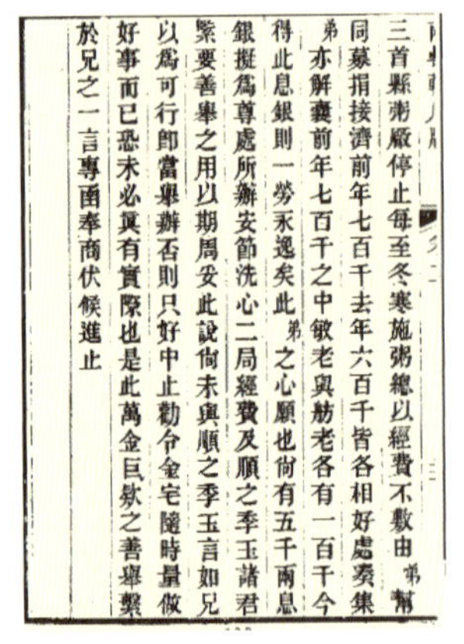

三首縣粥廠停止每至冬寒施粥總以經費不敷由弟幫
同募捐接濟前年七百千去年六百千皆各相好處湊集
弟亦解囊前年七百千之中敏老與舫老各有一百千今
得此息銀則一勞永逸矣此弟之心願也倘有五千兩息
銀擬爲尊處所辦安節洗心二局經費及順之季玉諸君
緊要善舉之用以期周妥此說倘未與順之季玉言如兄
以爲可行即當舉辦否則只好中止勸令金宅隨時量做
好事而已恐未必眞有實際也是此萬金巨款之善舉槃
於兄之一言專函奉商伏候進止

吴云致冯桂芬书札

《申报》1913年6月12日载："洗心局改设女学校，胥门内剪金桥巷洗心局房屋。本为女普济堂公产，经前清绅士冯桂芬创办……"综上可见冯桂芬与儿子冯芳植一同创办了洗心局。冯桂芬（1809—1874），字林一，又字景亭（又作景庭），自号邓尉山人，江苏吴县（今苏州）人。道光二十年（1840）一甲二名进士，故邑人称其在木渎的宅子为"榜眼府第"。除了洗心局，冯桂芬在苏州还创办过女普济堂、锡类堂、丰备义仓等慈善组织。冯桂芬也是将西方慈善理念引入中国的先行者，他曾读过西人袆理哲《地球说略》，从中了解到荷兰的教贫局："（荷兰）国中如有乞丐，该处官吏必令是人就习艺事，给之衣食；如不听，则强之，盖不许其游惰故也。"荷兰所谓教贫局就是教养院，冯桂芬由此受到启发，在他的成名作《校邠庐抗议》中提出了"严教室"的主张："凡民间子弟不率教，族正不能制者，赌博、斗殴、窃贼初犯未入罪者，入罪而遇赦若期满回籍者，皆入焉。三年改行，族正愿保领者释之。"创办洗心局实际上就是冯桂芬"严教室"思想的具体体现。洗心局起初由冯氏父子拨款筹办，后改由官方与民间士绅合作，通过藩库出银、房租所得、官拨茶捐及存典生息等多种渠道筹措资金，来维持洗心局的日常运营。在民国《吴县志》中有详细的记载："（洗心局）由藩库每年拨银六百两，租房七所约收租钱八十千文。绅筹存典生息银，按季折取五十两，官拨茶捐一成，按季领一百数十千文，宣统末，因官无拨款停办。"此外，1911年上海《时事新报》[1]上也有类似记载。洗心局停办后，简易模范识字学塾第七塾和吴县县立女子高等小学陆续在其原址上创办。

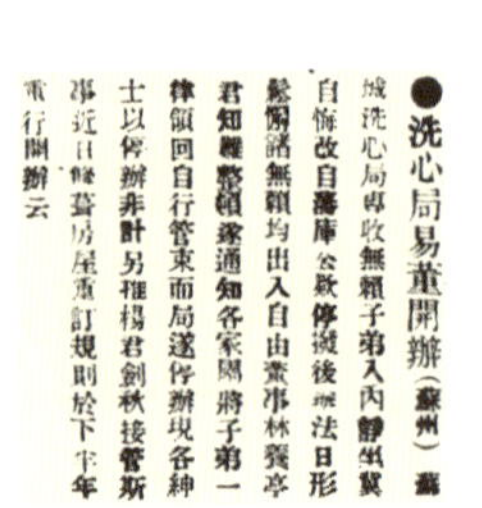

●洗心局易董開辦（蘇州）蘇
城洗心局專收無賴子弟入內靜坐貿
自悔改自藩庫公款停撥後無法日形
鬆懈諸無賴均出入自由董事林賓亭
君知難整頓遂通知各家屬將子弟一
律領回自行管束而局遂停辦現各紳
士以停辦非計另推楊君劍秋接管斯
事近日鋒葺房屋重訂規則於下半年
重行開辦云

▲洗心局改設女學校　胥門內剪金橋巷洗心局房屋本爲女
普濟堂公產經前清紳士馮桂芬創辦專拘管蕩家浪蕩子弟使
之洗心革面自光復後因經費支絀停辦該房屋曠廢已久前經
縣議會議決改辦學校茲聞縣立女子高等小學校校址尚未有
房屋現擬將該屋修理完善大約於下學期當可招生開課云

左图：《洗心局易董开办》（民国报刊）

右图：《洗心局改设女学校》（《申报》1936年6月12日）

1.《时事新报》（1911年6月13日第7版）载录。

第九节　按察使署旧址里的金砖故事

江苏按察使署旧址东侧发现的金砖

2023年5月，江苏按察使署旧址施工现场东侧发现一块刻有文字的金砖，上刻“江南苏州府知府刘慥、署知事卢师武管造”“金砖”及尺寸“长一尺七寸、宽一尺六寸”等历史信息。据相关资料，此金砖建造年份应为清乾隆十六年（1751）。金砖上署名的刘慥（1706—1767）是乾隆年间有名的能员干吏，字君顾，号介亭，纳西族，云南永胜清水人，清乾隆二年（1737）丁巳恩科进士，曾授翰林院编修，参编国史《大清一统志》，刘慥先后出任四川顺庆府、重庆府，山东曹州府，江苏苏州府知府及福建按察使、河南布政使，并且署理山西巡抚，官至文职二品，时人称其为“刘藩台”。清乾隆十二年（1747），刘慥任苏州府知府，大加整顿官场的不良风气、严肃官员的戒规，在整顿吏治方面成绩最为突出，深得民心。江苏督抚赏识他的清廉及才能，上奏朝廷推荐他为“镇扬道监司”。而另一位署知事卢师武，浙江龙泉人，拔贡，乾隆二十一年（1756）曾任娄县（属松江府辖）知县。

第十节　孟河医派始祖马文植

马文植（1820—1903），字培之，江苏武进人，清代名医。原姓蒋，祖上学医于马氏，从其姓。世业医。尤精外科。孟河医派代表人物，被誉为“江南第一圣手”。清代同治、光绪时负盛名，著有《医略存真》。他为晚清著名学者俞樾治病的经历，使其医名大噪；后又应诏入宫为御医为慈禧诊病，慈禧称赞他“脉理精细”，手书“务存精要”匾额，赐三品官，自此他名震四方。孟河医派是小医派，脱胎于吴门医派。孟河医派另一代表人物，曾创办中国第一所中医学校的丁甘仁（1866—1926）的次子丁仲英在丁甘仁《喉痧症治概要》（1927）的跋中说：“吾乡多医家，利济之功，亘大江南北，世称孟河医派。”这段文字被视为首次以孟河为医派名的文字记载。孟河丁氏世代业医，丁甘仁初从胞兄松溪习医，后与兄并投名家马文植为师，擅长内、外、喉三科。马文植也就成了孟河医派的始祖。清光绪十八年（1892），马文植著《纪恩录》一册木刻本刊行，俞樾作序，为马氏在京为慈禧太后治病的诊疗日记，间有为王公大臣诊病的记录。马文植迁居苏州，在瓣莲巷坐堂，惠泽乡邻。民国《吴县志》记载：“（马文植）字培之，孟河人，居瓣莲巷。”据说马医科也是因他而得名。后来，他又迁居无锡。

马文植像

〇寓蘇瓣蓮巷御醫第孟河馬培之先生捐册助

“寓苏瓣莲巷御医第孟河马培之先生捐册助”（《申报》1884年3月25日第3版）

第十一节　抗战先烈凌敏刚

凌敏刚（1875—1944），字毅然,湖南平江县清水乡人。毕业于江南将弁学堂及讲武堂，后入陆师学堂及辎重学堂学习。历任南洋第九镇中下级军官、江苏陆军学校教官。武昌起义后，应陈英士之召，与黄郛、张群、朱绍良等率部光复上海，历任沪军都督府科长，南京卫戍第一师及第二十六师参谋长，福建督军行署参谋长、代行署主任，广州大元帅府参议。1927年3月北伐军攻克南京后，被委任为江苏省烟酒事务局局长。翌年又调任水厘局局长。不久退职，息影苏州。凌敏刚在苏期间参与过许多社会活动。比如1929年，他参与讨论筹款添辟苏州公园，当时拟在皇废基、沧浪亭、虎丘先行添辟公园。[1]1931年，吴县筹备中山堂，凌敏刚任筹备会第三组副干事。[2]1934年，他与程安时、杨荫杭、沈束璋等均参与中山堂筹备建筑委员会会议，当时议决提案达112件。[3]1935年，他曾任进贤小学校董。[4]1937年7月，全面抗战爆发。凌敏刚力主抗日，愤然而起,携眷离苏返湘，拟再振军威。1938年途经长沙时，会见张治中，被邀为湖南省政府顾问。1944年6月21日，侵华日军进犯湖南，凌敏刚为年老力衰及妇孺所累，走避不及，被日军所俘。日军询知经历，强迫其组织县维持会，并任其为会长，遭厉词斥拒，又百般胁诱，凌敏刚缄口不言。6月28日，凌敏刚被日军杀害。事闻，湖南省政府发给治丧费法币5万元，并转呈国民政府褒扬。1947年5月，国民政府题颁“大义凛然”匾额一方，予凌敏刚以表彰。

1.《苏州明报》(1929 年 8 月 30 日第 3 版）载录。
2.《苏州明报》(1931 年 11 月 1 日第 3 版）载录。
3.《苏州明报》(1934 年 4 月 4 日第 7 版）载录。
4.《苏州明报》(1935 年 12 月 24 日第 4 版）载录。

第十二节 周易学家沈延国

沈延国

沈延国(1914—1985),字子玄,浙江杭州人。得其父沈瓞民家学甚厚,并师从章太炎,深得教益。毕业于江苏省立苏州中学(今江苏省苏州中学校),随师蒋竹庄入光华大学(今华东师范大学)专攻中国文学史,曾与杨宽、赵善诒编著《吕氏春秋汇校》,由中华书局出版。大学毕业后,在苏州章氏国学讲习会任讲师,兼任《制言》杂志编辑,培训国学人才。1940年,他协助汤国梨,在上海筹建太炎文学院,任教务长,主讲中国文学课程,并兼任南洋中学国文教师。抗战胜利后,太炎文学院被迫停办,沈延国返回母校光华大学担任中国文学系教授兼教务长。1947—1948年间,爱国人士潘以三在中国共产党的授意下,开设上海长江商行,实为上海通向苏北解放区输送医药用品、纸张的一条地下运输线。沈延国担任该行董事兼秘书,在繁忙教育工作之余,仍随潘以三赴苏北解放区协商事宜,备受艰难。新中国成立后,他继续从事教育事业。1972年,沈延国退休回苏州富郎中巷德寿坊旧宅,除致力于古籍整理外,还担任苏州沧浪区退休科技工作者协会理事,创办苏州东吴业余科技进修学校,任副校长,并开设古籍整理研究班三期。1985年10月,沈延国病逝。在逝世前五六年内,他为苏州市、上海市、浙江省政协编写了很多属于抢救性的文史资料,并在文史专辑中陆续发表。沈延国平生著作甚多,有新编《吕氏春秋集解》《邓析子集证》,编校《章太炎全集》《逸周书集解》《周易证释》,完成的初稿有《章太炎传》《章太炎与鲁迅》《吴下集林》等。

第十三节 童葆春的故事

旧时道前街东首[1]曾有一家童葆春，初名童葆山，取“仁者乐山”之意，是由宁波慈溪庄桥童氏家族于光绪元年（1875）出资创设的。清朝中期，庄桥童氏在江、浙、沪等地区广泛开展业务，涉及金融、百货、绸缎、药铺等产业。童家在苏州和常熟[2]都有产业，曾被当时的常熟人称作“童半天”。童家之所以选择在道前街西首开店，是因为看中当时的道前街是联通水路和子城的要道，且客栈林立。胥门水路的便利交通，带来了道前街的繁华商市。当时的道前街及附近街巷不仅住着臬署衙门的衙役和相关人员，亦成为苏州城西木渎、光福、洞庭东西山等农民向苏城贩运土特产的必经之路。童家在当时的道前街开设童葆山药铺，不仅将其作为销售药品的店铺，亦作为百货转运和来往人员住宿的场所。

童葆山药铺童叟无欺，价格公道，很快便获得附近百姓的青睐，正在其业务扩大之际，对门的啸云天茶馆发生了火灾，大火失控亦殃及了童葆山的店面。童葆山药铺在灾后重建，并借鉴上海童涵春药店的成功经验，改店名为“童葆春堂”。童葆春堂的特色品牌药“全鹿丸”，具有滋阴补虚功效，因而销量很大，名扬遐迩。而关于这全鹿丸，还有一段故事。童葆春堂发现当时苏州地区没有很响亮的滋阴补阳类成药品牌，因此开发了以活鹿为主要配方的品牌“全鹿丸”，并在报刊上大肆宣传。为了保证全鹿丸的质量，童葆春

道前街
胥門內
童葆春堂 發兌 冬令補品百補大全鹿丸
本堂冬令補品一切粗細藥料無不別選道地貨眞價實早經遐邇馳名現爲優待顧客起見擇於陰曆十一月初一日起十二月初二日止特別從廉如逢陰曆朔望再打九扣區區誠意藉答各界諸君惠顧之盛意如蒙賜顧請認明本堂牌號庶不致誤謹此露佈諸希公鑒焉
（底稿蓋章爲憑）

《童葆春堂发兑冬令补品百补大全鹿丸》
（《大光明》1932 年 11 月 29 日）

---

1. 清末民初，饮马桥至西馆桥为卫前街，西馆桥至养育巷口为府前街，养育巷口至歌薰桥为道前街（亦称胥前街），直至 1980 年合并，统称为道前街。
2. 清光绪六年（1880），庄桥童家在江苏常熟南门投资同仁泰药铺。同仁泰始于清同治二年（1863），后取得宁波邵家和童家的投资，至清光绪八年童家再次增资，改名童仁泰。

堂特意在其后园建立了几所鹿房，据说当时的活鹿都是从东北吉林购来的，并派专人负责饲养。临近宰鹿的时候，童葆春堂内张灯结彩，不仅香火缭绕地供奉了药王菩萨，还呈现了诵读佛经、高唱宣卷的场景，再加上当时的媒体宣传，一时间热闹非凡。达官显贵、士绅名流、媒体记者、商界翘楚济济一堂，全鹿丸因而名声大振。1930年，道前街拓宽，童葆春堂亦借势扩大门面，改造后，气派不凡，业务量迅速上升。据载，1930—1932年间，童葆春堂的营业额已达二万银圆，与王鸿翥堂国药店持平。

童葆春旧影

抗战全面爆发后，苏城沦陷，童葆春堂的店铺财产被日寇大肆抢掠，损失惨重。由于当时的胥门被日寇交通管制，行人难以往来，童葆春堂的业务也因此急剧下降，处于崩溃边缘。抗战胜利后，童葆春堂因资金匮乏，运输困难等，销售依然未见起色。1956年初，童葆春堂实行公私合营，当时最大的股东童松源已然离世，其亲属继承了股份，而童氏家族的童祖庚则成为童葆春堂的第二大股东。后来童葆春堂又调整了经营理念，通过合营调整了商业网点，与杜良济明记合作，成立了童葆春第一门市部。如今经历历史洗礼的童葆春堂，已成为苏州雷允上国药连锁店，在今天道前街西段（吉利桥西侧）开设门店，至今依旧是苏州国药业中的翘楚。

道前街上的童葆春堂今貌

第十四节　文学家周楞伽

周楞伽

周楞伽（1911—1992），江苏宜兴人，中国古典文学学者，曾任上海古籍出版社（原中华书局上海编辑所）编审，古小说整理专家。曾居余天灯巷[1]。他十多岁时因病耳聋，却自学成才。他出道很早，20世纪30年代已涉足文坛，曾与鲁迅、郑逸梅等文人有信件往来。1936年即自费出版近40万字的长篇小说《炼狱》。晚年的周楞伽创作了儿童文学《哪吒》、历史小说《李师师传奇》等一大批作品。周楞伽一生所有的作品，包括小说、儿童文学、学术论文及有关古籍校点、今译、辑佚、改编改写等，超过一千万字。

历史小说《李师师传奇》

1. 《苏州杂志》（2003 年 03 期），周允中，《吴苑深处的一场争执》："1936 年春，我父亲周楞伽在自费出版长篇小说《炼狱》后不久，就携妻将子随母亲大家族迁居到了苏州余天灯巷豆粉园租的一幢精致的小洋房里。"

第十五节　教育家周允言

周允言（1883—1956），江苏溧阳人。早年居住在苏州泗井巷、富郎中巷、瓣莲巷等处。曾就读于江苏师范学堂（今江苏省苏州中学校），毕业于上海数理学堂本科。早年参加过中国革命同盟会，后因不满国民党作为而退党。周允言毕生从事教育事业。1913年在江苏省立第二中学（今江苏省苏州第一中学校）任国文教员。1928年转至南通中学（今江苏省南通中学）任国文教员。1930年到江苏省立第二苏州女子师范学校（江苏省新苏师范学校前身）从事教学工作。1938年秋，苏女师乃在沪复校，周允言任秘书。翌年，江苏省教育厅驻沪办事处正式定该校校名为江苏省立苏州女子师范沪校，委派杨正宁为沪校校长。抗日战争胜利后，江苏省教育厅、江南行署于1945年10月委派周允言回苏筹备复校。周允言即召集沪校教职员工成立复校委员会，接收汪伪省立女中一、二两院及汪伪传染病医院（原苏女师址），并对旧校舍略加修葺，于当年11月开学。1946年初，江南行署撤销，江苏省教育厅委派俞钰任校长，周允言告老离校。[1]

1. 《沧浪区志》编纂委员会编：《沧浪区志（下册）》，上海社会科学院出版社，2006，P1245—1246（原文中民国纪年改为西元纪年）。

第十六节　民建元老卫楚材

卫楚材（1894—1973），名景员，以字行。江苏吴县葛庄村人。1912年入江苏省立第一师范学校，翌年提前毕业，任小学教员。后在常熟、吴县（苏州）、宝山、上海等地中小学任教导主任、校长。1936年赴重庆任巴蜀中学教导主任。1942年应黄炎培之邀，任中华职业学校教导主任。为响应中国共产党抗日救国、成立民主联合政府的号召，1945年12月在重庆参加黄炎培等发起组织的中国民主建国会。抗日战争胜利后，1946年回苏州，后赴上海任物资税局驻厂员。上海解放后，回苏州，在市立中学任教。1951年参与中国民主建国会苏州市分会筹备工作，1954、1956年先后在第一、二届会员大会上当选为民建苏州市分会副主委。后历任中国国民党革命委员会苏州市委员会副主委、苏州市民政局局长、苏州市各界人民代表会议协商委员会委员、中国人民政治协商会议江苏省苏州市委员会副主席、中国人民政治协商会议江苏省委员会委员等职。“文化大革命”前，家住东采莲巷8号，1967年迁居养育巷80号。1973年10月3日病逝，终年80岁。[1]卫楚材的儿子卫增本、卫增复在《先父卫楚材小记》中曾这样回忆他们的父亲：“在重庆期间，目睹国民党政治腐败、民不聊生。为响应中国共产党抗日救国，成立民主联合政府的号召，与黄炎培、杨术玉等先生一起发起组织民主建国会。抗战胜利后，由重庆回到苏州……他年轻时也接触过进步思想，并受我姑父共产党员丁晓先同志（他参加过1927年大革命）影响较深，对中国共产党向往已久。解放后更积极靠拢党，经常向我们子女惇惇教导，阐述党的方针政策，要我们相信党，相信组织，坚决跟着党走社会主义道路。他自己虽负责民政局的工资，但能不徇私情，积极动员身边小儿女参军及下乡，到艰苦环境中去锻炼。”[2]

1.《沧浪区志》编纂委员会编：《沧浪区志（下册）》，上海社会科学院出版社，2006，P1259。

2. 中国人民政治协商会议江苏省苏州市委员会文史资料研究委员会编：苏州文史资料选辑（十二），1984.10，P172—173，卫增本、卫增复《先父卫楚材小记》。

第十七节　士绅陆鸿吉

陆鸿吉（1882—1971），字尹甫，江苏苏州人，寓居富郎中巷。陆鸿仪弟。出身于清寒的书香之家，15岁中秀才，其后又补为廪膳生，不久即任苏州蒙养义塾教师。其间实行教育改革，改变死记硬背的教学方法，不着重教经学，自选《纲鉴易知录》为教材，又以当时的时事宣传材料为辅，激发学生爱国热情。后入江阴南菁书院深造，兼学现代科学文化。清光绪三十三年（1907），任苏州初级实业学堂校长，时年24岁。4年后东渡日本留学，选学财政。归国后，在北京审计院、南京财政部任职。20世纪30年代初，他应刘鸿生之邀，赴沪与刘共同策划、创办章华毛绒纺织厂、龙华水泥厂、上海企业银行及苏州鸿生火柴厂。抗日战争全面爆发后，他先暂居上海租界，后转至后方，直至抗战胜利才重返故里。先后在江苏省农业银行苏州分行、中华银行任经理。他关心地方公益事业，参与中共地下党开办的文心图书馆，为董事会董事，并为地下党开办的英语补习班办理银行贷款以解决经费。新中国成立后，陆鸿吉被聘为苏州市文物保管委员会委员，并当选为市政协委员。在文委会任职17年，整理编写了《苏州工商史》《苏州商团史》《苏州市民公社史》《苏嘉铁路》《苏州水利》等资料。

第十八节　画家沈宗敬

剪金桥巷毛宅“桂馥兰馨”门楼（沈宗敬题字）

剪金桥巷67号毛宅[1]内有一座门楼，门额中间字牌“桂馥兰馨”四个大字仍存。桂馥兰馨，本意为桂、兰香气袭人，也寓意为子孙后代有出息。左侧款识为“华亭沈宗敬题”，边侧起首印章漫漶不清；右侧款识为“甲辰孟秋谷旦”，边侧则钤印二方：“沈宗敬印”“南季”。对照沈宗敬的生卒年，可知题款“甲辰”应是清雍正二年（1724），为沈晚年题写。沈宗敬（1669—1735），字恪庭，又字南季，号狮峰、狮峰道人、双鹤老人、双杏草堂主人、卧虚山人等，华亭（今上海松江）人。清书画家。清康熙二十七年（1688）进士，仕至太仆寺卿，提督四译馆。顺治九年（1652）探花、礼部侍郎沈荃之子，系出松江沈氏家族，其十世祖为明代书法家沈粲。沈宗敬精音律，善吹箫鼓琴，画传家学，山水师倪、黄，笔力古健，思致高远，小景小幅尤佳。康熙帝南巡献画称旨，赐题“清风兰雪”额，又奉进《琴辨》《画品》两文，获赐康熙帝御笔楷书“烟岚高旷”。沈宗敬于是年将康熙御笔摹刻于常熟虞山剑门的崖壁，一时荣之。沈宗敬也曾为太湖洞庭西山的《重兴古罗汉寺花果山场碑记》撰额。

1. 系内科医生毛承德的宅子，毛家祖上为常熟大族。毛承德亦参与社会活动，曾任吴县太养镇镇长（《苏州明报》1934年12月25日第2版）、吴县太养镇保长（《苏州明报》1937年3月12日第6版）。

第十九节 刘鸿生的故事

刘鸿生

在庙堂巷30号的程宅的西侧及富郎中巷的中段，新中国成立之初都曾办过鸿生火柴厂的两家分厂，火柴厂的老板是刘鸿生。瓣莲巷55号的民国洋楼原是燮昌火柴公司经理李秉恒的宅子。燮昌火柴公司卖给了刘鸿生，李秉恒从火柴公司老板叶世恭手里分得钱后，卖掉了自己在苏州的几处小宅子，集拢资金在瓣莲巷建起了这幢房子。由此可见，刘鸿生与32号街坊的历史渊源之深。那么刘鸿生是谁？说起爱国实业家刘鸿生（1888—1956），在民国时代的苏州真可谓家喻户晓。他以经营开滦煤炭起家，后投资火柴、水泥、毛织等业，被誉为“中国火柴大王”和“毛纺业大王”。刘鸿生也是民建第一届中央委员会常务委员。刘鸿生的祖父刘维忠曾在上海宝善街开设丹桂茶园，父亲刘贤喜则在上海招商局的轮船上做总账房。当时燮昌火柴公司老板、宁波人叶世恭在小日晖桥开设火柴公司苏州分公司，他的女儿叶素贞相中了刘鸿生。此时的刘鸿生还只是一个卖煤炭“跑街”的穷小子，所以当父亲的叶世恭当即反对这桩婚事，但叶家女儿义无反顾，一再坚持，最终这桩婚事还是成了，叶世恭成了刘鸿生的老丈人。刘鸿生于1920年1月与杜家坤等7人合资创立了鸿生火柴厂，命名为“华商鸿生火柴有限公司”。今护城河胥门段的南侧，依旧存留着一幢古色古香的二层西

鸿生火柴厂旧址

鸿生火柴厂印制的火花盒

式楼房，面阔七间，外墙青红砖混砌，东、西立面二层均有券柱装饰，饰百叶窗户，现已是苏州市控制保护建筑和苏州市历史建筑。当时巨大的火柴利润，使得丈人和女婿反目，引发商业竞争。刘鸿生购置了40多台设备，鸿生火柴厂一天的火柴销量达到40箱。刘鸿生以燮昌有外股加入问题状告至法院，叶世恭则疲于应付官司，终因经营不善，燮昌被鸿生吞并。1930年，刘鸿生合并燮昌、鸿生、中华3家火柴公司组设大中华火柴公司，任总经理，并在浦东、苏州、镇江、九江、汉口、杭州设7个火柴厂和1个梗片制造厂，时称“火柴大王”。同年，他又与人合办上海华丰搪瓷厂、大华保险公司。1931年创设中国企业银行，任董事长，并任国民政府全国财政委员会委员。1932年又任招商局轮船公司常务董事兼总经理，后又自办舟山轮船公司，生意做得越来越大，昔日的穷小伙成功逆袭成为商界的大佬。

第二十节　龚氏家族与修园

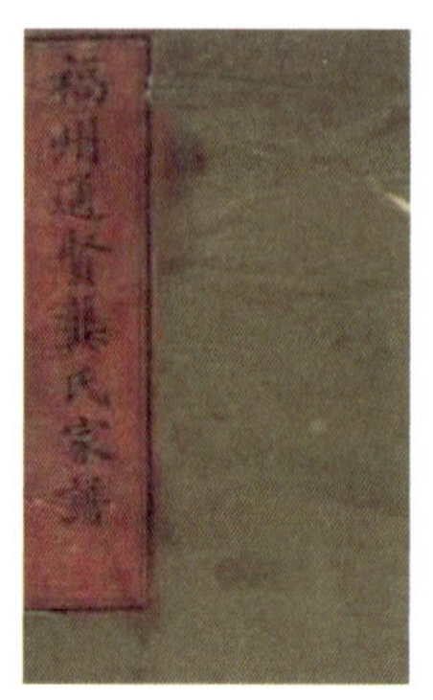

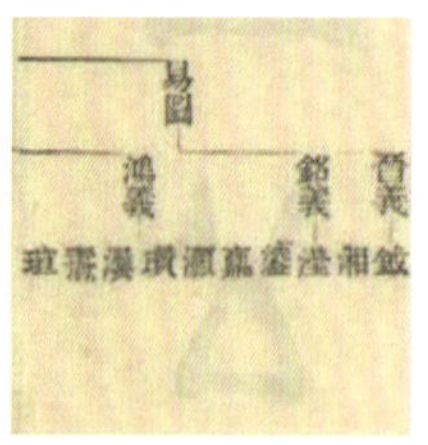

《福州通贤龚氏家谱》“龚易图”支

庙堂巷20号曾是龚氏家族的故园。福州通贤龚氏家族可追溯到宋朝始祖龚茂良（宋参知政事）。通贤龚氏不仅累世仕宦，而且翰墨传家。从龚易图高祖龚景翰开始就爱藏书，子孙也受到深深的影响。

龚易图曾任江苏按察使、湖南布政使。卸任后，他在福建广建园林，当时他在苏州庙堂巷20号[1]有一宅园，人称“龚氏修园”。其父母叔伯及堂房众亲也居此寓所[2]，后来，龚易图的长子龚晋义任（补）道台，举家迁来庙堂巷。龚氏后代直到20世纪80年代拆迁才搬出庙堂巷20号。

龚易图

1. 龚易图（1835—1893），字蔼仁，号含晶，福建闽县（今福州）人。清咸丰五年（1855）举人，咸丰九年进士。文韬武略，屡著军功，曾随军作战，同治八年（1869），协助山东巡抚诛杀安德海。后任江苏按察使、广东按察使、湖南布政使。光绪十四年（1888）退隐，在上海筹办织布局（纺织局），是近代纺织工业的先驱。龚易图在多个领

1. 另据1951年《苏州市道（太）养镇地籍图》标记，当时庙堂巷20号产权人为龚宝义。龚宝义系龚易图弟弟的后裔。《申报》1902年6月16日第9版则载：“补江苏候补道龚晋义于五月初六日子时在庙堂巷本寓病故”，存录备考。《申报》1898年1月19日第5版载：“巡回指分江苏试用道龚晋义，福建人，由籍来通判……”《申报》1899年9月18日第10版亦载：“江苏候补道龚晋义，福建人……”
2. 包括龚易图的三叔，弟弟龚寿图、龚应图等居苏亲属。龚易图《蔼仁府君自订年谱》、龚寿图《蛾述轩随笔》等史料均有龚氏家族亲属居住庙堂巷的记载。

域里均有建树，是循吏又是诗画家、收藏家、园艺家。建有著名的大通楼，藏书十万册，另还以藏石闻名。并广筑园林，他建造的三山别墅、芙蓉园等多所园墅都成了晚清福州私家园林的经典之作，现有的已修复，有的成了福州有关单位的办公场所。此外，龚易图选婿择媳注重门当户对，他与耦园园主沈秉成是儿女亲家[1]。

2. 龚晋义（1869—1902），福建闽县（今福州）人，清末曾任江苏候补道，系龚易图长子，曾居庙堂巷龚氏修园，不幸的是年仅33岁就染湿瘟逝于寓所。那时，他的儿子龚钺出生在庙堂巷寓所才数月。

3. 龚钺（1902—1997），中国国际法学家、律师。龚易图之孙，龚晋义之子。1924年留学法国，获法国格勒诺布尔大学法学博士学位。抗战前，任中华民国国民政府驻法国巴黎总领事馆领事、代理总领事。他利用自己的语言优势和在欧洲大陆的人脉资源，宣传中国抗日战争的正义性，为中国争取了很多国际支持。1935年回国（享受归国华侨待遇），任江苏省政协委员、江苏省法学会副会长等职，先后被聘为上海法学院（今上海财经大学、上海政法学院）教授，天津育德大学教授、法学院院长。抗战胜利后，中、美、苏、英四国成立了盟国对日管制委员会，龚钺被任命为中华民国国民政府驻日代表团法律处处长，助力东京大审判。他潜心研究史学，著作多部。龚钺和他母亲杨韵芬晚年都曾在回忆录中提及庙堂巷的园子。20世纪80年代，龚钺特意寻访苏州庙堂巷的出生地，与堂亲龚月珍一家聚会。

龚钺

龚易图的孙辈幼年在福州三山别墅（图中楼下左二为龚钺）

1. 龚易图的三女儿嫁给了沈家公子沈瑞林。

第二十一节 郑文焯与壶园

郑文焯

壶园是文人墨客切磋交流诗文曲艺之地，比如晚清四大词人之一的郑文焯[1]就曾赁居庙堂巷汪氏壶园。苏州有两处园林皆叫壶园：庙堂巷的壶园为汪姓所建，占地300平方米；另一处竹隔桥壶园（即祝家桥巷，在乐桥东南，今干将东路南侧）为郑文焯园居。据《郑叔问先生年谱》，郑文焯在苏州有多处住处。苏州园林专家卜复鸣考证郑文焯除了曾居住在竹隔桥，亦赁居过庙堂巷的壶园："郑文焯之婿戴正诚《郑叔问先生年谱》光绪十一年乙酉（1885）条目：'二月，移居庙堂巷汪氏壶园。'"关于郑氏移居壶园的确切时间，清后期吴中词派著名词人潘钟瑞[2]在其《香禅日记》中有相关记录。潘氏居住壶园多年，与壶园主人汪氏有世代姻亲之好，翁瑞恩的《婆罗门令·汪氏壶园看婆罗花，即席赠潘夫人》可侧面印证。郑氏入住壶园后，接续风雅，文学活动活跃，创作了大量诗词作品，是其创作道路上的重要阶段。此前便寓居壶园的潘钟瑞在清光绪十年甲申的日记中记述郑文焯赁居壶园的情形："五月初一乙亥，'是日小坡来，租定壶园'。十一日乙酉，'文小坡移家来平阳壶园中，余具衣冠贺之，略谈，返书室督课。午后，写横幅一'。五月十四日戊子，'夜，小坡招饮吴仲英、汪少甫、潘吟香、铜士与余五人为客，谈宴良久。席撤，又观其收藏物，留桂轩与闲舫陈设具备'。"潘钟瑞长期在汪家坐馆，教读汪氏子弟，借此

1. 郑文焯（1856—1918），字俊臣，号小坡，又号叔问，晚年别署大鹤山人、鹤、鹤公、鹤翁、鹤道人。辽宁铁岭人。隶正黄旗汉军籍，而托为郑康成裔，自称高密郑氏。其父郑瑛棨，官至河南巡抚，兼署河南山东河道总督。郑焯文十九岁时，应顺天乡试中举，后会试屡屡不中，遂绝意科举。嗣爱苏州山水幽胜，客居三十余年。

2. 潘钟瑞（1823—1890），原名振生，字圜云，更字麟生，号瘦羊、香禅居士。江苏长洲（今苏州）人。潘祖荫族兄，石韫玉、陈其章婿。道光二十七年（1847）增贡。

壺園夜宴

紅月窗痕綠雲簾影貯愁比海還濶實著我盟鷗隔花喚酒姓名題上竹末間翠風梳篠似鈿閣涼簫韻發湘
無人知也悽瘦春魂怨蟾孤懨由舊家疏俊依然笑擁歡閑夢酬香答實一寮幽碧蕩情似水歌盡行雲都
遏問玉鐙飄燼合留住淩波羅襪湘華年縱好怕負青襟又過半霄由

壺園夜飲

燭痕顫冷銀屏背由簾緊茶煙聚湘芳蹤故遲剪秋來間約佳半闌蟾月不教伺蕭繡鴛識得蒼苔路實舊
夢銷香處由醉花客燕欲忘歸湘怕見歌雲催曉醒來非間

易顺鼎《壶园夜饮》《壶园夜宴》

谋生。可以说他是郑文焯租赁庙堂巷壶园促成者之一。郑文焯于清光绪十年五月租定并移居壶园。郑文焯入住壶园后，约集同好在园内成立词社，积极从事诗词创作，互相唱答，切磋词艺。如清光绪十一年腊月十九日（1886年1月23日）雪后初霁，壶园为苏东坡八百五十岁生日做寿；光绪十五年与文廷式、蒋次香、张子苾等结社于壶园。郑文焯的朋友、清代举人易顺鼎也在壶园留下了许多诗词，如《壶园夜宴》《壶园夜饮》。清光绪十九年（1893），郑文焯纳吴趋歌儿张小红，别居庙堂巷龚氏修园。清光绪二十四年（1898）冬，壶园不戒于火，郑文焯迁居幽兰巷。光绪二十六年冬，郑又由幽兰巷迁居马医科巷。光绪三十一年（1905），郑文焯在苏州孝义坊购地五亩，建筑新居，曰“通德里”。[1]此外，状元洪钧在1886年12月及1887年1月居苏丁内艰期间的日记中也曾多次提及他与吴承潞、姚觐元、陆懋宗等社会名流在壶园雅集的往事。

1. 卜复鸣：《苏州壶园考（上）》，苏州市风景园林学会：苏州风景园林（微信公众号）2022-10-13。

第二十二节 作家艾雯与《老家苏州》

艾雯《老家苏州》书影

艾雯（1923—2009），本名熊昆珍，出生于江苏苏州。著名女作家，因创作散文集《老家苏州》被誉为“艾苏州”（“爱苏州”的谐音），并列名《苏州文学通史》一书中。艾雯酝酿《老家苏州》一书许久，多数章节写于20世纪70年代，但是于2009年才出版。艾雯的童年时代（1923年至1936年间）跟随外婆（苏州汪氏望族小姐）和父母赁居于苏州瓣莲巷。1936年随父母离苏，因抗战全面爆发，未能如期返乡，后旅居台湾。她曾携女儿特意回瓣莲巷故地探亲。艾雯在《老家苏州》中，以一个孩童兼老苏州的身份，叙述中夹带吴侬软语的表达方式，趣味生动地描述了苏州的地域特色、民俗风情和传统文化，反映了台湾同胞真挚的思乡情。艾雯在书中这样叙述记忆中的在瓣莲巷的家：“外婆娘家姓汪，书香门庭，仕宦世家，是苏州望族……几年后外公忽然因病逝世，外婆与大伯妯娌间原就面和心不和，就毅然带着女儿佣人赁居瓣莲巷，自立门户，靠田产生活，倒也清静安逸。女儿结婚不几年，女婿也住在一起，老年总算不太寂寞。小时候有一段时期我跟外婆睡。三进房子她住最后一进，雅洁的房间里，那张有顶盖的红木大床，四周沿着精致的雕檐，两侧镶嵌螺钿，彩绘花鸟。床头还有一排隐密的小抽屉。银帐钩弯弯如月，沙帐沉沉四垂，清晨透过蒙蒙曙光，晚上灯影摇曳，给人一种神秘性的安全感，梦也温馨。”[1]艾雯还提及对瓣莲巷及附近街巷的旧时记忆：“上学时，清晨走在深静的长巷里，经过

1. 艾雯：《老家苏州》，古吴轩出版社，2009.1，P15。

一排排森严的黑漆屏门，高高的风火墙，门墙内花木蓊郁，却不知庭院深深深几许。朝阳迟迟未能攀越，迂回的幽巷显得无比深邃。低头数着光洁无尘的鹅卵石，弧形的路面忽然升起一道青石阶，一级又一级，软软的步鞋踩上去可以感受到石质的棱角。登上石桥，屏障尽去，小河蜿蜒两侧，流过脚底，人在水中央。”[1]此外艾雯对老家苏州也有深挚的赞美：“苏州，是花之府，是园林之城，更是水之乡，桥之都。二千五百多年的历史文化古城，花香，稻香，书香，墨香，绵绵不尽。长桥如虹，贯时空。没有一座城比得上苏州的桥之多、之美、之坚固、之历史悠久。”[2]

艾雯在《老家苏州》里的娓娓细说，让苏州人的闲情逸致如同一幅烙着旧岁印记的画，她在抒发对故地情感的同时，也使后人更真实地了解到一个承载着悠久历史文化和浓郁民俗特色积淀的姑苏。

1. 艾雯：《老家苏州》，古吴轩出版社，2009.1，P115—116。
2. 艾雯：《老家苏州》，古吴轩出版社，2009.1，P112—113。

第二十三节　夏氏兄弟与庙堂巷

夏志清、夏济安兄弟，是享誉世界的文学大家，他们的童年都在庙堂巷庆云堂度过，他们的父亲夏大栋据说是当时上海振业商业储蓄银行董事、南京中央饭店总经理，母亲何韵芝则出身于桃花坞何家。苏州市档案馆研究馆员沈慧瑛在《灯火阑珊处》一书中提到“我从养育巷转入庙堂巷，寻觅着夏济安的旧居——庙堂巷27号。庙堂巷安谧如常，全无节日的热闹，27号的门牌号也醒目地贴在墙上，只是七十多年的变化，已无法确定这里就是当初的夏宅”[1]。夏济安（1916—1965），原名澍元，笔名夏楚等。江苏吴县（今苏州）人。夏志清兄长。上海光华大学英文系毕业。曾任教于西南联大、北京大学、香港新亚学院。1950年赴台后任教于台湾大学外文系。1959年赴美，在西雅图华盛顿大学、加州大学伯克利分校做研究。1965年因脑出血病逝于美国奥克兰。夏济安是著名作家、翻译家、文学批评家。他以一部《夏济安日记》轰动文化圈，以一口流利的英语和精湛的英美文学研究吸引了无数学生，更因创办《文学杂志》引领了台湾现实主义文学。《文学杂志》无疑给台湾文学界注入了新鲜的血液，提升了纯文学在台湾的地位。著名作家白先勇先生就是在看了《文学杂志》后决定重新报考大学，投奔到台湾大学外文系夏济安的门下。而作为发现张爱玲这匹文学“千里马”的伯乐的夏志清则是现代文学史上著名的评论家。

夏家全家福
前左起：夏大栋、何韵芝、夏玉瑛（妹）
后左起：夏济安、夏志清

1. 沈慧瑛：《灯火阑珊处》，东方出版社，2018.1，P203。

夏志清(1921—2013),原籍江苏吴县(今苏州),出生于上海浦东。上海沪江大学英文系毕业。抗战胜利后任教于北京大学英文系。1948年考取北大文科留美奖学金赴美深造,1952年获耶鲁大学英文系博士学位。先后执教于美国密歇根大学、纽约州立大学、匹兹堡大学等校。1962年任教哥伦比亚大学东亚语文系,1969年为该校中文教授,1991年荣休后成为该校中国文学名誉教授。

海外华文女作家协会会长、哈佛燕京图书馆原编目组成员张凤女士的《夏志清文学年表》[1]记载:1927年,就读于桃坞中学附小,读了三年英文,转学到苏州中学附小。母子三人先住母亲何韵芝女士桃花坞的娘家老宅,父亲在上海交通银行工作,周末返家。六年级下学期迁庙堂巷夏家,转学。由此可见,1927年夏志清和母亲何韵芝、哥哥夏济安开始迁居庙堂巷。

1.[美]张凤:夏志清文学年表,《华文文学》(2023年第4期,总第171期)。

第二十四节　吴大澂与小巷里董

吴大澂

吴大澂（1835—1902），原名大淳[1]，字止敬，又字清卿，号恒轩、白云山樵、愙斋等。江苏吴县（今苏州）人。清同治七年（1868）进士，曾任左副都御史、广东巡抚、河道总督、湖南巡抚等职，也是金石学家、书画家和收藏家。一生著作颇丰，著有《说文古籀补》《愙斋集古录》《恒轩所见所藏吉金录》等。吴大澂在《恒轩日记》中曾提到他与富郎中巷、盛家浜、庙堂巷、瓣莲巷、支家巷中的士绅交往，如他在戊辰（1868）九月十五日的日记中记载："十五日，清晨，钞《通鉴前编辨误》二叶。至保甲总局。候申衙前里董余春生，水泼粉桥里董鲍竹孙，富郎中巷里董朱蔼吉，盛家浜里董吴荫馀，庙堂巷里董阮梅孙、王亦佳，瓣莲巷里董张友松，支家巷里董张敬庄。又至洪东伯处，商请各里董至济元当午饭。"[2]清末的里董即里长，源自明朝的基层组织形式——里甲制度，是明代推行黄册制度的基础之一。《明史·食货志一》记载："洪武十四年，诏天下编赋役黄册，以一百十户为一里，推丁粮多者十户为长，余百户为甲，甲凡十人，岁役里长一人，甲首一人，董一里一甲之事。先后以丁粮多寡为序，凡十年一周，曰排年。在城曰坊，近城曰厢，乡都曰里，里编为册，册首总为一图。"而有清一代的图甲制在形式上延续明初设立的里甲制度。清代沿袭明制，以纳税户为单位，每一百一十户编为一里，选纳粮最多的十户充当里长；里下设甲，每甲十一户，其中一户为甲长。清廷在当时南方各省县以下设乡，乡以下设图，图设图董，亦称"图长"，总管一图事务，另有"图正"，管理本图"鱼鳞图册"。图甲和里甲一样，是编户齐民身份的根据，两者之间根本区别在于图甲制是以田粮而不是以实际的人户为主要标准进行编制，是一种自上而下在基层推行的赋役制度。

---

1. 后避同治帝爱新觉罗·载淳名讳而改名大澂。
2. 苏州地方志编纂委员会办公室、苏州市政协文史委员会编：《苏州史志资料选辑（2015年）》（总第四十一辑），P29，吴大澂《恒轩日记》。

第二十五节　唐家院子的故事

明卢熊《苏州府志》词条载录：“潘家院子、唐家院子、林家院子，在富郎中巷内。”可知原来在富郎中巷曾有个唐家的院子。古吴轩出版社原副总编辑张维明校注民国王謇《宋平江城坊考》时，在“唐家巷”词条中加了注释，认为：“卢《志》有唐充之，监苏州酒税务，与知州李孝寿辩论曲直，州人多赖之。后与朱勔忤，竟以酤法坐罢。《宋史》有唐璘，任吴县尉，理冤狱，富家凿渠通舟，谬称古渠，实占民田。忤常平使者意，移监县。以直闻，调端州教授。又有唐震，任浙西提刑，忤贾似道，被劾去。未知是否三人中之一。”[1]这三位唐姓人士因年代久远，是否与唐家巷有关，已无从稽考，但的确都为传奇人物。此三人事迹在明代王鏊《姑苏志》中均有提及，注释中提及的第一位唐充之，字广仁，内黄（今河南安阳内黄县）人，是唐代的一位善辩之士，常为民请命，后得罪朱勔被罢官免职。第二位唐璘（1195—1264），字伯玉，古田玉屏（今福建古田）人。宋嘉定十年（1217）进士。历任江苏吴县县尉、辟淮东运司催辖纲运官，累迁至太常少卿。唐璘为官秉公正直、机智务实，颇具政声，尤其是任监察御史时刚正不阿、针砭时弊而成直谏之诤臣。最后一位唐震，字景实、景贤、子华，会稽（今浙江绍兴）人。宋宝祐元年（1253）进士。他在担任浙西提刑时，以忤逆“蟋蟀宰相”贾似道而被免官。到了宝祐十年，唐震被重新启用为饶州知州。次年，元兵攻陷饶州，唐震不屈而死，后赠“华文阁待制”，追谥“忠介”，也是宋代的一位诤臣。

唐家巷　盧熊《志》：「唐家院子，富郎中巷。」　盧《志》有唐充之，監蘇州酒稅務，與知州李孝壽辯論曲直，州人多賴之。後與朱勔忤，竟以酤法坐罷。《宋史》有唐璘，任吴縣尉，理冤獄，富家鑿渠通舟，謬稱古渠，實佔民田。忤常平使者意，移監縣。以直聞，調端州教授。又有唐震，任浙西提刑，忤賈似道，被劾去。未知是否三人中之一。

《宋平江城坊考》“唐家巷”条

1. 王謇撰、张维明校理：《宋平江城坊考》，江苏古籍出版社，1999.8，P27。

第二十六节 剪金桥巷的红疗会

奉送醫書

红疗会广告《奉送医书》（《申报》1926年7月27日第8版）

剪金桥巷的北段，民国时门牌90号曾开设有红疗会，“红疗”即西医红素疗法，这在当时无疑是先进的医学概念。剪金桥巷的红疗会是当时设在苏州的总会，《申报》1924年11月27日第8版中有一篇《招请各地分学会主任》的通告，文中详细记载了剪金桥巷红疗会总会的始末：“近世欧洲、日本医学界采取科学原理发明（红素）一药，为人体瞬时不可缺之酸素抱合体。因人体之内满布各种神经或司视听或司心肾各有专职，但神经有困疾病而失其效用，故须用此红素疗法以最新发明涂擦手术，即在人身神经中枢施行摩擦，可使诸病立愈。西人名曰‘红疗法’，专治内外一切病症。凡医药无灵不治之难病，一经摩擦，奇验如神，而于男女秘疾尤有特效，能使元气充旺，生理发育，诚根本物理学新疗法也。本会长日本学业归国，得有学士文凭，兹为公开秘传普及济世起见，特印浅明讲义详细图说，无论妇孺，一目了然。拟在各县镇设立红疗分学会，聘请主任一人办理会务，每月有利益三百元。凡我同志，倘欲得此高尚有利之新职业者，速函本会注册并同时邮汇书器费大洋十五元。本会立将全部讲义图说及红素液量器、一个涂擦器、一具涂布用毛刷、一支分会委任书一纸即行寄上，以便诸君开业施药。既可普济世人又可自谋生活，诚一举二善而利人利己之好事业也。倘诸君犹有疑问，请寄邮票三分，先将本会章程奉上。苏州胥门内剪金桥巷九十号，红疗学会启。”《申报》1926年7月27日第8版中也刊载了《奉送医书》一文：“本宅特刊红疗秘传讲义，能治万病，奇验无比。刻为济世起见，广为分赠世。有欲得此书者，请即邮寄四分，立刻奉赠。苏州剪金桥巷九十号，王公馆王柳子。”

招請各地分學會主任

《招请各地分学会主任》（《申报》1924年11月27日第8版）

第二十七节　杏林名家宋爱人

宋爱人

宋爱人（1897—1963），原名鼎基，一名翼，号翼庐。江苏吴江（今苏州）同里人。著名中医学家，江苏中医进修学校（今南京中医药大学）创始人之一。宋氏世代业医，传至爱人已历五世，曾祖父宋秋江、祖父宋梓荫均擅内科杂病，而其父宋伯寅则以儿科见长。宋爱人在18岁时便随父学医，亦研习书法和国画。1920年春，宋爱人来到富郎中巷顾允若诊所，拜师学艺，主攻内科。宋爱人的哲嗣宋立人先生在中国百年百名中医临床家丛书《宋爱人》一书中谈道："爱人白天随师潜心侍诊，夜晚则精研医经，焚膏继晷，寒暑不辍。追岐黄《灵》《素》，继以仲景之书，而于伤寒、温热尤感兴趣。自获日本人丹波氏《伤寒辑要》和《金匮辑要》二书，始得进修阶梯……"1925年，宋爱人从师学医有成，返回同里开办诊所。1928年，已然暮年的顾允若召唤爱徒宋爱人回到富郎中巷协助顾宅诊所日常的问诊事务。当时顾宅有大号和小号，大号即顾允若的专家门诊，小号则为普通门诊。宋爱人协助恩师担任小号，处理顾宅小号坐堂问诊长达8年，其间也治好了许多疑难杂症，一时医名大盛。宋爱人此后专攻伤寒、杂病，曾有"习医不能人云亦云，抄袭必落前人窠臼"之语。1936年春，宋爱人在干将坊另辟诊所。后来宋氏诊所先后迁设于观前街恒山堂药店、颜家巷1号。民国时期，宋爱人曾在苏州国医专科学校任教。新中国成立后，宋爱人

宋爱人广告（《明报》1930年11月3日）

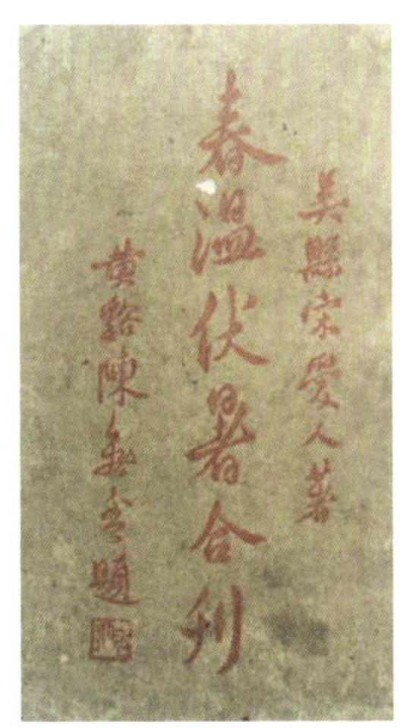

宋爱人《春温伏暑合刊》书影

赴宁，任教于江苏中医进修学校。1958年，宋爱人出任南京中医学院（今南京中医药大学）伤寒温病教研组组长，直至去世。其代表作品有《医经读本》《春温伏暑合刊》《伤寒论脉学串解》等。

第六章　名门望族

第一节　叶氏家族

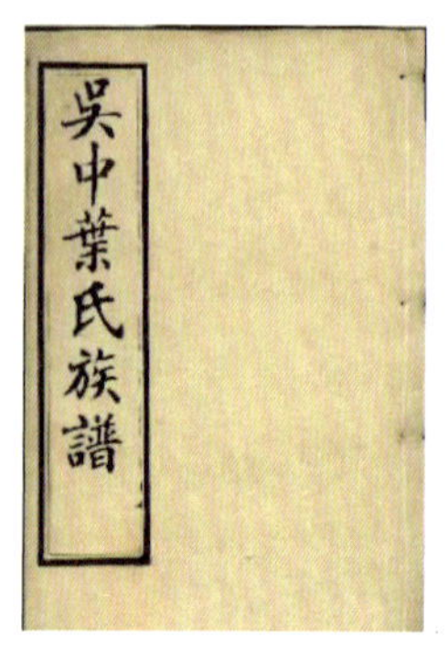

《吴中叶氏族谱》书影

吴中叶氏是苏州望族，人才辈出。吴中叶氏的始祖是刑部侍郎叶逵。叶逵，号造玄，原仕吴越国，累赠刑部侍郎。《吴中叶氏族谱》载："吴之有叶自刑部侍郎造玄公始，公仕吴越归宋，娶乌程（即今湖州）羊氏，遂居乌程。因有别业在洞庭东山且爱莫厘景物之胜，乃迁家焉，因姓而名其里曰叶巷，则吾东山之有叶氏端自造玄公始，是为吴中之祖。"吴中叶氏第六世叶梦得（1077—1148），字少蕴，晚号石林居士，两宋之交的名臣、著名学者、文学家，吴中叶氏家族中最具代表性的人物之一。叶梦得次子叶桯的后裔在洞庭东山开枝散叶，形成了吴中叶氏的许多支派。叶巷支则源自元至元年间，吴中叶氏第十四世孙庆二十八公因避仲兄庆十六之祸离开后山挟资远贾，数年后仲兄之祸已息，便举家内迁，在东山前山叶巷浜附近择地定居，即吴中叶氏前山叶巷派支始祖。清末民初，该支后人叶庆荃（字云门，号仲香）曾居住盛家浜10号。

吴中叶氏前山叶巷派支世系简表

姓名	辈分	字号	备注
叶传汉	吴中叶氏三十一世		
叶家禄	吴中叶氏三十二世		
叶祥铨	吴中叶氏三十三世	原名懋铨	
叶庆荃（1878—？）	吴中叶氏三十四世	原名昭荃，字云门，号仲香	报捐同知加三级，诰封中议大夫
叶奕忻（1901—？）	吴中叶氏三十五世	原名承忻	叶庆荃次子，长子早殇

第二节　汪氏家族

苏州吴趋坊汪氏是苏州望族之一，系出越国公汪华，属汪华长子汪建的后人，庙堂巷壶园的创建者汪锡珪就是这个家族的后裔。明初汪氏家族迁到歙县坦川，亦称建公派歙县坦川支，这一支到了汪氏总谱第八十一代为明季处士汪良敬，世居歙县坦川。其子汪尚贤（又名汪尚禮）于清初由歙县坦川迁居苏州，后世居苏州吴趋坊，故名吴趋汪氏。吴趋汪氏也是迁吴的汪姓家族中子孙最为兴旺的一支。

《吴趋汪氏支谱》书影

吴趋汪氏支世系简表

姓名	辈分	字号	排行	备注
汪良敬	歙县汪氏总谱第八十一代	字俊山	行二	世居歙县坦川，明季处士，汪廷鸾次子
汪尚贤	吴趋汪氏始祖、歙县汪氏总谱第八十二代	字淑泰，号汝卿	行五	迁吴，赠儒林郎
汪文瑞	吴趋汪氏第二代	字信玉	行一	监生，候选州同
汪癸正	吴趋汪氏第三代	原名士癸，字天臣号素亭，又号渔莽	行四	赠儒林郎，候选州同
汪元鳌	吴趋汪氏第四代	字羲衡，号湘泉	行一	监生，候选州同，赠朝议大夫
汪为仁	吴趋汪氏第五代	字宇春，号雨村	行三	监生，詹事府主簿，候选知府
汪祥芝	吴趋汪氏第六代	字汉英，号紫仙，又号拾珊	行十三	监生，盐运使司运同
汪锡珪	吴趋汪氏第七代	字筱涯，号秉斋，又号壶园居士	行二	庙堂巷壶园的创建者、江阴训导、按察使衔、授荣禄大夫

吴趋汪氏第七代孙汪锡珪也是大阜潘氏敷九公长房蓼怀公支下潘世经的外孙，汪锡珪又迎娶了潘世经的孙女（潘遵礼之女）。汪系道光年附贡生，捐纳江苏试用训

导，光禄寺署正职衔，署江阴训导，分部郎中，累加盐运使衔。咸丰中被委为胥盘路城内团练局总董，对抗太平军。咸丰十年（1860）太平军攻克苏州后，避居上海，与顾文彬、吴云等筹设中外会防局。汪殁后，壶园售归潘遵礼之孙潘廷枞，新中国成立后该园归苏州仪表厂使用，古建筑大师刘敦桢在《苏州古典园林》中曾专门测绘壶园。1970年左右，北面主厅被零部件车间胶木班所用，由于转为生产场地，园内面貌开始凋零，当时园林构件已有所损坏。1973年因扩建综合大楼而被拆毁。

第三节　潘氏家族

坊间所谓“贵潘”，指的是大阜潘氏，家族中以状元潘世恩、探花潘世璜、探花潘祖荫最显。“贵潘”是世人对仕途发达后的大阜潘氏的一个符号化标签，或许会给人一种错觉，大阜的这一支潘家世代就是做官的；其实潘家迁苏的先祖起初是以商贾起家的，后来受到吴地崇文的影响，后代（特别是贡湖公支）开始热衷于仕途，才逐渐走上累世功名的道路。明末清初，潘氏二十四世祖潘仲兰（筠友公）在江淮之间经营盐业，侨居苏州。仲兰之子潘景文（1639—1706，大阜潘氏二十五世，谱称其蔚公）后移居苏州城厢阊门内黄鹂坊桥巷，成为大阜潘氏家族迁吴始祖。潘景文长子是潘兆鼎（1658—1724），后世尊称其为敷九公。次子是舜邻公，后代一半迁回歙县，一半留苏，但功名不兴。大阜潘氏对科举功名的追求，萌芽于筠友公，始于其蔚公，完成于潘奕隽（1740—1830，三松公）。筠友公在浙江一带经商，受当地科举入仕之风影响，令其子读书入仕。大阜潘氏最显赫的一支是潘景文长子、曾任处州府松阳县教谕的潘兆鼎之四房潘暄（闲斋公）的后代。闲斋公长子潘宗亢16岁即亡。闲斋公的次子潘冕（贡湖公）则有三子：潘奕隽［清乾隆三十四年（1769）进士］、潘奕藻［畏堂公，清乾隆四十九年（1784）进士］、潘奕基（云浦公，杭州府庠生）。有清一代，大阜潘氏家族出了9名进士，其中8名来自潘家的贡湖公支。而清乾隆五十八年（1793）癸丑科状元潘世恩（大阜潘氏第三十世）则是潘奕基的儿子。潘世恩的孙子潘祖荫则是清咸丰二年（1852）的探花。清咸丰三年癸丑科会试时，潘世恩应邀参加礼部的“琼林筵宴”，而主持这科会试的主考官正是他的孙子、时任礼部侍郎的潘祖荫，这被世人称颂为少有的科场盛事。为此，潘世恩也作了赋诗，志喜记盛，其中有“却喜新荫桃李盛，小门生认老同年”之句，一时被传颂为科场佳话。出身于大阜潘氏的潘承锷则是敷九公长房东白公潘克顺（1682—1710）的后代。32号街坊有多支敷九公长房后代的居处，但更为显赫的是曾住盛家浜12号大阜潘氏敷九公四房一支——进士潘奕隽（贡湖公支）的一支、探花潘世璜的后裔。潘奕隽则是状元潘世恩的大伯父。

大阜潘氏（敷九公支）世系简表

姓名	尊称	排行	辈分
潘兆鼎	敷九公		大阜潘氏二十六世
潘克顺	东白公	敷九公长子	大阜潘氏二十七世
潘昱	学良公	敷九公次子	大阜潘氏二十七世
潘邦靖	卫如公	敷九公三子	大阜潘氏二十七世
潘暄	闲斋公	敷九公四子	大阜潘氏二十七世
潘宗周	蓼怀公	东白公独子	大阜潘氏二十八世
潘冕	贡湖公	闲斋公次子	大阜潘氏二十八世

大阜潘氏敷九公四房孙辈贡湖公一支的后代潘承范（字镜盦，号子畴）曾居住在盛家浜 12 号。潘承范生平简介详见书中“盛家浜潘宅”的介绍。

大阜潘氏贡湖公支（潘世璜后裔分支潘希甫至潘承范）世系简表

姓名	尊称、字号	辈分	备注
潘兆鼎	敷九公	大阜潘氏二十六世	浙江钱塘县岁贡生，处州府松阳县教谕
潘暄	闲斋公	大阜潘氏二十七世	敷九公四子
潘冕	贡湖公	大阜潘氏二十八世	闲斋公次子
潘奕隽	三松公	大阜潘氏二十九世	贡湖公长子，进士
潘世璜	字黼堂，号理斋	大阜潘氏三十世	潘奕隽独子，探花
潘希甫	字保生，号补之	大阜潘氏三十一世	潘世璜次子，举人
潘介祉	原名念慈，字玉笋，号叔润	大阜潘氏三十二世	潘希甫三子
潘志发	字祥伯，号明卿	大阜潘氏三十三世	庠生
潘承范	字镜盦，号子畴	大阜潘氏三十四世	潘志发次子

潘奕隽，字守愚，号榕皋，又号三松、水云漫士。江苏吴县（今苏州）人。官户部主事。著有《三松堂集》。

潘世璜（1765—1829），字黼堂，号理斋。江苏吴县（今苏州）人。潘奕隽之子，状元潘世恩从弟。潘世璜与潘世恩、潘祖荫合称“苏州三杰”。清乾隆六十年（1795）乙卯恩科一甲第三名进士（探花）。授翰林院编修。

潘希甫（1811—1858），字保生，号补之。江苏吴县（今苏州）人。潘世璜次子，潘遵祁弟。道光十五年（1835）乙未科恩科举人。晋荣禄大夫、按察使衔。

潘介祉（1840—1891），原名念慈，字玉笋，号叔润。江苏吴县（今苏州）人。庠生，候选训导，议叙员外郎。潘奕隽曾孙。著有《藕花香榭吟草》。

潘志发，字祥伯，号明卿。江苏吴县（今苏州）人。庠生，北洋财政局沈阳运盐司署职员，上海江苏银行掌银库事、苏州分行经理。

大阜潘氏东白公支（潘克顺至潘承锷九代）世系简表

姓名	尊称、字号	辈分	备注
潘兆鼎	敷九公	大阜潘氏二十六世	浙江钱塘县岁贡生，处州府松阳县教谕
潘克顺	东白公，原名邦旭，字东白	大阜潘氏二十七世	敷九公长子，庠生
潘宗周	蓼怀公	大阜潘氏二十八世	
潘奕腾	云庄公	大阜潘氏二十九世	
潘世翰		大阜潘氏三十世	
潘遵淳		大阜潘氏三十一世	
潘霖		大阜潘氏三十二世	
潘志溥	原名锡芬，字清士，号香芑	大阜潘氏三十三世	
潘承锷	原名钰，字砚生	大阜潘氏三十四世	

潘承锷像（潘裕博提供）

潘承锷祖父潘霖曾在苏州盐公堂供职。他的父亲潘志溥（1847—1924），原名锡芬，字清士，号香芑，无功名事业。清咸丰十年（1860），时年12岁的潘志溥在苏州侍其巷潘氏云庄别墅被太平军掳去，一起抓去的有10多位男性，后侥幸生回。潘志溥生有一子五女，潘承锷是他的独子。潘承锷（1873—1949），原名钰，字砚生（又作“严生”）。江苏吴县（今苏州）人。大阜潘氏三十四世孙，敷九房云庄支五世，晚清廪贡生，中国第一代法学家。光绪二十七年（1901）入南洋公学，为蔡元培学生，与黄炎培系同学，不久官派赴日留学，入法政大学。其名载录于日本明治三十九年（1906）卒业速成科及明治四十四年（1911）七月卒业法律科名录中。1911

年辛亥革命后回国，历任苏州法政学堂教习、苏州地方审判厅推事、江苏省议会议员。1913年5月25日，吴县律师公会在郡庙前开会，潘承锷与蔡倪培、费廷璜等7人被选为评议员。1922年，当选民国国会参议院议员。因后来与北洋政府总统曹锟政见不合而辞职。南归返沪后，潘承锷托同宗族叔、潘氏蓼怀公支的后代天津青帮头目潘子欣（1876—1951，谱名志憘，字和仲，号子欣）找到了杜月笙，让杜出面帮助其在当时风云变幻的上海滩律师界占据一席。潘承锷凭借专业的法律素养及借助杜月笙的影响力，使得上海的帮会对他有所忌惮，不敢轻易动手。潘承锷在上海由此开拓律师事业，后成为沪上的名律师。苏州沦陷时，日本特务机关闻其盛名，逼他出任江苏省伪省长。潘承锷佯装中风卧床不起，日方后物色了潘承锷留日的同学陈泽民出任伪职。潘承锷经长年卧床装病后，竟肌肉萎缩，无法下床。1949年11月去世。潘承锷曾著有《裁判所构成法》《中国之金融》及译作《国际民商法论》《新译国际私法》等。1918年，潘承锷购得畅园西路院子（今庙堂巷22号），后因去沪，托周瘦鹃转请刘姓照料此园。

苏州光福玄墓山畅园主人潘承锷墓

大阜潘氏东白公支后裔（潘承锷支）后裔世系简表

姓名	排行	生卒年	从事工作领域
潘家本	潘承锷长子	1903—1970	法学
潘家田	潘承锷次子	1906—1962	法学
潘家永	潘承锷三子	1918—1996	医学

潘承锷有三个儿子。长子潘家本，原名家颎，字养涵，又字立本，号复初。上海法政大学法学士。曾在国民政府交通部任职，也曾担任上海工部局技师。1949年后任青海省工业厅工程师。民国公会律师档案记载，潘家本曾在庙堂巷祖宅开办律师事务所。次子潘家田，原名家颋，字南仲，号颂年。交通部南洋大学中学毕业，上海法政大学法学士，美国汉密尔顿学院法科毕业。曾担任过江苏靖江县、江阴县承员，上海法租界法院推事，江苏溧水县县长兼上校司令。三子潘家永，字永言。上海同德医学院医学士。该院由中华德医学会创办，该学会是由同济德文医学堂（今同济大学）毕业学生于1916年在上海成立的校友会性质的团体。潘家永历任上海德国宝隆医院、红十字会第三医院、南市平民医院医师主任，台北市立中兴医院、和平医院儿科主治医师，台北市古亭区卫生所所长等职。潘承锷生前曾将在庙堂巷的房子托付给他的三子潘家永。1959年由市园林管理处接管畅园，1988年起陆续修复而成今貌。游马坡巷2号后、3号也都曾是潘家本的产业，2号内有一处四面厅，现散为民居。

第四节 曹氏家族

歙县曹氏家族是名满姑苏的中医世家，世代行医。曹家原是宋武惠王曹彬的后代，明末清初有歙县庠生曹侍楼，始迁苏，为迁吴始祖。曹氏家族的族人起初热衷科举之路，曹沧洲的两个兄弟就是进士，授翰林院编修。但从曹沧洲的祖父曹云洲那一代开始，曹家在吴中便以行医为业，之后，他的父亲曹承洲以精理内科方脉兼治痈疽等症而众口交誉，名冠吴中。至曹沧洲一代更是医名益隆，门庭若市。

曹维坤，字云洲。江苏吴县（今苏州）人。曹炯子，曹毓俊父。监生。候选知县、内阁中书。家有平远楼，好藏书。精于内科方脉，为吴中名医。编有《叶氏医案存真》。同治十二年（1873）辑成《曹氏平远楼秘方》。著有《吴医方案》。

曹毓俊（1837—1895），字镜孙，号锦涛，医号承洲。江苏吴县（今苏州）人。曹维坤长子，曹楙坚从侄。同治六年（1867）举人。十三年考取国史馆誊录，为候选知县。推举为两宜公所经董。

曹元恒（1849—1931），字智涵，晚号兰雪老人，又号兰叟，医号沧洲。江苏吴县（今苏州）人。曹毓俊长子，吴子深舅。相传慈禧太后有次生病，当时布政使朱之榛拟奏请邓星伯征召为御医。然因宫内陋习甚多，邓氏辞却，朱之榛转荐世医曹沧洲进京。传说曹沧洲未用上好药材，单开了一味草头药，只写了五个大字“萝卜籽三钱”，就治好了慈禧太后的病，由此一举成名。曹沧洲有子三人：长子曹南笙、次子曹黼侯、幼子曹融甫。有侄，孙曹伯镛（早故）、曹鸣高（江苏省中医院任职）、曹仲和（大连医学院任职）、曹君健（在上海，今已退休）等。

曹黼侯，字岳祐，曹沧洲次子。秀才，从父学医。曾任苏州国医学社讲师、吴县国医会研究主任。今瓣莲巷曹沧洲祠的房屋从前便是曹黼侯的故居，后为其子曹鸣高居住。

曹鸣高（1907—1985），江苏苏州人，全国著名中医专家。自幼从其祖父清御医曹沧洲、父亲曹黼侯、伯父曹南笙临证习医，承家学，17岁悬壶。新中国成立后，历任苏州中医门诊所所长、江苏省中医院内科副主任、江苏省中医学校（今南京中医药大学）讲师、南京市中医学院（今南京中医药大学）内科教研室主任、全国中医学院二版统编教材编审委员、国家科委中医中药组成员。曹鸣高从医60余年，临床经验丰富，学术造诣深厚；精通医理，务实求深；临诊治病，慎思详察，辨症确切；遣方用药，简要洗练，尤在肺系疾病和调理脾胃有独到之处。审订《吴门曹氏三代医验集》等。曹鸣高胞弟曹仲和（1910—1990）曾是大连中医医院的主任医师，他的夫人雷传桂则是雷允上家族后人。瓣莲巷6号在曹沧洲祠的西侧，与曹沧洲祠均属于原曹宅的范围，现已规划建设为曹沧洲祠二期。

曹鸣高像

瓣莲巷 6 号曹宅

第五节　吴氏家族

吳縣律師公會會員入會審查表

姓名 吳曾善 別號 慈堪

年 四十四 歲

籍貫 江蘇吳縣

住所 蘇州廟堂巷四十九號

審查通過 第二十五次

介紹者 費廷璜 沈兆九

備 註

吴县律师公会档案：吴曾善（程原津提供）

洞泾吴氏是吴中望族，世代以读书举业为要务。其始祖吴璿原本为沈姓，因入嗣舅氏，别创一支。明清两代洞泾吴氏共有进士8人，举人19人，特别值得一提的是吴氏是苏州状元家族中少数几个获得双状元（吴廷琛、吴钟骏）的家族之一，后代民国大律师吴曾善也曾居住在庙堂巷。随着洞泾吴氏家族在仕途上的顺利发展，吴氏家族逐渐建立了广泛的姻娅和仕宦交游网络，苏州著名世家如长洲彭氏、大阜潘氏、苏州汪氏、云东韩氏等均与洞泾吴氏互通婚姻。洞泾吴氏第八世吴芑（子采公）是比较重要的一支，子采公后人中有状元吴廷琛、律师吴曾善等。那么吴廷琛与吴曾善又是什么关系呢？查阅《洞泾吴氏支谱》，可寻到子采公的两支重要的传承。吴廷琛与吴曾善相隔了三代，吴廷琛的孙子吴郁生是吴曾善的族叔。

洞泾吴氏传玉公支（吴曾善一支）世系简表

姓名	字	号	辈分	备注
吴永锡（1651—1721）	传玉	端斋	洞泾吴氏第九世	吴芑三子，岁贡生
吴麟瑞（1699—1752）		振公	洞泾吴氏第十世	吴永锡子，太学生
吴鹏（1724—1796）	德求	梅溪	洞泾吴氏第十一世	吴麟瑞长子，廪贡生
吴文焕（1748—1822）	丽亭	贮云	洞泾吴氏第十二世	吴鹏次子，庠生，安徽定远县教谕，敕授修职郎
吴臻祺（1778—1840）		荫萱	洞泾吴氏第十三世	吴文焕次子，嘉庆甲子（1804）举人
吴复曾（1813—1846）		礼甫	洞泾吴氏第十四世	吴臻祺次子，以子振宗官敕赠修职郎
吴振宗（1841—1893）	达夫	莲生	洞泾吴氏第十五世	吴复曾子，附贡生，上元县学训导（五品衔）、授奉政大夫，晋封中宪大夫
吴曾善（1890—1966）	慈堪	小钝	洞泾吴氏第十六世	吴振宗子，兼祧吴慰宗、吴慰昌嗣。律师

吴曾善，字慈堪，号小钝。洞泾吴氏第十六世，江苏吴县（今苏州）人。吴振宗子，兼祧吴慰宗、吴慰昌嗣。吴郁生族侄，谢家福婿，朱孝臧弟子。上海神州法律学堂毕业。历任地方民庭推事官、江苏第二监狱分监长、吴县律师公会会长，曾担任“七君子事件”辩护人。

洞泾吴氏旋玉公支（吴郁生、吴曾志一支）世系简表

姓名	字	号	字辈	备注
吴澋（1656—1691）		旋玉	洞泾吴氏第九世	吴芑四子，庠生
吴仁昭（1678—1721）		惇献	洞泾吴氏第十世	吴澋次子，杭州府岁贡生，赠通议大夫
吴士楷（1707—1760）		迈曾	洞泾吴氏第十一世	吴仁昭次子，太学生，赠通议大夫，后晋荣禄大夫
吴文煃（1742—1776）		聚蠪	洞泾吴氏第十二世	吴士楷次子，太学生赠通议大夫，后晋光禄大夫
吴廷琛（1773—1844）	震南	棣华	洞泾吴氏第十三世	吴文煃四子，嘉庆戊辰（1808）科状元
吴毓滋（1827—1881）	树斋	润之	洞泾吴氏十四世	吴廷琛七子，贡生，员外郎诰授奉政大夫
吴郁生（1854—1940）	蔚若	钝斋	洞泾吴氏十五世	吴毓滋长子。清代进士，光绪三年（1877）翰林，曾为内阁学士兼礼部侍郎衔、四川督学等职，后曾出任邮传部尚书、军机大臣
吴曾志（1886—？）	刚甫		洞泾吴氏十六世	吴郁生长子

吴廷琛，字震南，号棣华。洞泾吴氏十三世，系出洞泾吴氏子采公四房旋玉公，吴文煃四子，吴士楷之孙。嘉庆七年（1802）会元、嘉庆戊辰科状元。授翰林院编修。九年，典试湖南，任提督学政。吴廷琛原配康氏，在与吴廷琛婚后两年病故，无嗣。后续娶陶氏及妾室李氏、赵氏。吴廷琛与赵氏生有一子，名毓滋。吴廷琛四世同堂，有孙子十八人，曾孙二人。

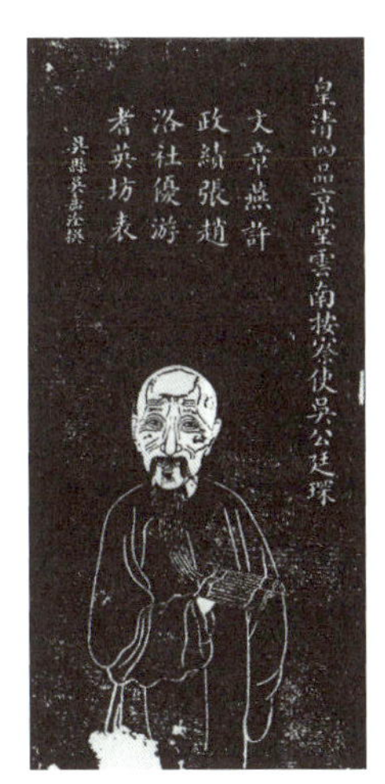

吴廷琛像

第六节 雷氏家族

雷大升

坊间流传着这么一句话："北有同仁堂，南有雷允上。"雷氏祖上居江西南昌，明初有雷唐（尚虞）在常熟出任"掌文教"一职，其父雷云轩后随子来苏，遂为南昌雷氏迁苏始祖，此后雷氏家族多有从外地迁吴者。雷唐的儿子雷羽中（凤霄）是明代成化年间的进士，曾出任河南彰德府知府。雷羽中的儿子雷祖泽（维康）则在当时无锡县梅李乡之秦村居住，后又迁居到了苏州。雷氏的九世孙雷大升，就是雷允上的创始人。雷大升的父亲雷嗣源（启阳）是拔贡生，曾官居内阁中书军机章京。由此可见，雷大升出身于一个官宦人家。雷大升（1696—1779），字允上，号南山，原籍江西丰城，随父内阁中书雷嗣源迁苏定居，遂为吴县人氏，雷氏族谱中尊称其为"南山公"，世人多称其字，即雷允上。清康熙五十四年（1715），雷大升弃儒从医。清雍正十二年（1734），为行医就诊，时年38岁的雷大升在苏州阊门内专诸巷天库前周王庙弄口开设了"诵芬堂"药铺。清乾隆元年（1736），"举鸿儒不就隐于医，遇贫者与之药，尤精于修合丸散膏丹，为时所重"。雷大升曾著有《金匮辨正》《经病方论》《要症论略》《丹丸方论》等书，惜多已失传。雷允上有四子，即楷、椿、桂、兰。后来雷氏家族中又分出了礼、耕、绮、蕉、松五房。清咸丰年间，雷允上药铺毁于战火，为躲避战乱，雷允上的曾孙绮三房雷子纯（1827—1864）和松五房雷骏声带领族人先后迁至上海。清咸丰十年（1860），雷家在上海兴圣街口（今人民路永胜路口）分设雷允上诵芬堂药铺，也称申号。后来苏州雷氏他房族人也因战乱迁沪。雷子纯后得一昆山顾姓老人赠予他的祖传"六神丸"药方，因疗效灵验而一炮打响，使诵芬堂药铺走出困境。此后六神丸更是声名远播。为答谢顾姓老人的赠方恩泽，雷氏族人中的一个女儿嫁给了老人的外甥、曾任教育局局长的彭嘉滋，两家结为亲家，被传为一段佳话。同治六年（1867），雷允上在苏州被改为胶厂和栈房的西中市天库前原址上恢复老店经营。清光绪三年（1877），苏州雷允上按前店后场的模式设立加工厂，并逐步扩大规模。雷子纯后将产业交到儿子雷滋蕃手中。雷滋蕃曾开了一家名为“雷桐君堂”的药铺，由雷滋蕃的妻女在苏州老家手工制作六神丸后带到上海销售，“雷滋蕃牌六神丸”远销东南亚各国。雷滋蕃带领雷氏家族先后在上海黄浦、静安、虹口三区分设了南号、西号和北号药铺。后来，面对巨利，雷氏家族各房产生利益纠纷，而雷滋蕃坚称“雷滋蕃牌六神丸”系外来处方，并非雷氏祖传，并出资现大洋一万块一次性买断“六神丸”的生产经营权，并规定从此苏州雷允上每销“雷滋蕃牌六神丸”一料（相当现在100粒装的200瓶），提取“规银”即98成银子3两作为专利费归绮三房独得，其他各房无权分享，并立笔据由各房至亲监证为凭。专利权被买断后，“雷滋蕃牌六神丸”商标随即取消，改名“六神丸”。供货渠道改变后，“雷桐君堂”亦关闭，从此六神丸成为申号所属的专利产品。雷滋蕃之后，由雷家五房族人推选，毕业于法政大学的雷学嘉（徵明）出任苏州雷允上（老店）经理，雷学乐（显之）则出任申号（上海民国路、天圣街等分店）经理。1934年，为拓展业务，雷学乐征得五房族人同意，在天后宫对面（今上海河南北路30号）收购了铁大桥庆余堂药店，开设“雷诵芬堂北号”（简称北号），同时将申号改称为“南号”。雷学嘉则执掌苏州雷允上长达23年（1927—1950）。雷显之毕业于上海大同大学英文系，后曾在在苏州农业专科学校（今苏州农业职业技术学院）、苏州女子职业学校任英文教师。雷允上的

民国时期雷允上广告

南号在雷显之的悉心经营下盛极一时。雷显之于1935年前后在庙堂巷8号建造雷氏别墅花园。该处原址为陆包山祠，祀明代吴门画派晚期代表人物陆治（1496—1576）。雷氏兄弟曾合著《雷允上诵芬堂丸散饮片全集》，并于1938年出版，在数年间即再版四次。雷允上的九世孙中有苏州海外联谊会的名誉会长、澳门苏浙沪同乡会常务副理事长、政协苏州市委员会委员雷家鳌。雷家鳌祖籍江苏苏州，生于上海，对苏州有很深的童年记忆。20世纪80年代，雷家鳌移居澳门，从事自来水研究和处理。2008年，雷允上六神丸制作技艺被列入第二批国家级非物质遗产名录。

雷显之像

第七节　洪氏家族

状元洪钧出自安徽桂林洪氏家族。洪氏本姓弘，黄帝轩辕之后裔，系新安洪氏经纶公后裔分支。桂林洪氏一世祖纲公，迁居歙东桂林村，始为桂林洪氏始祖。桂林洪氏是远近闻名的名门大族，从明成化年到清宣统年的近500年间，桂林洪氏共计出了14位进士，9位举人，14位进士中有10位在明代，4位在清代。清代的进士分别为康熙辛未年（1691）进士洪奇、清雍正癸卯年（1723）进士洪肇楙、清乾隆辛巳年（1761）进士洪锡璋及清同治七年（1868）戊辰科殿试一甲进士第一名的洪钧。洪钧的祖辈也都是读书人，详见下表。洪钧的父亲洪坦一支从徽州迁吴，其祖父曾被敕封为登仕郎、晋赠承德郎、翰林院修撰加一级。洪坦共有四个儿子：洪忠侃、洪忠信、洪钧、洪忠伟。洪钧的母亲是潘奕乾的女儿，母舅则是潘世黼。

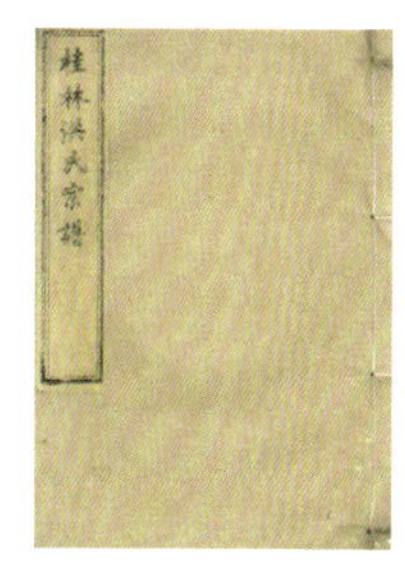

《桂林洪氏宗谱》书影

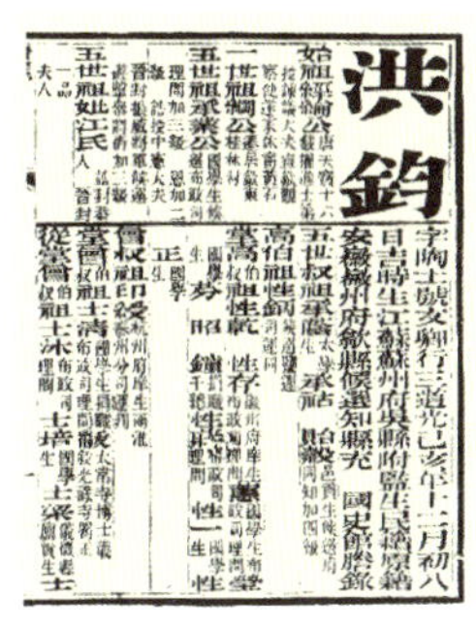

洪鈞

清同治七年状元洪钧朱卷

桂林洪氏（洪钧支）世系简表

姓名	生卒年	字号	辈分	排行	备注
洪性理	1734—1792	字求达，号“易门国学生”	桂林洪氏二十二世		游击参将衔，诰授振威将军、通议大夫
洪士澍	1757—1797	字雨和	桂林洪氏二十三世	洪性理独子	国学生，候选盐运司，授中议大夫
洪启立	不详	字佑昆	桂林洪氏二十四世	洪士澍次子	国学生，敕赠承德郎、翰林院修撰
洪坦	1813—1853	字近岩	桂林洪氏二十五世	洪启立次子	
洪钧	1840—1893	字陶士，号文卿	桂林洪氏二十六世	洪坦三子	

综合世系谱，洪钧系新安洪氏始祖经伦公四十一世孙，叶村洪氏始祖鋐公三十四世孙，桂林洪氏始祖纲公二十六世孙。

第八节 查氏家族

震山查氏又称泾川查氏，开基祖为唐高祖李渊时期的广东南岩刺史查伟。致仕回乡后，查伟举家迁徙到震山九都查村（今安徽省泾县查济古村）定居。清同治年间，该支偕二公（震山查氏一甲[1]始祖）支树滋堂后代查承恩迁苏，其后裔现在仍居苏州剪金桥巷。

震山（泾川）查氏（查承恩支）后裔世系简表

姓名	字	号	辈分	备注
查承恩	继之	西铭、云亭	震山查氏统宗八十二世	举人
查风声	翰丞		震山查氏统宗八十三世	副贡
查富琦			震山查氏统宗八十四世	华东师范大学毕业
查嘉麟			震山查氏统宗八十五世	

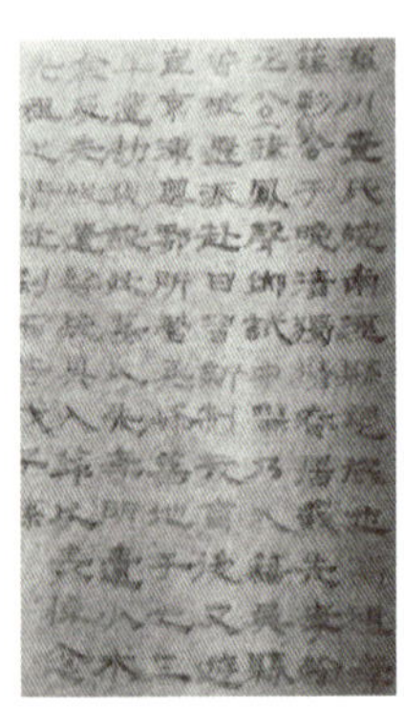

查氏迁苏的记载

查承恩（1835—？），字继之，号西铭，又号云亭。安徽泾县人，震山查氏统宗八十二世。清同治九年（1870）科乡试中第二名举人，附生，花翎运同衔，授补用同知，直隶州知州。清末携家眷迁徙至江苏苏州居住。在苏州居住期间，查承恩为宁国府宣州会馆绅董。

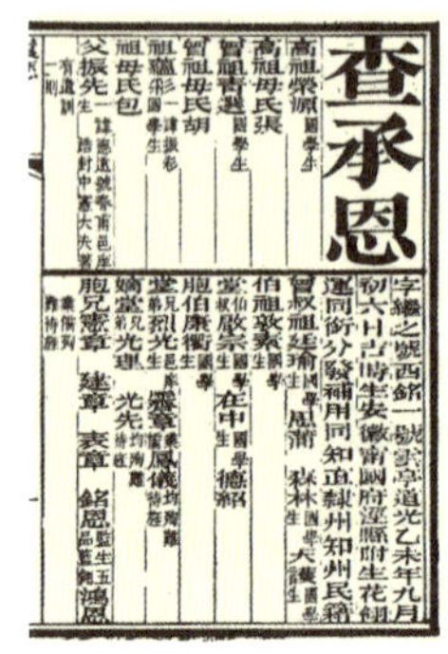
查承恩

查承恩乡试朱卷

查风声（1877—1940），字翰丞。江苏苏州人，查承恩子。光绪二十一年（1895）被选为吴县县学生员（即秀才），光绪

1. 震山查氏自中兴始祖宗十公（查郁，又名若棠）振兴家族伊始，分为一甲、二甲、四甲、八甲、九甲五个分支。其次子查偕二（偕二公）为震山查氏一甲始祖。

查凤声（前右二）与家人在苏州的合影

二十九年江南乡试癸卯科副榜贡。作为吴县公派生进入日本弘文学院师范科学习。光绪三十年留学归国后，先后出任长元吴学务公所议董，以直隶州州判衔充直隶署文案，直隶调查局统计科副科长，度支部七品主事，两广盐政公所副监督。1912年任财政部主事、财政部印花税处总处长。1915年，任署理运销一厅科长。1916年，为财政部印花税处科长。1923年，升任财政部印花税处总处长。1933年，任河北财政特派课长。1938年任财政部鄂豫区统税局课长。

查凤声

查富琦（1916—1991），江苏苏州人。查凤声子，华东师范大学毕业。曾求学于大夏中学、之江文理学院、华东师范大学。在华东师范大学求学期间，他就积极参加抗日救国活动，协助校长王伯群筹备“为抗战将士发起劝募寒衣运动”，为支持抗日战争做出了积极的贡献。查富琦还是苏州一位知名的京剧票友，1953年，他组建苏州群力业余京剧研究会，并出任会长。

查富琦

查富準（1919—1995），江苏苏州人。查嘉麟叔父，西南联大（抗战时，北京大学、清华大学和南开大学西迁至云南昆明时的联合组成的学校）毕业，后旅居加拿大，曾任美国友邦（远东）保险有限公司副总经理。

查嘉麟，1943年生，江苏苏州人。查富琦子，震山查氏统宗八十五世。他热心于查氏家族文化事业，热心追溯源流，积极参加苏州宗亲联谊暨公益活动。支持《震山查氏统谱》纂修并为之做出较大的奉献。他不顾年高体弱（腿脚不便），前往祖籍地安徽泾县查济村寻根问祖，探讨研究查氏文化。他亦不遗余力维护苏州剪金桥巷的祖宅查宅，发起道前社区“常回家看看”微信群，聚集了曾经居住在32号街坊的老居民，让剪金桥巷查宅成为不仅是苏州查氏宗亲会的活动基地，也是32号街坊老居民常回家看看、共叙故园情的地方。

查炜琮，1972年生，江苏苏州人，查嘉麟子。苏州新时代文体会展集团副总裁，苏州国际博览中心管理有限公司总经理。他在教育系统工作16年，曾担任苏州两所名校（星海学校、苏州大学附属中学）副校长。2012年底，苏州科技文化艺术中心和苏州国际博览中心合并，查炜琮任苏州文化博览中心副总裁和苏州金鸡湖国际会议中心总经理。

查玥，1998年生，江苏苏州人，查嘉麟孙女。2015年从苏州中学毕业，以优异成绩考入浙江大学竺可桢学院，在校任竺可桢学院学生会主席，为国家奖学金获得者。2009年考入上海交大高级金融班就读研究生，后以优异的成绩考入苏州市财政局。

剪金桥巷50号查家老宅门前的枇杷树

第九节　杨氏家族

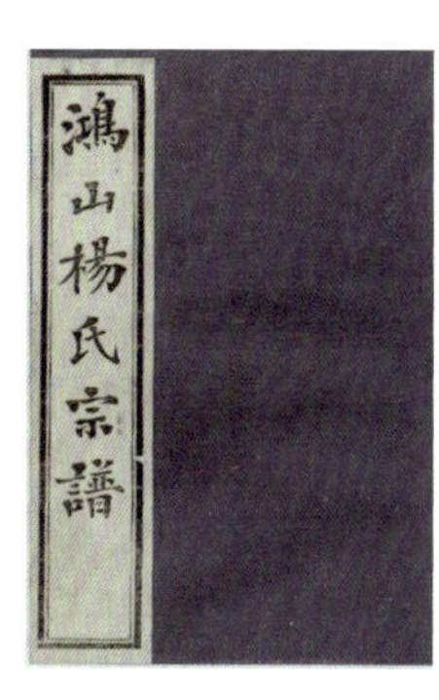

《鸿山杨氏宗谱》书影

说起杨绛的父辈，人们自然会提起无锡的名门望族——鸿山杨氏家族。鸿山房先祖们于南宋初开始，从福建将乐杨时故里数次迁徙，最终到达杭州钱塘，杨时的后裔后来迁到了无锡。鸿山杨氏后人杨英（1617—1682），字文叔，邑庠生，曾被封为儒林郎。其自北乡寺头迁城北门下塘，聚族而居，成为鸿山杨氏第十九世新二派寺头分城支始祖，而杨绛的祖父杨志泳就是杨英的后人。杨志泳（1850—1903），鸿山杨氏第二十七世，曾获得太学生的身份并候补府经历。太学即国子监的俗称，而太学生则是生员中最高的一级，拥有在国子监读书的资格。府经历则是知府的属官，主管出纳文书事，又称府经厅。此外，杨志泳还署理浙江武康县县丞。杨志泳的次子杨荫杭（1878—1945）留学日本和美国，接受了新式教育。

鸿山杨氏新二派寺头分城支世系简表

姓名	辈分	备注
杨英	鸿山杨氏第十九世新二派寺头分城支始祖	邑庠生、儒林郎
杨绍雍	杨英长子，鸿山杨氏第二十世	附监生、儒林郎
杨铭朱	杨绍雍四子，鸿山杨氏第二十一世	国学生、儒林郎、候选州同
杨德冲	杨铭朱次子，鸿山杨氏第二十二世	太学生、候选州同
杨廷业	杨德冲六子，鸿山杨氏第二十三世	太学生、赠中宪大夫
杨嗣烈	杨廷业次子，鸿山杨氏第二十四世	太学生、赠奉政大夫
杨云璈	杨嗣烈次子，鸿山杨氏第二十五世	附监生、赠奉政大夫
杨鉴	杨云璈长子，鸿山杨氏第二十六世	附贡生，蓝翎五品衔， 浙江鲍郎（浙江海盐）清泉场盐大使
杨志泳	杨鉴独子，鸿山杨氏第二十七世	太学生，浙江候补府经历， 历署武康县县丞

续表

姓名	辈分	备注
杨荫杭	杨志泳次子，鸿山杨氏第二十八世	日本早稻田大学法学士、美国宾夕法尼亚大学法学硕士

杨志泳的子女（鸿山杨氏第二十八世）简表

姓名	字	关系	排行	备注
杨荫枰		杨志泳长女，出嫁不久即因患肺病去世	行一	
杨荫桓（1875—1901）	字锡筹	杨志泳长子，湖北武备学堂毕业，因试炮失事而死	行二	嗣杨锡畴为孙
杨荫杭	字补塘	杨志泳次子，日本早稻田大学法学士、美国宾夕法尼亚大学法学硕士	行三	
杨荫枌	小名枌官	杨志泳次女	行四	杨荫杭的二妹，嫁无锡裘剑岑，房产旧档显示，杨荫枌曾有一处房产在富郎中巷6号，另一处在富郎中巷20号
杨荫榆（1884—1938）	小名申官	杨志泳三女。日本东京高等师范学校毕业，美国哥伦比亚大学教育学硕士，北京女子高等师范学校校长	行五	杨荫杭的三妹
杨荫樾（1889—1921）	字子季	杨志泳三子，南洋公学毕业，美国威斯康星大学商业经济科硕士，江苏省公署统计科科长，江苏审计处科长	行六	子杨重康

杨荫杭，字补塘，又名虎头，笔名老圃。江苏无锡人。民国时期知名律师和法政学家。清光绪四年（1878）出生于书香家庭，光绪二十年考入天津中西学堂（北洋西学堂）法科。光绪二十三年，学堂因伙食问题爆发学潮，遂将带头闹事者一律开除。据杨绛说，当时杨荫杭并未参与，但是在学校当局追查时，他因为看不惯那些事前慷慨激昂、事后畏葸不前的人，便挺身而出主动承担了责任，故被开除学籍。光绪二十四年，转入南洋公学，次年以南洋公学的官费留学生身份赴日本留学，组建励志会，参加译书汇编社。1900年，与杨廷栋、雷奋等人创办了《译书汇编》。1902年，日本东京专门学校（今早稻田大学）本科毕业。1907年7月，获日本早稻田大学法学士学位。回乡后与同学在无锡创办理化研究会。后赴美留学，1910年获宾夕法尼亚大学法学

司法總長許世英呈稱署江蘇高等檢察廳檢察長吳縣地方檢察廳檢察官錢崇威呈請准免署缺應照准此令
任命楊蔭杭署江蘇高等審判廳長陳福民署江蘇高等檢察廳檢察長此令

杨荫杭署江苏高等审判厅长的公告

硕士学位。次年，回国在北京法政学校授课。1911年辛亥革命后，经张謇推荐，署江苏高等审判厅厅长。1916年被任命为京师高等检察厅检察长。杨荫杭主张司法独立，1917年5月调查津浦铁路管理局租车购车舞弊案时，曾传讯交通总长许世英，轰动一时。1919年辞职回无锡老家，并患伤寒。1920年病愈之后移居上海，任《申报》副总编兼主笔。1923年迁居苏州，成为开业律师和自由评论家，并买下了明代高官徐如珂的"一文厅"定居下来。1937年迁居上海法租界，在上海震旦女子文理学院、上海私立大同大学教书。晚年创作音韵学专著《诗骚体韵》，然该著作未能流传。1945年，杨荫杭在苏州中风去世。

杨荫杭夫妇共生育了二子六女，即在杨绛诞生之前，杨家已有三女，在杨绛之后，杨荫杭夫妇又生了二子二女。思想开明的杨荫杭从来没有古代社会男尊女卑的观念，一律将他们送入了学堂接受新式教育。

杨荫杭的子女简表

姓名	关系	排行	备注
杨寿康（1899—1995）	长女	行一	长杨绛十二岁
杨同康（1903—？）	次女	行二	
杨闰康（1906—1994）	三女	行三	适何德奎
杨季康（1911—2016）	四女	行四	即杨绛
杨宝昌（1912—1930）	长子	行五	
杨宝俶（1914—2011）	次子	行六	别名杨保俶
杨桼（1916—1982）	五女	行七	谱名七宝，适孙令衔
杨必（1922—1968）	六女	行八	

杨寿康，杨荫杭长女，长杨绛十二岁，曾受教于启明女子中学、震旦女子文理学院、东吴大学，并曾在欧洲进修。

杨同康，杨荫杭次女，生于1903年，早卒。约1918年前去世。

杨闰康，杨荫杭三女，生于1906年，嫁给了曾任上海市副市长的何德奎。

杨绛、钱锺书订婚照（摄于苏州庙堂巷杨宅）
前坐者左至右为杨荫杭、唐须荌夫妇

杨必，杨荫杭六女，排行老八，小名阿必。翻译家。民国三十六年（1947）房产信息登记显示杨必为门牌号当时登记为“庙堂巷七十一号”的户主。1965年8月24日的《苏州市公管房屋登记表》上显示此房户主依旧是杨必，但门牌号历经变更，已改为“庙堂巷16号”。

1927年，何德奎、杨闰康订婚照
中间何德奎（左五）、杨闰康（左六），左三为何炳松，左四为杨荫杭，右一为杨绛，右三为杨荫榆

▲婚禮誌　上海光華大學商科主任何德奎君、與楊閏康女士、定於本月十六日、在蘇州胥門內廟堂巷六十五號行結婚禮、請張仲仁君證婚、何君字中流、初畢業於北京大學、民國六年以第一名官費生赴美留學、畢業於威士康辛及哈佛大學、得有商科碩士學位、並曾任太平洋會議中國留美學生代表、現除任光華商科主任外、並兼任大同大學教授、楊女士爲前北京高等檢察廳廳長楊蔭杭君之女公子、上海啓明女學及蘇州振華女學高材生、才華旣富、貌尤秀麗云、

何德奎与杨闰康在庙堂巷杨宅举行婚礼的喜报（《申报》1927年5月13日第16版）

杨荫榆，女，小名申官。出生于无锡城北门长安桥。中国近代史上第一位女大学校长。光绪二十九年（1903）在其兄杨荫杭创办的开男女同校风气之先的锡金公学就读，学习近代数理知识。后至苏州景海女子师范学校读书两年左右，又转上海务本女塾读书，直至毕业。光绪三十三年江宁学务公所录取她官费留学日本，先后在青山学院女子短期大学、东京女子高等师范学校（理化博物科）学习。宣统三年（1911）毕业回国。1913年，任江苏省立第二女子师范学校教务主任。翌年任北京女子师范学校学监。1918年，教育部首次选派教授赴欧美留学，她应选入美国哥伦比亚大学攻读教育专业，1922年获硕士学位后回国。1924年，任北京女子高等师范学校校长。同年，因压制女高师学潮，开除进步学生许广平、刘和珍等，受到校内师生和外界的谴责，8月被免职。1924年冬回到苏州。后至苏州女子师范任教，并在东吴大学、苏州中学兼教外语。1935年在娄门创办二乐女子学术研究社，任社长。1937年，日军侵占苏州，她目睹日军种种暴行，数度到日军司令部提出抗议。1938年1月1日，两名日军士兵诡称司令部传见，将她诱至桥上，枪击并抛入河中，复击数枪。杨荫榆惨死河中，终年54岁。次年安葬于苏州灵岩山绣谷公墓。

第十节　唐氏家族

《毗陵唐氏家谱》书影　唐须嫈和女儿杨绛

唐须嫈（1878—1937），无锡严家桥人，杨荫杭妻，杨绛之母，系出当地望族毗陵唐氏无锡东门支。清康熙年间，毗陵唐氏第十一世中的唐宇镳支偕兄唐宇镛从武进迁徙至无锡东门定居，繁衍生息，谱称“无锡东门支”。唐须嫈的曾祖父唐懋勋（1800—1873），号景溪，唐氏子孙后辈尊称其为景溪公。唐懋勋善于经商，曾在无锡严家桥集镇中心的双板桥开设了一家“春源布庄”，生意红火。唐家后来购置了大量土地，建造了屯粮的唐家仓库，还造了唐家码头，成为无锡东北乡的首富。后来，唐家的产业进一步扩大，相继创设了“同济典当”“德仁兴茧行”“同兴木行”等产业。

毗陵唐氏无锡东门支（景溪公二房支涉及唐须嫈的支脉）世系简表

姓名	字号	关系	辈分
唐宇镳（1642—1724）	字宫候		毗陵唐氏第十一世、无锡东门支始祖
唐士舜（1662—1723）	字孟明	唐宇镳长子	毗陵唐氏第十二世
唐锦章（1710—1786）		唐士舜次子	毗陵唐氏第十三世
唐阳和（1739—1796）	字蕙均	唐锦章长子	毗陵唐氏第十四世
唐应皋（1773—1826）		唐阳和长子	毗陵唐氏第十五世
唐懋勋（1800—1873）	字景溪	唐应皋次子	毗陵唐氏第十六世
唐俊培（1826—1903）	字履卿	唐懋勋次子	毗陵唐氏第十七世
唐保镇（1853—1927）	字守明	唐俊培次子	毗陵唐氏第十八世
唐须嫈（1878—1937）		唐保镇次女，杨绛生母	毗陵唐氏第十九世

第十一节　沈氏家族

辛亥革命元老沈瓞民出自钱塘沈氏家族，沈氏于五代吴越时由武康迁居杭州。钱塘始祖沈珍，明中期人。乾隆《杭州府志》：“珍公‘以子锐赠按察使佥事’。”沈珍有子沈锐，刑部侍郎，是沈瓞民的先祖。钱塘沈氏家族中还出过山东道监察御史、曾校录《大清一统志》的沈廷芳（1702—1772，字畹叔，号椒园）等名人。沈瓞民的父亲叫沈竹礽（1849—1906），原名沈绍勋，字莲生，号竹礽，清浙江钱塘（今杭州）人。堪舆学家，系玄空风水学的重要人物。沈氏穷一生精力，苦心研究历来视之若秘之玄空风水学，更不吝传授与后人，是近代风水学研究者影响最大的人物之一。

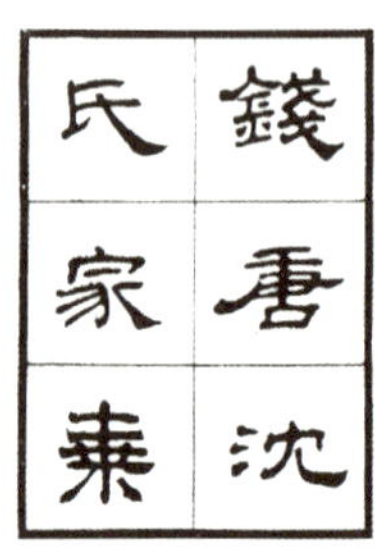

《钱塘沈氏家乘》书影　沈竹礽像

钱塘沈氏（珍公至沈瓞民一支）世系简表

姓名	字	号	初名	辈分	排行	备注
沈珍				钱塘沈氏始祖		谱称“珍公”
沈锐	文进	省斋		钱塘沈氏第二世		刑部侍郎
沈仪	懋德	雨湖		钱塘沈氏第三世	行一	
沈恩卿				钱塘沈氏第四世	独子	
沈瑞临	梦锡 孟锡		瑞麟	钱塘沈氏第五世	独子	
沈焜				钱塘沈氏第六世	独子	
沈从云				钱塘沈氏第七世	独子	
沈尧年	介眉			钱塘沈氏第八世	行一	
沈顺天	理堂			钱塘沈氏第九世	独子	
沈贻谋			怀义	钱塘沈氏第十世	行二	

续表

姓名	字	号	初名	辈分	排行	备注
沈光炜				钱塘沈氏第十一世	行三	
沈观准(1812—1851)	竹坪			钱塘沈氏第十二世	行六	
沈绍勋	莲生	竹礽		钱塘沈氏第十三世	行二	
沈祖绵	念尔	瓞民	祖荫	钱塘沈氏第十四世	行一	嗣沈绍麟之后

《钱塘沈氏家乘·沈绍勋支资料集(初稿)》载,沈瓞民有两位夫人,原配孙琳(1884—1974),上海浦东三林塘人。经爱国主义民主人士黄炎培先生介绍,与沈瓞民完婚,生有子女十一人,存八人,即长女延平、长子延国、二子延宁、三子延发、四子延履、五子延尧、六子延成、七子延羲(叶夫)。续弦顾瑛(1907—1992),苏州唯亭顾家后人,父母以织布为业,居住于苏州仓街。生有一女二子,即女沈延富(沈蔚),子沈延政、沈延春。

钱塘沈氏（沈瓞民支）后裔世系简表

姓名	字	号	初名	辈分	排行	男丁排行
沈延平				钱塘沈氏第十五世	长女	
沈延邦	焕华	子元	延国	钱塘沈氏第十五世	长子	行一
沈延宁	镇波	子明		钱塘沈氏第十五世	次子	行二
沈延发	心武	子周		钱塘沈氏第十五世	三子	行三
沈延履	崇德	子愈[1]		钱塘沈氏第十五世	四子	行四
沈延尧				钱塘沈氏第十五世	五子	行五
沈延成		子洋		钱塘沈氏第十五世	六子	行六
沈延羲		子复		钱塘沈氏第十五世	七子	行七
沈延富				钱塘沈氏第十五世	次女	
沈延政				钱塘沈氏第十五世	八子	行八
沈延春		子青		钱塘沈氏第十五世	幼子	行九

1.《钱塘沈氏家乘》旧谱沈延履号子商有误,《钱塘沈氏家乘·沈绍勋支资料集(初稿)》纠正,应为子愈。

第十二节 舒氏家族

著名电影表演艺术家舒适（谱名舒昌格）出自慈溪庄桥舒氏家族，庄桥舒氏的堂号为试墨堂。1928年舒氏族人舒厚璲纂修慈溪《庄桥舒氏宗谱》时因谱牒失传，自始迁祖至第十二世之名及事迹皆不可知，何时分派亦无考。相传舒氏迁自奉化，后分出东、西、南、北四房。唐朝安史之乱和黄巢起义后北房舒氏大量南迁。到了两宋时期，舒氏已播迁繁衍于今浙江之东阳、慈溪、奉化、宁海，安徽之旌德，江西之吉安、靖安等地。我国著名电影表演艺术家、演员、导演舒适是庄桥舒氏四房的后代。

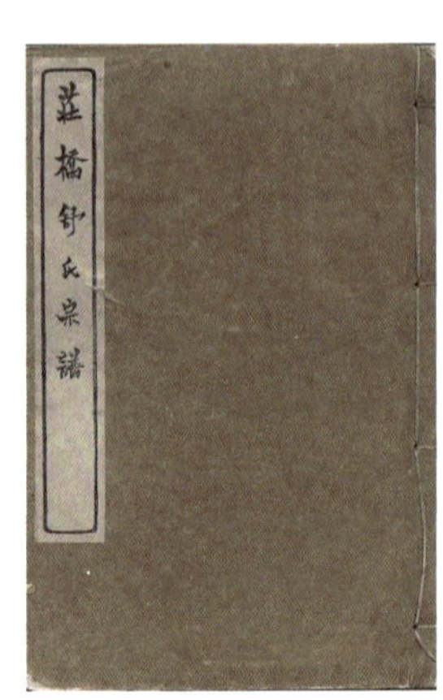

《庄桥舒氏宗谱》

庄桥舒氏北房支四房（舒文祥至舒昌格一支）世系简表

姓名	排行	辈分	备注
舒文祥		第十八世	庄桥舒氏北房支始祖
舒元和	舒文祥长子	第十九世	
舒恺福	舒元和次子	第二十世	
舒高第	舒恺福次子	第二十一世	
舒厚德	舒高第四子	第二十二世	
舒昌格（即舒适）	舒厚德三子	第二十三世	

舒高第（1844—1919），字德卿。出生于浙江慈溪庄桥（今属宁波市江北区庄桥街道）舒家。舒家到了这一代已经家道中落，以务农为生。舒高第自幼就读于当地免费的美国教会学校，1859年跟从该校老师赴美深造，学习医学，1867年毕业。1873年获得神学博士学位。回到上海后，在李鸿章创办的兵工厂担任技师和医师，后应上海同文

舒高第

馆总办李兴锐之聘，于1877年到江南制造局翻译馆任口译员，在此后的34年间共翻译中西方的科技著作23种，其中21种由该馆出版，涉及21种兵学著作，由此可见舒高第对当时西方军事科技的关注，他试图通过引入这类先进知识，在军事管理、军事装备、行军实战、军事教育等各个方面壮大晚清的军事力量。舒高第对早期中国外文、外交人才的培养也做出了很大的贡献。

舒厚德（1885—1949），字石父，后以字行。清末第一批留日学生，1898年11月和吴锡永、陈其采、许葆英，被浙江巡抚刘树棠派选派赴日留学，入成城学校、日本陆军士官学校中华队第一期步兵科，1902年3月毕业回国。1911年后任沪军第一师第二旅旅长，后改番号第二十三师第一旅，仍任旅长。1912年11月1日授陆军少将，任总统府军事咨议、军事顾问，后任中国银行西安、太原、厦门分行经理。1928年任南京市民银行副行长，同年11月8日任国民政府参军处参军。1929年1月兼任（孙中山）奉安委员会总务组副主任，3月11日兼任第二编遣区办事处委员，7月18日兼任国民政府参军处总务局局长。1931年12月15日调任江苏省政府委员兼任财政厅厅长。舒厚德从小受其父的影响，热爱京剧和书画，与梅兰芳先生交情深厚。舒厚德六子舒昌言曾提及：“一·二八淞沪抗战，父亲要求全家尽一切人力财力支持吴淞的十九路军。当时全家出动，救护伤兵用去大量钱财。八一三第二次淞沪抗战，更是惨烈，全家倾巢而出，办了难民收容所，家产消耗殆尽，最后连位于上海虹口西江湾路的家园也被日军侵占。”舒厚德有六个儿子。长子舒昌樾（早夭）。次子是舒昌楣，字辰生，号馨安。三子舒适（昌格），字京生，号了尘。四子舒昌权，字财生，五子舒昌桢（早夭）。六子舒昌言。

《庄桥舒氏宗谱》中的舒适（昌格）

舒适（1916—2015），原名舒昌格，浙江慈溪人。中国著名电影表演艺术家、演员、导演。1938年后任青鸟剧社、上海大同摄影场、金星影片公司演员和编导。1952年后任上海电影制片厂演员、导演，中国电影家协会第三、四届理事。

慕容婉儿（1920—1970），舒适夫人，本名钱欣珍，出生于上海。中国著名女演员、译制片翻译。1939年毕业于上海裨文女子中学（今上海市黄浦学校），后参加进步的上海剧艺社，又先后加入上海国华、金星、民华等影片公司，在《孔夫子》《花溅泪》《孤岛春秋》《西厢记》《地老天荒》《惜分飞》《故城风云》和《艺海春秋》等影片中扮演主要或重要角色。1942年，与舒适结为夫妇。1953年入上海电影制片厂翻译片组，后又转入上海电影译制厂任翻译。先后单独翻译或与人合译了德国、英国、法国、印度、西班牙、阿根廷、墨西哥、希腊、芬兰、匈牙利等十多个国家的近三十部影片的剧本。

舒适、慕容婉儿夫妇

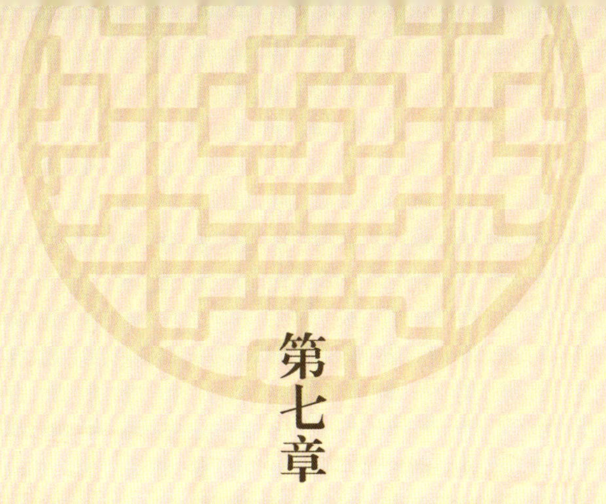

第七章　口述忆往

“口述忆往”这一章，主要是讲述32号街坊老居民眼中的故事。2023年，工作人员相继走访了32号街坊的各户人家，在走访过程中采写了一些居民的口述资料，得到了一部分街坊老居民的支持，特别感谢辛亥革命元老沈瓞民的后人沈延春先生、大阜潘氏后裔潘令仪女士、泾川震山查氏士绅查凤声后人查嘉麟先生、瓣莲巷骆卫忠先生的鼎力支持。潘女士年逾八旬，依旧对盛家浜的往事记忆犹新，还在口述之后亲自撰写回忆文字，提供材料，足见32号街坊老居民对故园的情深。对于未提供姓名的受访者，本书只记录姓氏。

2023年5月8日沧浪街道道前社区组织32号街坊老居民在剪金桥巷查宅举行首次“常回家看看”聚会活动

第一节　剪金桥巷

自述人：查嘉麟　剪金桥巷查宅第四代宅主

采录地点：剪金桥巷查宅咖啡厅　采录时间：2023年6月26日

剪金桥巷查宅今貌

从前的剪金桥巷是个生活气息浓厚的场所，没有特别的商业业态，比较有名的是柴业和壅业，剪金桥巷沿学士河的人家多从事这两个行当，以此为生。我们查家迁居到苏州后，在同治年间买下了现庙堂巷口（庙堂巷57号）的房子，后来又从庙堂巷扩大到盛家浜，房产连着有三块。庙堂巷口的房子后来卖给了苏纶纱厂老工人陈洪高。剪金桥巷50号原来也是我们查家买下的房子，后来又卖掉了，现由徐姓居住。我们查家老宅的朝向是由西向东，依次是剪金桥巷53号的花厅（书房）、大厅和轿厅，原与50号是相通的。原有清水砖墙门和照壁，后被拆除。50号的那个院子，也是同样的朝向，一开始是墙门，然后是天井，再到起居室等。再谈谈北侧的富郎中巷西口，原来那里都是“七子山”顾允若的房子，而顾允若房子对面的老宅，名字忘记了，祖上是东山过来的大人家[1]。隔壁庙堂巷56号原来楼上住着二十四中校办厂潘厂长，楼下是陈国泰。盛家浜16号曾是程家的房子，里面有位白头发的老人，她丈夫曾是苏高中的老师。

1. 经户籍旧档考证，此宅系东山席家后代席心培所有，今富郎中巷57号院。

第二节 盛家浜

自述人：潘令仪 盛家浜19号原住户 大阜潘氏长房云庄公支后裔

采录地点：剪金桥巷查家老宅 采录时间：2023年5月8—9日

【节选】

潘承祥是我太公，潘家钜是我祖父，潘裕培是我父亲。从我懂事起，大至六七岁时，常听祖母讲：我父亲是家中大哥，有二妹一弟。我祖父50多岁去世，他们原自住房在人民路大井巷慕园右边，六扇垟门五进房，兄妹都出生在那里，后该房因父嗜赌被输掉，他们就租了查宅。当时八楼八底，租下五楼五底，因时我父29岁，妹、弟、祖母都分房住。父初中毕业后，读农桑学校后继读东吴大学文秘专业，过后一直在文秘专业上谋职。祖母及父亲的妹、弟后在石路开了爿球鞋橡胶商店——裕昌，他名裕培。店里由他们照看，父负责进货，有模有样，装厂霓虹灯，内部沙发齐全……

盛家浜旧影

我寄父是章太炎关门学子，后章太炎故世，他时常去看望章太炎夫人——汤国梨。他与名人程小青、周瘦鹃都是老朋友。寄父为山西原平人，在苏州博物馆工作，后调至南京博物院，他研究文物、字画……

我们住19号……犹记得小时候，我们天井里有口古井，井水充沛、清澈，我们搬来后都饮用它。……随着时代的变化，房屋出租，租户不守规矩，脏水乱倒，使井里慢慢有小虫飞出，200多年的古井，开始变得混浊。后没有饮用水，与房东查嘉麟母亲商量，决定将他们院子围垟里的一口大古井给我们饮用。查氏虽有身价，但对任何人都客气、宽容、大度，盛家浜17号他们难得进出。后来这口古井我们又用了几十年，甚至住剪金桥巷的也来提水吃，要供几十户人家饮用，查氏也没半句怨话，直到房管所在他们院里造了一幢二层楼房，又增添多户，让吃水又成了大问题……

第三节 瓣莲巷

自述人：李先生 瓣莲巷55号恒德堂李宅第三代主人

采录地点：瓣莲巷55号 采录时间：2023年4月10日

恒德堂李宅现历经三代人，初代是民国时期宁波火柴厂经理李秉恒。恒德堂有两块界碑，一块在瓣莲巷，另一块在剪金桥巷。恒德堂边上的一户姓陈，二宅间现有一个空旷的公共空间，而在20世纪90年代以前，这里有一堵围墙，这个公共空间原属于李家花园的一部分，有房、地契可得证。80年代左右，这堵围墙倒了，没有再建，现在想重新围起来。李秉恒把火柴厂卖给了同业的刘鸿生，又转卖了苏城的几处房产，在这里建起了这座中西合璧的洋楼。原先，老宅的大门在东侧，曾有很大的墙门。20世纪中叶外来住户搬入后，房子被改建，墙门也遭到了破坏，中间走马楼式的院落南向新开了门，而原先南边墙上“鸿禧”题额惜亦掉落不存。我父亲是中医，现在瓣莲巷大门口还留有一块壁板。如今老宅我们自己守护，墙角没有歪，轩廊和花窗的木雕皆保存得相当完好。在宅北有一口义井，井栏中间镌刻“随意泉”三字，左右分镌“义井”二字。

自述人：蒋先生 瓣莲巷44号住户

采录地点：瓣莲巷44号 采录时间：2023年4月22日

这里原来是官宦人家高家的宅子。门口存有一栓头，旧时这里曾放置座椅，用链条拴住拴头即可固定，来客在此可乘凉饮茶。高宅原来有七进，前面四进皆有门楼，第一进为砖雕门楼，门楼前有两棵粗大的名贵桂花树，惜毁于20世纪50年代。后几进原有堆塑门楼，1937年11月，日机轰炸苏城时，曾有炸弹掉落于院内。高宅原先第一进院落为青砖铺地，后一进为花岗石辅地。

自述人：骆卫忠　瓣莲巷53号原住户（租瓣莲巷36号沿街店铺）

采录地点：瓣莲巷36号理发店　采录时间：2023年6月27日

瓣莲巷36号是美食家老凡（朱军）的房子，我原来住在瓣莲巷53号。朱家是大户人家，老凡现居大连，每年带孙子的时候会回来一趟。32号崔家也是大户人家。瓣莲巷28号的赵廷箴后来去台，就是“塑料大王”，此前还有后人来寻过老宅，到理发店问过我。赵其实不常住那里，是他亲戚住在那。30号是普通人家。瓣莲巷38号有点故事，李家，现在是王月英的阿侄住。王家有一对姐妹，妹妹是王月英，地下党员，后来住北京；姐姐则是烈士，也是共产党员，当时在浒墅关被捕牺牲，王家后来拿到军烈属的牌子。王月英父亲是国民政府吴县警察局局长，后来受到冲击，没有了经济来源，全靠女儿王月英接济，那个时候生活费好像是40块钱。瓣莲巷52号是范牧师的房子，就是养育巷使徒堂里的牧师。46号是叶家，东山人，有个叶师母，已经去世了，后来房子卖给了画家蒋风白。46、47号很早以前好像都做过典当。

自述人：陈龙　瓣莲巷25号原住户

第一次采录地点：瓣莲巷36号理发店　采录时间：2023年7月5日

我姓陈，原来住在瓣莲巷25号，也住过庙堂巷22号。瓣莲巷有几户人家有点故事。瓣莲巷26号住的是严景秋，是在上海开钱庄的。严家老宅里面原来有三个天井，铺地是洋灰，雕刻有蝙蝠和花卉，非常漂亮。他们家金砖下面是隔空的，所以走着有回响声，现在面貌已大改。严家原有一方乾隆皇帝赐的匾额，1969年之后就没了下落。严家在20世纪六七十年代没有受到冲击，主要是因为严景秋的儿子是当兵的，是福州军区法庭庭长。严景秋还有两个女儿，小女儿、女婿都是当兵的。严家现在只剩最后一进，原来前面的也是他们家的，作为柴房。瓣莲巷22号姓石，也是在上海开钱庄的。后来仪表元件厂征用了石家后一进的房子，安排曾经在海参崴（今符拉迪沃斯托克）工作的谭某住了进去。谭的父亲是苏州东山中学俄语老师，母亲原来在枫桥乡人民医院工作，后来安排到了四院。谭有十二扇屏风，卖给了福建人，福建人又转卖给了香港人，到了海关，被缉私船缴获，一查屏风是明代的，立了案，谭被审查，后来发现他不知内情，也没有过多问责。瓣莲巷30号住的是普通人家。再边上一家住的就是赵廷箴，都知道。再说说畅园，里面原来住着苏州园林管理局的老局长秦新东。20世纪60年代，庙堂巷14号里面住着一位姓叶的“老古董”，是清朝进士，具体名字忘了，是当时这个房子里面最后一位有文化的人。剪金桥巷查家的儿子查炜琮我也知道，他原是二中的英语老师，后调到星海中学，之后为苏大附中副校长。

第二次采录地点：瓣莲巷36号理发店　采录时间：2023年9月1日

“塑料大王”赵廷箴晚年曾经回苏探亲，他也为家乡苏州建设做过许多事情。当时的统战工作是从赵廷箴的两个姐姐赵君璧、赵雪英开始的。曾任教育局副局长的张旺健找到了二初中的赵雪英，让她和姐姐赵君璧一起与赵廷箴取得联络。当时她们俩都已经七八十岁，远赴香港与弟弟赵廷箴会面。在这次亲属会面五个月后，赵廷箴便坐飞机来到北京，作为台商代表，受到时任国务院副总理邹家华的接见。赵君璧的女儿陆瑜原在集体所有制的圆珠笔厂工作，后调到高级技工学校。赵雪英的丈夫原是民国时代四川省的大官，也是甲骨文学者。1988年左右，赵雪英的小儿子刘佛黎从有线电厂调到太仓化工总厂工作，该厂由赵廷箴投资5000万美金建造。赵雪英还有一个儿子叫刘佛佑，原来在南通农场二十三团工作，后来调至市十六中工作，他们都曾住过瓣莲巷28号的老宅。赵廷箴曾经也给苏州灵岩山寺捐款10万美金，受到灵岩山住持明学法师的接见。当时苏州市市长章新胜指示苏帮菜大师吴涌根带队在木渎石家饭店掌勺，招待来苏的赵廷箴。赵廷箴也曾回访他的母校市七中（原江苏苏州高级技工学校）的校舍，回忆学生时代的往事，并向母校捐了2000万人民币。此外，赵还向苏州福利院（原普济堂）捐款1000万人民币。20世纪80年代末庙港水灾，在开挖太浦河之际，赵廷箴亲自打电话给正在陪同时任国务院副总理田纪云考察东太湖的章新胜，提出向家乡捐款50万美金，用于赈灾，当时苏州报刊、电视台都有报道，记得当时新闻通栏写的标题是《爱国台胞赵廷箴先生捐款50万美金》。

自述人：徐惠贞　瓣莲巷25号住户　清微道院住持徐志清孙女

采录地点：瓣莲巷25号　采录时间：2023年7月20日

我的爷爷是徐志清，他是清微道院的最后一任住持，原名福堃，这个25号的房子就是道院的一部分。我爷爷传给我父亲（做会计的），然后父亲传到我手上，所以我一直还住在这里，附近许多人都搬走了。道院范围很大，一直通到东支家巷，我从小在这里长大。我们这里许多人都是在清微小学上的学，然后去了慕家花园的学校读中学。道院里原有四块碑[1]，已不存，仅剩四张拓片，我们捐给了苏州博物馆。

自述人：唐女士　瓣莲巷46号居民

采录地点：瓣莲巷46号叶宅第二进　采录时间：2023年8月15日

这个房子最早是东山叶家的，里面住着大叶师母、小叶师母，她们俩是妯娌关系。大叶师母去世得早，后嗣。而小叶师母后代曾居上海，后来去了香港。我是20世纪60年代入住这里的，当时第二进门楼上还有字，因为当时我年纪还小，不记得内容了，院子里曾有桂花树。大叶师母是叶家长房的媳妇，那时候她还在，她为人非常随和。第二进东面备弄的对面房间之前是叶家的钱庄，名叫“元大昌”。第三进后来叶家卖给了蒋风白。第四进洋楼叶师母自己住，有落地长窗。那里面有条暗弄，平时不开门。我记得有个楼梯可以上去，一面是墙，另外三面则是三个房间。

瓣莲巷叶宅第二进墙门残缺的两块字牌

1. 碑文撰写年代分别为明弘治十四年（1501）、明嘉靖四年（1525）、明崇祯十五年（1642）、清乾隆五十三年（1788）。

第四节 庙堂巷

自述人：杨女士 庙堂巷48号住户

采录地点：庙堂巷48号 采录时间：2023年6月26日

这个宅子是我们的祖宅，祖上姓杨，是苏州橡胶厂的老板，后来公私合营后也就没落了。宅子现在东面住的是我们的亲戚。老宅原是木结构的，出了白蚁，所以改造过了，现在是新房子，已经没什么历史价值了。我们对面原来住着十六中的地理老师蒯元林[1]，他知道许多庙堂巷的故事，很有水平。他很早就搬出庙堂巷了，因为学校安排了教师的宿舍。我们从小在这里生活，土生土长，对这里很有感情。

自述人：孔先生 庙堂巷33号第一进住户

采录地点：庙堂巷33号 采录时间：2023年6月27日

我是20世纪80年代搬进来的，我住在这里40多年了。最早住在阊门的吊桥头，后来迁到昆山，再从昆山迁回苏州。我是孔子的后裔，繁字辈[2]，但不清楚是不是渡村孔氏的后裔，没有印象。我是从吴县建设局退休的。原来这里曾经作过吴县公安局的办公用地，再之前是雷隽年的房子，雷隽年是雷允上的后人，后来这里公私合营，成了公家的房子。雷氏别墅更有名，也是雷允上（后人）的。

1. 蒯元林系苏州市科学技术协会首席科普专家，苏州市第十六中学校地理教师，苏州市地学会秘书长、副理事长。祖上是建造故宫的香山帮大师蒯祥。蒯元林曾参编《苏州科技文化》等十余种书籍，并主编有专著《苏州沧桑》等。他已于2019年去世。

2. 繁字辈是孔子第七十四代孙。

自述人：陈先生　庙堂巷23号住户

采录地点：庙堂巷23号　采录时间：2023年6月27日

住了几十年了，畅园里面原来有棵桂花树，生长得很好，后来枯死了，还有一棵玉兰树，后来为了种盆景，把树移除了。

自述人：徐利人　庙堂巷20号原住户　福州通贤龚氏后代

第一次采录方式：电话　采录时间：2023年6月27日

这个是我祖母祖上的房子，姓龚[1]，是位清代的官员，据说是判官一类。我们龚氏是大户人家，在福建也有园子[2]。畅园是我们龚氏的，后来我爷爷把房子一半卖给了民国律师潘承锷。我爷爷毕业于保定军校。我们家是1986年从那里搬出来的，后来那房子成了古建公司的办公室。我们搬家时还保留着一对老的书法匾额，王文治[3]题写的。

第二次采录地点：庙堂巷　采录时间：2023年7月14日

我外婆叫龚月珍，我舅公叫龚宝义，他们是姐弟。我外婆的父亲一共有6个孩子。我外婆行四，上面有三位，情况不详，就知道有一个哥哥和一个姐姐，下面还有两个弟弟，龚宝义就是其中一个弟弟，行五，另一弟是龚思义，行六。新中国成立之初，苏州龚家这一大家子生活都归龚宝义管，他在枫桥从事会计工作。除了畅园，在东采莲巷也曾有龚家的门面房，我们龚家是房东，收租的。之前我们住在畅园20号，那是龚宝义和我外婆的祖上，具体名字记不得，是福州过来的，清代做判官的。后来畅园一半卖给了潘承锷，畅园池塘后面后来住着园林局局长秦新东。我6岁就在这里生活，20世纪80年代末搬出。当时，庙堂巷的主要生活采购就来源于庙堂巷1号的糖果店。这里商业业态

1. 据考为清代官员龚易图的儿子——江苏候补道龚晋义。
2. 龚易图在福州潜心造园，留下诸如小黄楼、二梅书屋等园林。
3. 王文治（1730—1802），字禹卿，号梦楼。乾隆二十五年（1760）进士，授编修，擢侍读，官至云南临安知府。罢归，自此无意仕进。不到五十岁，即潜心佛学。有《梦楼诗集》《快雨堂题跋》。

庙堂巷20号王文治题写的书房楹联

比较少，比如富郎中巷和养育巷巷子口，有家曙光面馆，那时候售卖阳春面，也是这周边居民常去的地方。面馆的对面，现在税务局的位置，原来是一家酱油、酱菜店，那时候生活艰苦，酱油都是拷的。还有一个就是瓣莲巷、养育巷巷口的邮局，是当时居民生活的必需。邮局对面是聚天兴，卖小馄饨、大馄饨、糕团，味道相当好，也是居民生活的必需。再边上是个菜场。在养育巷南口东侧转弯到道前街的位置则是五七粮店。我们龚家在畅园里留下来两样东西，一是王文治的楹联“梅横画阁有寒艳，雪照书窗生夜明”，二是书“蛾述”二字横匾。以前我们把楹联当床板，夏天在家门口躺着纳凉用的。再说边上庙堂巷18号，以前是严家淦的房子，二层楼房，后来改建成了沙发橡胶厂，现在房子拆了，盖了新房。33号我听我同学（原来住在那里）说，那里原来就是雷允上老板的原配夫人住的房子。

“蛾述”匾额

（按：以上徐先生提到的王文治书法匾额，曾在2023年6月苏州电视台《宝贝看鉴》中播出，由故宫博物院研究员、文博专家胡士清鉴定为清中期著名书法家王文治真迹。）

第三次采录方式：电话　采录时间：2023年7月25日

1980年的时候，龚钺[1]70多岁，他有个儿子在苏州电力技校教书，那时候还来苏州庙堂巷看我们。我娘说是我外婆的阿侄，堂房阿哥的儿子，姓龚。我娘说龚钺曾在民国时期任欧洲一个国家的大使。我外婆龚月珍，大概是龚珍义[2]那一支的。

1. 龚钺（1902—1997），中国国际法学家、律师。其父为龚晋义，曾在江苏苏州任候补道，34岁时早逝。龚钺出生在庙堂巷龚氏修园，幼年居住于福建福州，后就读于上海圣约翰大学，民国时期从事外交工作。新中国成立后任江苏省法学会副会长等职。
2. 龚珍义，龚易图弟龚应图之子，与弟龚寿图、兄龚易图都曾居苏州庙堂巷。

第五节　西支家巷

自述人：洪希慧　西支家巷8号（洪钧祖宅）户主洪钧堂侄孙女

采录地点：西支家巷8号　采录时间：2023年5月3日

我爷爷洪自严是洪状元的堂侄，他和洪状元的儿子一代，共六个平辈。房子后来传到我父亲洪隽文手中，我们洪家的房子一直是8号，我上代传下一个堂号“存仁堂”。我手上有一本街道编写的《道前印象》，讲到洪状元的有两个版本，第一版有一些问题，后来社区请了专家谢勤国来重新编写第二版。现在洪钧祖宅文保碑被立在周姓人家那里，据说西边的房子是当年周家用几袋米买下的，后来房管所曾安排将周宅用作纸板厂。而8号才是洪状元住过的地方，原来这里也挂控保单位的编号牌。

自述人：周先生　西支家巷11号户主

采录地点：西支家巷11号备弄中段　采录时间：2023年9月14日

我的祖父是周保如，以前在南浩街做火油生意。这里的房子之前也是洪状元家的，后来洪状元在悬桥巷建新宅后，便把这里卖给了一户姓顾[1]的人家，然后顾家又转卖给了我祖父。

1. 即晋生钱庄经理顾焕庭（参见《苏州明报》1946年11月10日第3版）

自述人：阮美云　西支家巷6-1号原户主

采录地点：沧浪街道道前社区　采录时间：2023年9月25日

我是6-1号原来的住户，20世纪90年代初搬入，听上代的老人说原来这里是无锡荣家的房子，据说与荣德生[1]有关。据老人讲，抗战期间，这里曾被日军飞机轰炸，只留下西侧的房子是原来荣家的，其余的都是后来建造的。因为上辈人已经不在了，所以也说不大确切。

自述人：陈女士　西支家巷2号户主

采录地点：西支家巷2号　采录时间：2023年9月27日

西支家巷3号的这户人家是开酱坊做生意的，姓许。他们家酱做得好，许多人都买他们家的东西。西支家巷6-1号听说是荣家，但也只是听闻。也曾听说有个黄包车夫住在那里，是服务于荣家的。阮美云是1991年左右嫁到这户宅子里去的。

自述人：孙女士　西支家巷5号户主

采录地点：西支家巷5号　采录时间：2023年9月27日

这是我家的祖宅，是我爷爷孙冠儒的宅子，后传到我父亲手中，现在传到我手上。我老公也姓孙。我的父亲曾在钱庄学生意，后来又到苏南公学读书，之后到银行工作，现在他已过世三年。我们孙宅的房子原来很大，现在只留下一点点给我们居住。原来没有西支家巷6-1号这个门牌号，原来是4号，和东面一起是同一个大院子。

西支家巷孙宅船棚轩和“敦仁”门额

1. 据查相关地籍资料，此宅住户可能为荣德超。荣德超（1908—1970），谱名张根，字德超，荣瑞庭之子（荣瑞庭曾在苏州经营珠宝生意），曾在上海做钢铁生意。经查《荣氏宗谱》，荣德超属于梁溪下荣春益公支（梁溪荣氏三十四代），而荣德生则是梁溪下荣春沂公支（梁溪荣氏三十代）。荣春益与荣春沂皆为荣念先（梁溪荣氏十五代）的儿子，可见此两支荣氏相隔较远。

第六节　富郎中巷

自述人：沈延春　富郎中巷21号户主　沈瓞民幼子　苏州市周易研究会会长

采录地点：富郎中巷沈瓞民故居、苏州市周易研究会实践基地

采录时间：2023年8月23—24日

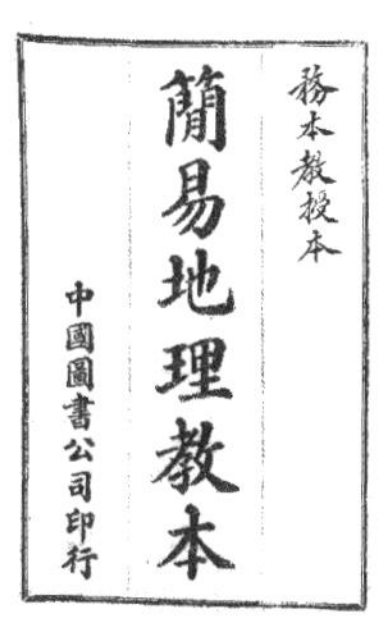

沈瓞民《简易地理教本》书影

我是沈瓞民最小的儿子，我上面有八个阿哥，两个阿姐。我的父亲沈瓞民早年与孙文、黄兴、陶成章等一起创立了光复会，后来又成了同盟会的元老。此外，参与过长江商行运送地下党干部和物资，包括他与学生叶天底的师生情谊，这些都为世人所熟知。我谈谈父亲沈瓞民的几个鲜为人知的事迹：他17岁完成了《简易地理教本》的撰写，后来他还撰写了《中国外汇史》《中国矿产志》两书，并将《中国矿产志》的版权卖给了香港人，取得了一笔费用，遂在富郎中巷购置了房产，就是如今的沈瓞民故居。那个房子据说是清代汪氏的宅子，房子东侧原来是片空地，我父亲在空地上又兴建了几栋民国风格的青砖石库门洋房，原是德寿坊东侧1-3、西侧4-5号（后来门牌号整体调整，才有了现在的德寿坊6-8号门牌）。这些东侧新建的房子，我父亲在1956年公私合营时都捐了出去。我父亲的人生中还有一个重要的经历就是教书育人，当时浙江商界的老板出资兴办了浙商旅沪公学堂，邀请我父亲去讲周易和地理学。我父亲讲课“只引导，不指导”（即授人以鱼不如授人以渔），那个学堂中培养出了叶天底、胡愈之[1]等许多

1. 胡愈之（1896—1986），原名学愚，字子如，著名社会活动家。早年创建世界语学会与沈雁冰等成立文学研究会。1922年初参加中国民权保障同盟，同年加入中国共产党。新中国成立后，任《光明日报》总编辑、新中国首任国家出版总署署长、全国人大常委会副委员长和全国政协常委等职。

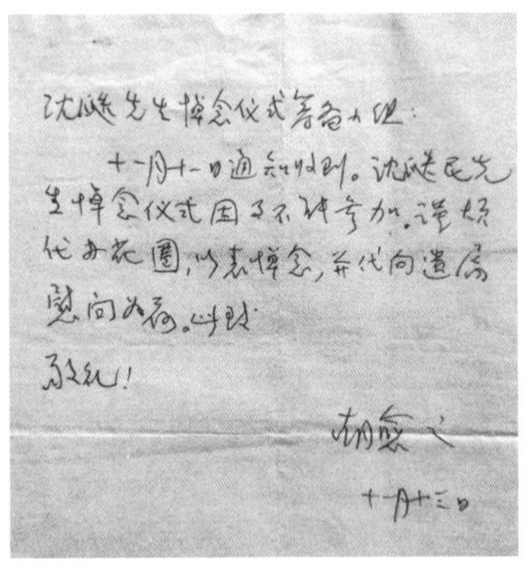

沈瓞民先生悼念仪式筹备小组：

十一月十一日通知收到。沈瓞民先生悼念仪式因事不能参加，请烦代办花圈，以表悼念，并代向遗属慰问为荷。此致

敬礼！

胡愈之

十一月十三日

胡愈之写给沈瓞民悼念仪式筹备组的信函

名人。我父亲和章太炎是老朋友，也曾在章氏国学讲习会讲课。我父亲对苏州的市政建设也有贡献，比如他曾是民国时代提议开辟金门的苏州“五老”中的一位；在政协开会时，他研究了当时苏州的区位优势，提议在浒关建钢厂；1956年，苏州博物馆建馆，召集民主人士开会，我父亲捐献了四套古籍孤本（含宋版和明版），以及字画和象牙的图章等珍贵文物。我们兄弟姐妹也深受父亲的品格影响，新中国成立前就有四位是中国共产党党员。我们兄弟姐妹一共十一人，少时都曾住过富郎中巷现在的沈瓞民故居。德寿坊的五角星是叶天底设计的，之前和乐益女中的一样，是平的五角星，曾在汪伪时代被纸筋糊住，直到新中国成立后纸筋脱掉，又重现了出来。80年代，沧浪房管局在原来五角星的基础上凿刻，使其立体凸显了出来。我的大阿姐沈延平就是在乐益女中时经老师叶天底介绍加入的共产党，从事红色革命活动。我的大阿哥沈延国是章太炎的干儿子。沈延国胸口有块红色的胎记，而辛亥革命志士陶成章牺牲时曾全身中枪，有一枪在他胸口，陶成章牺牲后的第二年同一日，沈延国出生。章太炎认为沈延国是陶成章的“转世”，对他朋友沈瓞民的这个长子非常欢喜，所以收为干儿子。当时沈延国还写过一幅字，内容是章太炎的一首诗。沈延国当时也是章氏国学研究会的秘书长。沈延国和丰子恺、鲁迅等名人都有往来，他曾在《文汇报》刊载宝塔诗、鲁迅回忆录[1]等文章。1980年，我和他的学生杨志明等一起在东吴进修学校听他讲周易的课，有一年半的时光。我二哥沈延宁是汇丰银行的职员，他能用双手同时在算盘上算两本账，所以他曾在珠算比赛中得过奖。我三哥沈延发是高级设计师。四哥沈延履则以医学见长，曾是常熟第二人民医院的院长。五哥沈延尧则精通四国语言，他曾是国务院副总理万里的秘书，出访过波兰。他曾在上海房地产公司供职，制定过新中国第一部电梯安全手册。而六哥沈延成、七哥沈延義

1. 即沈瓞民《回忆鲁迅早年在弘文学院的片段》。

（叶夫）则是1947年加入中国共产党，当时他们在上海四川北路兄弟图书公司发放革命书籍，被人告发后，沈延成撤退到苏州富郎中巷家中隐蔽，而沈延羲则安全撤退到了苏北解放区，后来他任中央广播事业局（今中国国际广播电台）对外处处长。还有八哥沈延政，他也是学医的，曾是苏州第四人民医院功能科副主任、苏州市超声医学研究室主任。而我的九姐沈延富（沈蔚），1935—1941年就读于升平小学，1945—1948年就读于东吴大学。1948年，光荣加入中国共产党，在苏州宣传红色书刊时因被叛徒告发，按组织安排，撤退到苏北解放区，渡江战役后回来，先后在苏州教育局中教科、江苏省机关学校工作，她还曾任南京市委秘书长。

我们沈宅对面的富郎中巷吴宅，原有个砖雕石牌坊和大照壁，那个照壁非常精美，比苏州万寿宫照壁还要大。20世纪70年代，照壁和边墙被拆，那个地方后来用作印刷厂。吴宅前八字墙东侧墙脚的“马上封猴（侯）”石雕原来刻的是个武将，传那里曾是明代一位武状元的房子。吴宅西侧曾是养育巷第二小学（后来成了沙皮厂），我在那里读过书，后来学校并入升平小学。而紧靠小学西侧是凌敏刚的宅子，带花园的，凌家的房子非常大，可惜毁于干将路拓宽。富郎中巷西侧的“七子山”顾家则是三幢像救国里的民国宅子。

第八章　街巷传说

第一节 剪金桥巷：吴王剪金的两个传说

关于剪金桥巷名称的由来，民间一直众说纷纭，历数各家之说，主要有两种版本。一种是“吴王剪金换花”。相传春秋时期，吴王夫差偕西施乘舫出游，行至剪金桥处，偶遇一位卖花姑娘，见西施甚为喜爱这些鲜花，吴王出行又未带钱币，便拔下自己头上金簪并剪下一段，命宫人去换了鲜花博西施欢心。另一种则是“吴王剪金买胭脂”。据传，夫差、西施出游时，因临行匆忙，西施未及梳妆，便在船上梳洗打扮了起来，却发现未带胭脂，吴王即剪下金簪，叫宫人去附近卖胭脂（一说专卖芡粉）的小弄堂买了一盒胭脂，而这条卖胭脂的小弄堂也由此得名“小粉弄”。上述关于剪金桥巷由来的两种传说文本当然经不起推敲，但皆为流传甚广的民间戏说。比如胭脂是西汉之时，随着张骞出使西域带来的时尚；再有以吴王之身份，凑钱买胭脂，逻辑上亦是不大可能的。2017年，一部取材于弄内市井生活的微电影《小粉弄3号》问世，一举拿下“美好苏州·我的故事”优秀作品奖。

第二节　瓣莲巷：名医曹沧洲的故事

民间传说曹沧洲得以名满天下，还得从“三钱萝卜籽，换个红顶子”的传奇故事说起。据说是在光绪三十三年（1907），慈禧忽然得了重病，浑身疼痛，病到奄奄一息的地步。北京城里名医车载斗量，可是对此病症都束手无策。唯有曹沧洲，发现慈禧太后是因为滋补过多而引起消化不良。于是他单开了一味草头药，只写了五个大字“萝卜籽三钱”。慈禧太后喝了曹沧洲开出的药汤，身体通畅，病症全无。曹沧洲自此名声大噪，被授予九品顶戴，并担任朝廷御医。翌年，曹沧洲因老弱有病告归，从此谢绝诊事，颐养天年。相传曹沧洲离苏进京前，到观前街采芝斋选购了一些粽子糖作为礼品。慈禧太后吃了粽子糖后，觉得甘甜无比，爽口宜人，病情也有所好转。于是，她将苏州采芝斋的粽子糖列为“贡糖”，苏式糖果因此身价百倍。曹沧洲也从中得到启发，他建议采芝斋在制作粽子糖时，放一些薄荷、甘草、川贝、松子等能食用的药材。从此，以采芝斋粽子糖为代表的苏式糖果就有了“药食同源”的特色。

第三节　瓣莲巷：富绅虫草面

缘于民国时期，江南苏州瓣莲巷富绅沙家。抗日战争全面爆发后，国民四处逃难，沙家也随难民往西南逃难，一家数口人在逃难途中被冲散。沙家大小姐被冲散后，流落至青海，体虚多病，幸得当地藏族群众援助，嚼服新鲜冬虫夏草，得以治愈。康复后，沙家大小姐边逃难边寻家人，虽多方寻找但仍无结果。后在南方一友人资助下到欧洲留学。多年后，她开了一家中餐馆，将佛跳墙食材配方和虫草融入汤料中，遂得富绅虫草汤面。

第四节　富郎中巷：魏紫牡丹的故事

在富郎中巷7号院（原为凌宅）中，原有一盆魏紫（一种名贵的牡丹品种）。宋欧阳修《洛阳牡丹记》便记载："魏家花者，千叶肉红花，出于魏相仁溥家。始樵者于寿安山中见之，斫以卖魏氏。魏氏池馆甚大，传者云：此花初出时，人有欲阅者，人税十数钱，乃得登舟渡池至花所，魏氏日收十数缗。其后破亡，鬻其园，今普明寺后林池乃其地，寺僧耕之以植桑麦。花传民家甚多，人有数其叶者，云至七百叶。钱思公尝曰：'人谓牡丹花王，今姚黄真可为王，而魏花乃后也。'"相传这盆牡丹原来栽种于南京（天京）的太平天国天王府，太平天国运动失败后，被王府画师杨少臣带出，最后"落户"到苏州富郎中巷。这棵魏紫曾是杨少臣外孙女出嫁的嫁妆，后来传到王兆薇手中。抗战时期，6岁的王兆薇随家人先后在白马涧和太湖渔船上避难，并一路保管这盆魏紫牡丹。有一次太湖湖匪劫掠渔船，王急中生智，将牡丹放在船上的灶头里，幸湖匪未察觉。这盆魏紫牡丹也经历了当时日本宪兵的盘查，因为当时日本人只关注劫掠金银珠宝，魏紫牡丹在那个不平凡的年代躲过了一劫。新中国成立后，王家将这盆牡丹栽种在富郎中巷7号院中，王兆薇于1976年去世，其女周维青照其母遗嘱继续保管牡丹，后周家迁居时带离富郎中巷。

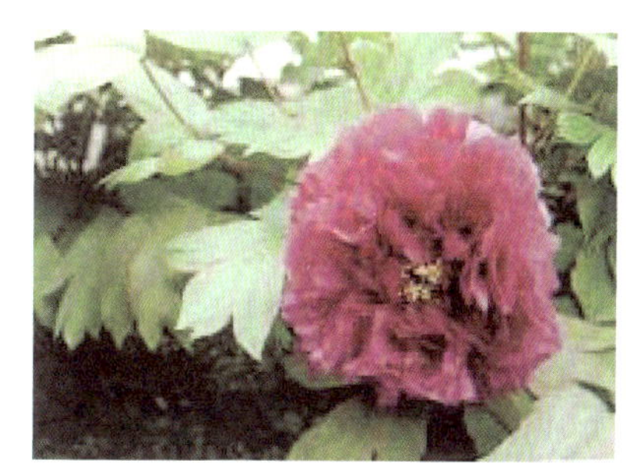

魏紫牡丹

第五节 庙堂巷：东岳二圣的故事

乾隆《苏州府志》记载，庙堂巷内原有东岳二圣庙，供奉纪念在安史之乱中，因死守睢阳而遇害的张巡与许远二人。在宋元的道教中，张巡、许远是为东岳大帝执法的下属，名为“东岳押案、阴司都统使”。明代冯梦龙《喻世明言·游酆都胡母迪吟诗》中则传得更为离奇：“岳飞系三国张飞转生，忠心正气，千古不磨。一次托生为张巡，改名不改姓；二次托生为岳飞，改姓不改名。”从这些民间文学的离奇说法，可看出那时苏州老百姓对于张巡、岳飞这样的忠义人士的崇敬。在苏州望亭宅基村，也有一座纪念岳飞的庙宇——黄渎庙。唐代大文豪韩愈对许远和张巡十分推崇，曾在潮州建了双忠祠，后来全国都出现了类似纪念“双忠”的庙宇。明代戏剧家姚茂良曾编撰《双忠记》，流传甚广。作为东岳的庙宇，除了“二圣”外，主祀神祇为东岳大帝。每年农历三月廿八是东岳大帝生辰，会举行盛大的庙会。《东山张氏族谱》中曾记载有一支张巡的后裔：“出自唐代张巡之后，先祖世次递传不可考。始迁祖瑞十三，居苏南太湖之厥山，迁居吴县东山。其孙思聪为长圻寺前派支祖，思恭为长圻湾里派支祖。”因为年代久远，谱牒缺失，先世的传承已无从稽考，留下东岳二圣之一的张巡后代在太湖边繁衍生息的传说。

附录

附录一：32号街坊传统建筑资源现状普查表

街巷	地址	建造年代	古建类型	特征	备注
剪金桥巷	剪金桥巷30号	民国	传统民居	二层小楼，木栏杆	徐宅
	剪金桥巷32号	清	传统民居	廊檐有一定时代特征	张宅
	剪金桥巷33—34号	民国	传统民居	穿斗梁架	陆宅
	剪金桥巷36号	清末民初	传统民居	二层，明窗，穿斗梁架	火油店主李熙元宅
	剪金桥巷37号	清末民初	传统民居	二层，明窗，合院	王宅
	剪金桥巷46号	清	传统民居	船棚轩，穿斗梁架	吴县救济院
	剪金桥巷47号	清	传统民居	石库门，木制门板，内部已改建	庵名静性庵，清同治九年（1870）始建，有屋舍八间，住持尼为广道，尼庵盛况持续至20世纪50年代，后尼姑还俗参加劳动改造，“文革”后庵事恢复
	剪金桥巷57号	清	传统民居	穿斗梁架	李宅
	剪金桥巷50号	清	传统民居	完整二进院落，内部穿斗梁架，船棚轩，民国落地长窗，屋前枇杷树一棵	原为查宅的一部分
	剪金桥巷54号	清	传统民居	已改建，百年石榴树一棵	查宅
	剪金桥巷56号	民国	传统民居	已改建	原与盛家浜17号相通，贵潘长房东白公后裔曾在此居住
	剪金桥巷55号	清	传统民居	存留完整金山石阶台一方	陆宅
	剪金桥巷60号	清末民初	传统民居	穿斗梁架，木结构完好，长窗民国改建	邵宅，浒墅关蚕种场邵姓老板产业，现为其后裔居住
富郎中巷	富郎中巷11号	清	传统民居	穿斗梁架，轿厅	凌宅
	富郎中巷13号	清末民初	传统民居	沿街后搭建，旁有清光绪年自治局公井一口	原为祇树庵遗址
	富郎中巷15号	清末民初	传统民居	沿街平房为后来搭建	原为兴庵遗址，也称西方殿
	富郎中巷25号	清末民初	传统民居	民国时代特征，内部已改造	原为杨绛姑母杨荫枌居所
	富郎中巷26号	清末民初	传统民居	存留清末农务局界碑一方	农务局
	富郎中巷28号	清	传统民居	木结构合院，有木雕	钱宅
	富郎中巷32号	清末民初	传统民居	民国时代窗棂、转角，存留木制楼梯，时代特色明显	宋宅
	富郎中巷51号	清末民初	传统民居	一层已改建，二层清末木制窗棂完整	顾宅
	富郎中巷53号	清末民初	传统民居	民国窗棂楼板存留完整	潘宅后进

续表

街巷	地址	建造年代	古建类型	特征	备注
盛家浜	盛家浜1号	清	传统民居	民国改建，落地长窗	金宅
	盛家浜3号	清	传统民居	穿斗梁架，雕花窗板，船棚轩	程宅
	盛家浜11号	民国	传统民居	楼东侧有“丁产”界碑一方	丁宅
	盛家浜12号	清	传统民居	建筑木结构完整，存留木制楼梯，备弄，存清水砖墙门一座（残）	潘宅
	盛家浜16号	清	传统民居	穿斗梁架，木结构完好	程宅
	盛家浜16号西侧	清	界碑	存留承庆堂顾界碑二方，已改建	顾宅界碑
	盛家浜18号	清	传统民居	私宅长锁	原为皮场大王庙遗址
游马坡巷	游马坡巷3号	清末	传统民居	存留清水砖墙门一座（残）	潘宅
	游马坡巷5号	民国	传统民居	二层存过道木制雕花栏板、竹节状廊柱，时代特征明显	郭宅
小粉弄	小粉弄5号	民国	传统民居	已改造，内有古井	民国时代知名律师顾宪章、庞靓颜曾在此办公
庙堂巷	庙堂巷15号	清	传统民居	存留清末题额“子孙保之”、民国落地长窗、木制楼板	潘宅，传曹沧洲门人、吴门医派名医邵蟾桂曾在此居住
	庙堂巷19号	清	传统民居	后一进传统民居，砖木结构	周宅，后住白姓
	庙堂巷25号后	清	传统民居	存留“燕翼诒谋”门楼一座、木制楼板、冰裂纹雕花	夏宅，后住周姓、王姓
	庙堂巷26号	清	传统民居	砖木构，存留船棚轩	中医桂省吾宅
	庙堂巷30号	清末民初	传统民居	民国洋房，东西各存仁德堂界碑一方。内存一门楼，为三普点	程清涛宅，东侧原系沈鸿钰宅
	庙堂巷31号	清	门楼	堆塑门楼，额题“树德务滋”，庭院已改建为民宿	李宅
	庙堂巷33号	民国	传统民居	民国西洋式雕花石库门，二进均有雕花落地长窗，后一进为走马楼风格的院落	曾为雷允上后人的产业
	庙堂巷34号	清末民初	传统民居	存留民国木制楼板，屋前有重阳木一棵	庞莱臣的产业（据1951年地籍图）
	庙堂巷36号	清末民初	传统民居	存留门楼一座（字牌已漫漶）、木制楼板、民国落地长窗，与舒适故居相通	舒适故居后一进
	庙堂巷39号	清末	传统民居	存留轿厅、穿斗梁架	沈宅

续表

街巷	地址	建造年代	古建类型	特征	备注
庙堂巷	庙堂巷40号后	民国	传统民居	民国洋楼一座	董宅
	庙堂巷43号	清	传统民居	纹头脊，私宅常闭	沈宅
	庙堂巷45号边	清末	传统民居	二层有冰裂纹花窗	沈宅
	庙堂巷45号	民国	传统民居	私宅，租户常闭，存留石库门，内部已改建，屋南侧有“四知堂界”界碑二方	沈宅，后住张姓
	庙堂巷46号	清末民初	传统民居	私宅常闭，最后一进有民国洋楼一座	民国律师蒋中觉（号坚志）曾在此居住
	庙堂巷47号	民国	传统民居	民国建筑，内部已改建	吴宅
	庙堂巷56号	民国	传统民居	民国洋楼，砖砌围栏，时代特征明显	左宅
	庙堂巷57号	清末民初	传统民居	西侧转角有延陵堂吴界界碑一方	吴宅
	庙堂巷58号	清末民初	传统民居	清末建筑，民国改建	商人李明全宅
余天灯巷	余天灯巷5号	民国	传统民居	民国建筑，已改建	何宅
	余天灯巷8号	民国	传统民居	存留木制窗棂、楼板	毕康候宅
	余天灯巷12号	民国	传统民居	民国洋楼，南北各有二厢房，时代特征明显	俞宅（据传曾为西医诊所）
瓣莲巷	瓣莲巷6号	民国	传统民居	后一进民国屋栏完整，时代特征明显，院内有古井	曹宅
	瓣莲巷10—12号	民国	传统民居	民国青砖洋楼，内有古井，西侧墙角存留复初堂界碑，私宅常闭	周姓、贾姓曾在此居住
	瓣莲巷25号	清末	传统民居	穿斗梁架	高宅
	瓣莲巷28号	清末	传统民居	穿斗梁架	赵廷箴宅，后售与陆寅生
	瓣莲巷36号	清末民初	传统民居	存一门楼，为三普点	程宅，程家女婿、美食家老凡的私宅（详见范小青《家在古城》）
	瓣莲巷38号	民国	传统民居	民国落地长窗，房屋已改建	李宅，地下党员王月英曾在此居住
	瓣莲巷39号后	清	传统民居	石库门存扇堂部分，有两个石鼓墩、数棵古树	曹宅（仅存沿街一进平房）
	瓣莲巷43号	清	界碑	蔡贻德堂	此宅已改建，东吴大学（今苏州大学）植物学教授蔡章儒曾在此居住
	瓣莲巷44号	清末	传统民居	已改建	高宅
	瓣莲巷50号	民国	传统民居	最后一进存留民国落地长窗	娄宅

续表

街巷	地址	建造年代	古建类型	特征	备注
瓣莲巷	瓣莲巷52号	民国	传统民居	穿斗梁架、木制窗格、楼板存留完整	范宅
	瓣莲巷55号	民国	传统民居	民国洋楼，私宅，外立面时代特征明显，存留木结构窗板、围栏	李秉恒宅，李氏后裔居住
	瓣莲巷60号	民国	传统民居	民国洋楼，私宅，外立面时代特征明显	陈其愉宅
	瓣莲巷70号	清	传统民居	原有三进，火灾后仅存最后一井，廊轩完整，备弄通西支家巷19号	蔡宅
西支家巷	西支家巷3号	清末民初	传统民居	东侧原有三进，西侧为四进，穿斗梁架	许宅
	西支家巷21号	清末民初	传统民居	存留民国木制楼板	陈宅
道前街	道前街194号	清	传统民居	清代建筑，民国时翻建，船棚轩，民国落地窗有花格、木制楼梯	孔宅，后住沈姓
	道前街200号	清	传统民居	仅存轿厅、穿斗梁架	曹宅
府东巷	府东巷5号	民国	传统民居	砖木结构，内部已改造	陈宅
	府东巷9号	清末民初	传统民居	砖木结构，内部已改造	陈宅

附录二：民国时代（今32号街坊）知名律师信息统计表

序号	姓名	别称	籍贯	街巷划分	事务所地址	住址
1	沈星侠		江苏崇明	庙堂巷	庙堂巷小粉弄4号	上海海宁路高寿里931号
2	吴桂辰	寄鸥	江苏常熟		庙堂巷小粉弄4号	常熟小榆树头
3	周域	孝慈	江苏宜兴		庙堂巷小粉弄4号	上海法租界环龙路上海坊12号
4	潘家本	立甫	江苏吴县		庙堂巷	庙堂巷
5	蔡倪培	翔如	江苏崇明		庙堂巷46号（后迁瓣莲巷22号）	上海白克路、大通路口656号
6	谢翰藩	省三	浙江绍兴		庙堂巷72号	庙堂巷72号
7	庞靓颜	玉阶	江苏江阴		庙堂巷小粉弄5号	江阴北外光孝坊巷27号
8	顾宪章		上海		庙堂巷小粉弄5号	上海西门内西仓路信诚里15号
9	潘承锷	砚生	江苏吴县		今庙堂巷22号	上海卡德路84号
10	杨荫杭	补塘	江苏无锡		今庙堂巷16号	今庙堂巷16号
11	吴曾善	慈堪	江苏吴县		长春巷	庙堂巷49号
12	蒋中觉	鹣翥	江苏吴县		今庙堂巷46号	

续表

序号	姓名	别称	籍贯	街巷划分	事务所地址	住址
13	张懋绩	纪常	江苏无锡	富郎中巷	富郎中巷西口	无锡南门圣公会对门
14	周庆高				富郎中巷	
15	马叔庸					今富郎中巷37号
16	陈昌尃	梅村	江西赣县	道前街	道前街招商旅馆	常州西门外南河沿复兴恒木行
17	陈翱	饮廉	江苏崇明		道前街54号	道前街54号
18	陈大猷	颖孙	江苏武进		道前街鼎陞旅馆	常州大街87号
19	陆飏	绅侠	浙江嘉兴		道前街指陞旅馆	平望镇
20	邹炳虎	南熏	江苏无锡		道前街鑫陞栈	无锡映山河南阳里5号
21	刘铭度	颂盘	江苏靖江		道前街62号	上海北浙江路南阳路1601号
22	顾锐	蕙荪	江苏吴江	瓣莲巷	瓣莲巷22号	吴江三多桥
23	陆言扬	少芝	江苏吴县		瓣莲巷	瓣莲巷
24	高文琪				瓣莲巷8号	
25	陆家鼐				瓣莲巷	
26	张一鹏	云博	江苏吴县		瓣莲巷22号	
27	陈瑞臻	达夫	福建福清	剪金桥巷	剪金桥巷83号（后住瓣莲巷50号）	剪金桥巷83号（后住瓣莲巷50号）
28	陈邦灿	子彦	江西奉新		剪金桥巷34号	剪金桥巷34号
29	邹世独	惟一	江苏如皋		剪金桥巷38号	剪金桥巷38号
30	王之栋	劲屏				今剪金桥巷37号
31	张耀曾					今剪金桥巷32号
32	项祁生	云如	江苏吴县	西支家巷	西支家巷5号	吴江同里镇成字圩
33	杨淑英		河北天津		西支家巷17号	西支家巷17号
34	俞晋陶			盛家浜	盛家浜1号	
35	董端始	履初	江苏吴县		今盛家浜5号	今盛家浜5号
36	叶纯安		江苏无锡		盛家浜马留馀栈	无锡东门亭子桥

基础数据参考依据：1935年《吴县律师公会会员录》、1936年《吴县律师公会会务报告》等，门牌号除特别标注外均为民国时代住宅编号。

附录三：道前社区32号街坊古井、古树名木统计表

32号街坊古井统计表

所属街巷	坐落地址	井圈描述	建造年代	古井性质
瓣莲巷	瓣莲巷4号曹沧洲祠内	金山石 圆形	清	院井
	瓣莲巷6号	金山石 六角形	清	院井
	瓣莲巷8号	金山石 圆形 外覆水泥	民国	私井
	瓣莲巷12号	金山石 圆形 外覆水泥	民国	院井
	瓣莲巷23-1号	金山石 圆形	清	院井
	瓣莲巷25号	青石 六角形	清	院井
	瓣莲巷26号	金山石 圆形	清	院井
	瓣莲巷28号	金山石 八角形	清	院井
	瓣莲巷30号	金山石 六角形	清	院井
	瓣莲巷32号边门	金山石 八角形 有水绳勒痕	清	私井
	瓣莲巷33号	青石 圆形	清	院井
	瓣莲巷36号	金山石 圆形	清	私井
	瓣莲巷38号	金山石 六角形	清	院井
	瓣莲巷39号	青石 六角形	清	院井
	瓣莲巷44号	金山石 圆形	清	院井
	瓣莲巷46号南侧	青石 八角形	清	院井
	瓣莲巷46号北侧	青石 圆形	清	院井
	瓣莲巷47号	青石 八角形 有水绳勒痕	清	公井
	瓣莲巷47-1号	金山石 圆形	清	院井
	瓣莲巷49号南侧	青石 圆形	清	院井
	瓣莲巷49号北侧	青石 圆形	清	院井
	瓣莲巷50号	金山石 圆形	清	院井
	瓣莲巷52号	青石 八角形	清	院井
	瓣莲巷52号	青石 圆形	清	院井（仅剩井圈）
	瓣莲巷53号	金山石 四方形	清	院井
	瓣莲巷55号	青石 六角形 井栏镌刻“随意泉”义井（分列左右）	清	私井
	瓣莲巷56号边	水泥砖砌 四方形	清	院井
	瓣莲巷57号	金山石 圆形	民国	院井
	瓣莲巷58号	金山石 圆形	清	私井
庙堂巷	庙堂巷10号	青石 八角形	清	院井
	庙堂巷11号	青石 八角形	清	私井
	庙堂巷12号	金山石 圆形	清	私井
	庙堂巷15号	青石 八角形	清	私井

续表

所属街巷	坐落地址	井圈描述	建造年代	古井性质
庙堂巷	庙堂巷16号	青石 八角形	清	院井
	庙堂巷17号	水泥 圆形	清	院井
	庙堂巷18号	青石 八角形	清	院井
	庙堂巷20号	青石 八角形 连四方底座	清	院井
	庙堂巷22号	青石 六角形	清	院井
	庙堂巷24号	甘泉义井 青石 六角形 有水绳勒痕	清	公井
	庙堂巷26号	青石 圆形	清	院井
	庙堂巷33号	金山石 六角形	清	院井
	庙堂巷35号	金山石 圆形	清	私井
	庙堂巷37号	水泥砖砌 圆形	清	私井
	庙堂巷38号	金山石 圆形	清	院井
	庙堂巷39号	青石 八角形	清	私井
	庙堂巷40号	金山石 外廓四方形 内八角形	清	私井
	庙堂巷41号	水泥砖砌 六角形	清	私井
	庙堂巷42号	青石 六角形	清	院井
	庙堂巷43号	青石 六角形	清	院井
	庙堂巷45号南侧	青石 六角形	清	院井
	庙堂巷45号北侧	金山石 六角形	清	院井
	庙堂巷45号边	金山石 圆形	清	私井
	庙堂巷48-1号	青石 八角形	清	私井
	庙堂巷50号	金山石 四方形	清	私井
	庙堂巷53号	水泥砖砌 圆形	清	私井
	庙堂巷56号	金山石 四方形	清	院井
	庙堂巷58号	青石 圆形 有水绳勒痕	清	私井
织里弄	织里弄2号	青石 外廓八角形 内廓圆形	清	院井
东支家巷	东支家巷9号	金山石 圆形	清	院井
	东支家巷11-1号	青石 圆形	清	私井
	东支家巷16号	水泥砖砌 六角形	清	私井
	东支家巷17号	水泥砖砌 圆形	清	公井
	东支家巷19号边	金山石 六角形	清	院井
盛家浜	盛家浜1号	金山石 圆形	清	院井
	盛家浜5号（舒适故居）	青石 六角形	清	院井
	盛家浜7-1号	外廓水泥砖砌 四方形 内金山石 圆形	清	院井
	盛家浜13号	青石 圆形	清	院井
	盛家浜15号南侧	外廓瓷砖砌 四方形 内金山石 四方形	清	私井
	盛家浜15号北侧	青石 六角形	清	院井

续表

所属街巷	坐落地址	井圈描述	建造年代	古井性质
盛家浜	盛家浜16号	无井栏 底座金山石 四方形 井盖金山石 圆形	清	私井
	盛家浜17号	底座圆形青石 方形	清	院井
	盛家浜桃园 四口井之一	青石 八角形 有水绳勒痕	清	院井
	盛家浜桃园 四口井之二	金山石 六角形	清	院井
	盛家浜桃园 四口井之三	绿豆石 圆形	清	院井
	盛家浜桃园 四口井之四	青石 六角形	清	院井
小粉弄	小粉弄5号 两口井之一	青石 四方形 已埋没	民国	私井
	小粉弄5号 两口井之二	金山石 四方形 已埋没 井盖（残）金山石	清	私井
游马坡巷	游马坡巷3号	金山石 圆形	清	院井
	游马坡巷5-1号	金山石 六角形	清	院井
富郎中巷	富郎中巷7号	金山石 圆形	清	私井
	富郎中巷13-1号 （自治局官井涵虚泉）	金山石 八角形	清	公井
	富郎中巷13号	金山石 圆形	清	私井
	富郎中巷18号	井圈水泥砖砌 六角形	清	院井
	富郎中巷21号 （沈瓞民故居）	青石 八角形 有水绳勒痕	清	私井
	富郎中巷22号吴宅西侧	青石 八角形	清	院井
	富郎中巷22号吴宅东侧	金山石 八角形 连方形底座	清	院井
	富郎中巷27号	青石 八角形 连圆形底座	清	院井
	富郎中巷28号	井圈水泥砖砌 四方形 内金山石 圆形	清	私井
	富郎中巷29号	水泥瓷砖砌 四方形 内金山石 四方形	清	私井
	富郎中巷34号	金山石 圆形	清	院井
	富郎中巷35号	青石 八角形 已埋没	清	院井
	富郎中巷37号	金山石 圆形	清	私井
	富郎中巷51号	井圈水泥砖砌 四方形 内金山石 圆形	清	院井
	富郎中巷55-1号	外廓金山石 圆形 内金山石 八角形	清	私井
	富郎中巷57号	青石 六角形 有水绳勒痕 井栏已开裂	清	院井
剪金桥巷	剪金桥巷12号	青石 八角形	清	私井
	剪金桥巷18号	金山石 圆形	清	私井
	剪金桥巷28号	金山石 外廓六角形 内圆形	清	私井
	剪金桥巷40号	井圈水泥砖砌 外廓金山石 圆形 内八角形	清	院井
	剪金桥巷60号	井圈水泥砖砌	清	院井

续表

所属街巷	坐落地址	井圈描述	建造年代	古井性质
剪金桥巷	剪金桥巷71号	砂岩 圆形	民国	私井
	剪金桥巷74号	青石 圆形	清	私井
府东巷	府东巷1号	青石 四方形 已埋没 含井盖	清	私井
	府东巷5号	青石 圆形	民国	院井
	府东巷7号	金山石圆形 连八角形底座	民国	院井
	府东巷11-1号 两口井之一	金山石 圆形	清	院井
	府东巷11-1号 两口井之二	青石 圆形	清	私井
道前街	道前街194号	青石 八角形	清	院井
	道前街200号	青石 八角形 连长方形底座	清	私井
西支家巷	西支家巷1-4号	青石 八角形	清	院井
	西支家巷1-5号	金山石 圆形 上覆水泥	清	私井
	西支家巷1-9号	金山石 圆形	清	公井
	西支家巷3号	金山石 圆形	清	院井
	西支家巷5号 四口井之一	青石 八角形 有水绳勒痕	清	院井
	西支家巷5号 四口井之二	水泥 砖砌 筒形 已淹没	清	私井
	西支家巷5号 四口井之三	金山石 圆形	清	私井
	西支家巷5号 四口井之四	青石 圆形 上覆水泥 含圆井盖 已淹没	清	院井
	西支家巷11号后门	金山石 六角形	清	公井
	西支家巷14号后门	青石 六角形	清	院井
	西支家巷19号后门	金山石 六角形	清	院井
	西支家巷21号边	金山石 长方形 双眼圆孔	民国	公井
德寿坊	德寿坊4号	井圈水泥砖砌	清	私井
	德寿坊6号	金山石 圆形	清	私井
	德寿坊8号	井圈水泥砖砌 六角形	清	院井
养育巷	养育巷9号	井圈水泥砖砌 六角形	清	院井
	养育巷87-3号	金山石 四方形	清	私井
	养育巷87-4号	金山石 圆形	清	私井
余天灯巷	余天灯巷5号	青石 圆形 有水绳勒痕	清	院井
	余天灯巷7号	青石 圆形 内外廓间有凹槽	清	私井
	余天灯巷9-3号	青石 六角形	清	私井
	余天灯巷10号	青石 圆形 有水绳勒痕	清	院井
道前社区	盛家浜道前社区	武康石	宋	井栏

本表格根据沧浪街道道前社区提供的古井基础参考信息整理。

32号街坊古树信息统计

所属街巷	坐落地址	古树编号	古树种类	树龄（距今）	挂牌年份
庙堂巷	范式宅园	平259	罗汉松	115	2018
道前街	按察使署	沧553	紫玉兰	322	2011
道前街	按察使署	沧555	桂花	122	2011
道前街	按察使署	沧556	桂花	122	2011
道前街	按察使署	沧557	桂花	122	2011
道前街	按察使署	沧559	桂花	272	2011
道前街	按察使署	沧560	桂花	142	2011
道前街	按察使署	沧561	桂花	162	2011
道前街	按察使署	沧562	紫藤	142	2011
道前街	按察使署	沧563	紫藤	152	2011
干将路	中旅院中	沧606	紫藤	222	2011
干将路	中旅院中	沧607	紫藤	142	2011
盛家浜	陶氏宅园	沧608	桂花	232	2011
盛家浜	陶氏宅园	沧609	桂花	152	2011
盛家浜	陶氏宅园	沧610	广玉兰	122	2011
西支家巷	沈宅	沧689	广玉兰	122	2011
西支家巷	沈宅	沧793	广玉兰	108	2011

以上二表格根据沧浪街道道前社区提供的古井基础参考信息整理，古树距今树龄数据统计时间截至2023年。

附录四：32号街坊街巷统计表

坊巷名	历史上的别称	备注
剪金桥巷		
西支家巷		
东支家巷		
瓣莲巷	版寮巷、板寮巷	在吴方言中，“寮”变“莲”，说明古代效摄细音字的主元音和一等音不同。
庙堂巷		
盛家浜	成家浜	在吴方言中，“成”“城”“盛”原来都读“zan”音，如今仅盛姓还读“zan”音，所以“成”“城”地名会转用盛字。
富郎中巷	跃进巷	
游马坡巷	游墨圃巷、油抹布巷	在吴方言古音中，“圃”其实读“bù”音，而非“pǔ”。《吴门坊巷待辅吟》：“旧林家院子潘家院子二巷相连疑即是巷。”
道前街	明泽桥东街、胥前街、红旗西路	

续表

坊巷名	历史上的别称	备注
养育巷	永安巷、中街巷、遵义路	
府东巷	施巷（宋）、舒巷	
南阳里	郎中里	富郎中巷东端
干将西路		
学士街	药市街	
德寿坊	好礼坊	
小粉弄		
织里弄	东打绳巷、打线里	
历史上已湮灭的坊巷		
赵家弄		西支家巷支弄，南接道前街
太监弄		西支家巷支弄，南接道前街
照明弄		富郎中巷西端支弄，北接洙泗巷（已湮灭）
洙泗巷	支使巷、太平桥弄	
唐家巷		富郎中巷东段，连接支使巷（洙泗巷），南宋《平江图》有描绘，早年湮灭。
薛家巷		富郎中巷东段，连接支使巷（洙泗巷），南宋《平江图》有描绘，早年湮灭。
杨家院子巷		瓣莲巷中段，南接支家巷，南宋《平江图》有描绘，早年湮灭。
孝子坊	郁孝子坊	原西支家巷南侧支巷口，坊后有祠。清康熙四年（1665）建祠，清同治年间均废。清康熙《吴县志·祠庙二》中称该祠“在府治西孝子坊后”。清乾隆《姑苏城图》有标注，清同治《姑苏城图》上已湮灭。清顾震涛《吴门表隐·坊巷》则载：“郁孝子坊在按察司署西，为太仓郁圣撄立并有祠。”清顾汧《凤池园文集》载录碑文《太仓郁孝子祠堂记》，称建祠与巡抚汤斌疏奏礼部有关。

附录五：32号街坊名人诗词选辑

陈维崧一首

陈维崧（1625—1682），字其年，号迦陵。江苏宜兴人。明末清初词人、骈文家，“江左三凤凰”之一，清初诸生，康熙十八年（1679）举博学鸿词，授翰林院检讨，54岁时参与修纂《明史》。其关心民瘼，以杜诗和元、白新乐府精神为词，并有大量反映明末清初国事之作，足称“词史”。

箇侬·孙坦夫招饮女史澹容家分赋

转瓣莲巷左，见梵字、粉红墙角。

恰直个侬，晓妆匀面药。

花冠喔喔。

正蝉窗象格，西风轻飐，有碧桐花落。

亵纨秀髫工调谑。

人是双文，艺精六博，种种玉纤花弱。

喜宿酲微析，春心犹恶。

酒狂如昨。

但人生行乐。

此际秋娘，最怜轻薄。

樽前况有韩嫣，碧云天偷摩，鸾箫低学。

更主是、多才孙绰。

平康巷、滕席分曹，满座雄谈马槊。

嘱金吾、莫收更钥。

别来时、斜倚朱阑口，偶然思著。

彭孙遹一首

彭孙遹（1631—1700），字骏孙，号羡门，又号金粟山人，浙江海盐武原镇人。与王士祯齐名，时号“彭王”。清顺治十六年（1659）进士，官中书舍人。康熙十八年（1679）举博学鸿词科第一，授编修。康熙三十年（1691），为吏部右侍郎，兼翰林院掌院学士，并任《明史》总裁。彭孙遹才学富赡，词采清华。著有《延露词》《松桂堂》全集等。

歌起遣信邀刘校书久不至口占相调（其一）

细犊轻车白玉轮，流苏翠羽障芳尘。

瓣莲巷口西头路，小叠红笺唤伎人。

梁佩兰一首

梁佩兰(1629—1705),字芝五,号药亭,又号二楞居士、柴翁,晚号郁洲。广东南海(今广州)人。清代诗人。康熙二十七年(1688)进士。以不习清书革去庶吉士,里居以终。友人私谥文介先生。工诗,与屈大均、陈恭尹并称“岭南三大家”,又与程可则等并称“岭南七子”。在京与王士禛、朱彝尊等交游唱酬,深受时人推重。著有《六莹堂集》。

吴中杂咏(其三)

瓣莲巷口河水清,红板桥头秋月明。

对月如花两旁坐,夜来不见酒船迎。

朱祖谋一首

朱祖谋(1857—1931),原名孝臧,字古微,号沤尹,又自号上彊村。浙江归安(今湖州)人。光绪九年(1883)进士,官至礼部右侍郎,因病假归。光绪三十年(1904)出为广东学政,与总督不合,引疾去。善词。初学南宋词人吴文英,晚年又肆力于苏轼、辛弃疾二家,作品融诸家之长,声情益臻朴茂,为时人所崇。1917年校刻唐、宋、金、元词总集四种,别集一百六十八家,名曰《彊村丛书》。词作集为《彊村语业》二卷,其门人又补刻一卷。又辑有《湖州词征》《国朝湖州词征》《沧海遗音集》。

雨霖铃·清明过何笛帆乘骝桥故居

昏鸦啼涩。

近连桥路,暗雨如织。

孤云一逝何处,门巷乱、苔花綦迹。

薄暝流飙旋起,渐尘动欹壁。

甚燕燕、凄语东邻,此地无人解吹笛。

天涯酒醒消魂极。

但匆匆、酹地空尊泣。

文章枉换羁旅,零落尽、茂陵残笔。

夜壑孤吟,应省今朝、过了寒食。

待剪纸、重与招魂,梦断枫林黑。

查凤声二首

查凤声(1877—1940),字翰丞。光绪二十一年(1895)吴县县学生员,二十九年(1903)江南乡试副榜贡。日本弘文学院师范科毕业生,长元吴学务公所议董,直隶调查局统计科副科长,两广盐政副监理官,度支部主事。居剪金桥巷。

新甫年伯大人钱年伯母周夫人七的双寿

览揆时节正清和,投老籛铿逸兴多。
桑海闲身消玉爵,觚棱回首感铜驼。
千秋金鉴光薇蕨,三晋冰衡照薜萝。
丝竹东山鸠杖健,凤城南畔柳婆娑。
双星齐照五云飞,化媲周南赋葛衣。
露浥蟠桃盈雪□[1],月明鸿案耀金扉。
绵绵碧草春无限,粲粲白华玉有霏。
赢得神仙鸣凤曲,只缘璈奏颂清晖。
(新甫年伯大人钱年伯母周夫人七旬双寿年愚侄查凤声谨祝)

游乐山晏公祠

我以丁丑生,公以丁丑仕。
策名丁未年,识公自此始。
理财推尊宿,盐荚穷原委。
斟今不悖古,刘晏差可拟。
晚岁便西蜀,公来商民喜。
遗爱入人深,馨香绵万祀。
长安多贵人,生荣没则已。
何如晏公祠,灵风翔天咫。
我今嗟瓠落,行能愧舞似。
展读祠堂碑,高山期仰止。

1. 原文缺一字。

汪叔良一首

汪叔良（1887—？），名厚，谱名德厚，字叔良，号梅严遁叟、茹荼室主。江苏苏州人。著有《汪叔良文集》《茹荼室诗稿》《茹荼室笔记》《梅簃杂录》《梅严遁叟手订年谱》等。汪叔良祖籍安徽歙县，五世祖于乾隆间入吴经商，因迁居吴下。汪叔良曾任闵行小学校教员、民立高中教员、中华书局编辑等。喜藏书，收藏有署姑苏沈三白（沈复）的《万蕉园十快记》传奇抄本一种，世所罕见。汪叔良与国学大师吕思勉、吴梅及章回小说家程瞻庐等相交善。

移居

甲戌八月朔日自瓣莲巷迁至西支家巷赵家弄

相如犹有四壁立，我今赤贫无环堵。

儒贫例有一亩宫，我并立锥无寸土。

自愧不克负折薪，安得敝卢蔽风雨。

燕巢幕上难久留，转徙留离徒自苦。

差幸楹书之外无长物，迁徙已蔽日未午。

郑文焯十五首

郑文焯（1856—1918），字叔问，一字小坡，汉军正白旗人。光绪元年乙亥（1875）举人，官内阁中书。早年工于书画，晚年尤以词得名。著有《大鹤山人诗集》。郑文焯曾赁居庙堂巷壶园、冷红簃。

壶园杂咏

其一

填门香雪乱峰迷，纸帐排春索醉题。

满地诗痕无著处，舫斋度梦五湖西。

其二

祠山才送落梅风，又放春愁到海红。

向晚拗花人不见，一痕苔屐数弓弓。

其三

绿屏残梦澹芳菲，鸥社春闲旧侣稀。

零落琴尊收不得，空园一雨长林衣。

其四

小鸟萦红语药寮，行鱼吹绿上花桥。

闲云触处成孤趣，支枕水风吟一瓢。

壶园饮席

冷红薇帐绿尘滋，压叠清愁涨酒卮。

歌板更谁传绛树，舞筵未分夺琼枝。

隔年花蝶慵春梦，再熟桑蚕触断丝。

遮莫相逢重惆怅，夕阳芳草路多歧。

念奴娇·壶园自寿

百年几醉，只壶中老我，天地无恙。

自见乘槎仙客去，愁满十洲烟痕。

沧海尘飞，故国秋澹，梦断拿云想。

江关词赋，倦怀自恁疏放。

一笑弄月婆娑，长松招鹤，凄厉千山响。

卧看青门销旧辙，世外樵风相况。

哀乐中年，登临残泪，付与玲珑唱。

西楼横竹，五湖对酒如掌。

寿楼春·和梅溪赠夔笙同年

寻西园年芳。甚眉边旧月，还恋吟窗。

可忆题花吹泪，瘦来东阳。

凋旅鬓，催柔肠。被燕莺、欺人清狂。

怕屟步销金，钩斜瘗玉，犹见故宫妆。

欢期短，离天长。

早词成楚怨，歌换吴腔。

那更凭高怀远，未春先伤。

空有梦、归何乡。

倦路迷，桃源渔郎。

但遗佩江皋，重逢莫忘兰芷香。

绛都春·赋壶园雁来红

鹃魂一片。

怪小墅绿阴，都被愁染。

鸿阵悄来，凄紧西风黄昏院。

茜裙残缕吹香远。却醉入、秋娘心眼。

梦回沟水，红情自老，误他题怨。

还见。

披烟浣露，正灯暗绛屏，和泪妆点。

霜信曼催，吴锦飘零无人剪。

可怜生是江南晚。

更解替、幽花肠断。

几回立尽斜阳，故山冷艳。

绛都春·夔笙新纳吴姬用梦窗为李筼房量珠贺韵赋此

春衫旧线。

怅麝缕罢熏，西湖香远。

人似苎罗，新占东风吴王苑。

移花空惹流莺怨。

恁歌外，娇尘缭乱。

小屏轻帐，安排好近，玉梅庭院。

长见。

丝阑凤纸，背妆镜，暗写南花柔茜。

桃叶渡江，争共多情桃根换。

窥帘重记仙郎面。

正低户、三星夜转。

几回鹦语，教成绿窗睡暖。

鹧鸪天·冷红簃逭暑赋得侧艳小词以罗帕澹墨题之

水榭移灯月到床。

花阴四卷茜纱凉。

兰汤竞夕宜温玉，帘外风来澡豆香。

肌雪净，脸波长。

枕函花隐玉清防。

自嫌澹素无梳洗，犹被池莲妒睡妆。

蝶恋花·甲申夏荷花生日

（甲申夏荷花生日，南荡舟中，遇太常仙蝶，以酒祝之，环袖三匝而去，歌以志异。）

花研光摇三万顷。

醉吸天风，吹下春驹影。

灵蜕何缘同酩酊。

晚来历乱仙衣冷。

笑问祠官仙几等。

栩栩精魂，来证清凉境。

莫是红边残梦醒。

伴人冷醉枫江艇。

玉楼春·梅花过了仍风雨

梅花过了仍风雨，著意伤春天不许。

西园词酒去年同，别是一番惆怅处。

一枝照水浑无语，日见花飞随水去。

断红还逐晚潮回，相映枝头红更苦。

鹧鸪天·岩桂秋香晚尚花

岩桂秋香晚尚花。

顺阳旧墅问残霞。

五湖自送鸱夷去，风月依然属范家。
浮白劝，比红夸。
有人低唱倚蒹葭。
曲中解得销魂句，不羡溪头越女纱。

湘春夜月·最销魂

最销魂，画楼西半黄昏。
可奈送了斜阳，新月又当门。
自见海棠初谢，算几番酲醉，立尽花阴。
念隔帘半面，香酬影答，都是离恨。
哀筝自语，残镫在水，轻梦如云。
凤帐笼寒，空夜夜、报君红泪，销黯罗襟。
蓬山咫尺，更为谁、青鸟殷勤。
怕后约，误东风一信，香桃瘦损，还忆而今。

浣溪沙　无事伤心独费情

无事伤心独费情。
落梅风里掩重扃。
春衣一桁细香零。
词谱当歌和泪教，镫窗无睡枕肩听。
水边花外雨冥冥。

龚易图二首

龚易图（1835—1893），字蔼仁，号含晶、乌石山房主人等，室名三山旧馆。清代闽县（今福建福州）人。清咸丰九年（1859）进士，清光绪三年（1877）迁江苏按察使[1]，光绪七年（1881）迁广东按察使，光绪九年（1883）迁云南布政使，光绪十年（1884）调任广东布政使。时值法国侵略者挑衅，筹济饷、械抗法。辞官归里后，邀知

1. 清光绪三年十一月十二日（1877年12月16日）到任，未数月，丁忧。据清光绪四年六月外纪档，可知清光绪四年六月四日（1878年7月3日）丁外艰。民国《吴县志》职官表未载录。

好以诗酒相娱。郑文焯赁居壶园时，龚易图与他有唱和往来。张俊勋《寿山石考》载录的四位寿山石藏家“龚陈盛李”[1]，其中名列首位的“龚”指的就是龚易图。龚易图的儿子龚晋义曾居庙堂巷修园。

为文小坡题壶园饯春图二首

春去归何处，吾从春处来。腊随残雪尽，香唤早梅同。

残曲琴三叠，新图酒百杯。壶天徵盛事，笑我未能陪。

又

一鹤知人语，壶中日月宽。不知有杯勺，况复问衣冠。

水墨摹新影，冯霜觅坠欢。寒鸦好颜色，留取玉人看。

范君博三十首

范君博（1897—1976），名广宪，字子宽，号百词人，又号百绯词人，别署比珠词人。江苏吴县（今苏州）人。南社社友，星社创办人之一，系范仲淹堂弟郎中房一族之后。民国时代，曾任苏州救火联合会主席、吴县商会监事长、吴县参议会参议员。他以赋《鹦哥词》著名，人称“范鹦哥”，斋名有容庐、蠡园、怀月轩等。范君博的《吴门坊巷待輶吟》以诗证史，本篇选辑了其中的近体诗，均涉及今天32号街坊古迹。

剪金桥巷

里乘冥搜斫肺肝，剪金容易剪名难。

休言此去疑无路，循迹仍因唤水团。

庙堂巷

灵雨灵风雨快哉，当年巷祭庙堂开。

只今香火都零落，无复神弦奏曲来。

余天灯巷

一条小巷路三义，到此徘徊日已斜。

信笔题诗成一笑，天灯明处记余家。

1. “龚”指的就是龚易图，而“陈”指的是宣统皇帝溥仪的师傅陈宝琛，“盛”则指的是苏州的盛宣怀，“李”指的是宁波的李祖夔。

板寮巷

巷陌城西断复连，卜居无恙度年年。

板寮怀旧难成市，赚得谐声误瓣莲。

支家巷

闲来僻巷未崎岖，倦眼时醒景不殊。

倘问踪由吾懒说，姓支端恐出羌胡。

杨家院子巷

谁家门向月斜开，袅袅凉风点点苔。

此院还寻深巷里，无人闲煞好楼台。

施巷

俭腹深惭尽信书，吴皋倦客注虫鱼。

施家姓字分明甚底，事今人误作舒。

（今作舒巷，在东支家巷西）

赵家衖

天水声名藉藉夸，当初当驻使君车。

六通旧巷犹疑古，惆怅无人问赵家。

（案《卢志》支家巷前有六通巷疑即此二巷之一，今废，在舒巷西）

太监衖

秋风容易夕阳斜，衰柳萧疏但噪鸦。

异代太监今不见，巷深犹说阉官家。

（在赵家衖西）

西支家巷

特难年荒困乱离，寻消问息懒题诗。

旧家西巷分明甚，姓氏原来是一支。

（在剪金桥巷，中通太监衖）

道前街

宾僚早晚向衙排，明泽桥东近水涯。

车马喧阗人似织，名衔随换道前街。

（旧名明泽桥，东街在府前对丽泽坊。）

薛家巷

树自婆娑日自斜，尽无莺燕有栖鸦。

年深巷陌风流歇，谁肯关心问薛家。

（见卢熊志列盛家浜庙堂巷之间，疑即富郎中巷附近）

唐家巷

但识风光不识愁，唐家院子且闲游。

吴娘莫笑词人醉，折得花枝当酒筹。

（一称唐家院子在富郎中巷，列盛家浜庙堂巷间）

富郎中巷

闲寻史迹兴犹赊，琢句今为野老夸。

门巷不随人世换，郎中原署富严家。

（宋富严所居，故名，在太平桥南，花街巷对面）

林家巷

院子林家不计年，乘除富贵等云烟。

此诗若得成追忆，梦断尘消一泫然。

（在富郎中巷内）

潘家巷

来往城中不计年，幅巾萧散更翩翩。

寻消问息知多少，尽在潘家院子边。

（在富郎中巷内）

成家浜巷

论姓探名不厌寻，一浜市语巷沉沉。

堪怜当日成弘济，惠泽长留直到今。

（今误盛家浜在游墨圃巷内实名场界浜本皮场大王庙以此为界也）

又

姓氏争传有舛差，一浜邻近大王夸。

会当辨正为场界，顿释群疑误盛家。

游墨圃巷

院子林潘旧姓多，寻消问息几经过。

游家遗迹明明在，墨圃何因误马坡。

（今讹游马坡巷，在富郎中巷。旧林家院子潘家院子二巷相连疑即是巷）

药市街

病去身轻且踏歌，藤冠练褐得闲多。

一毫吴语差千里，学士由来药市讹。

（今名学士街，按《卢志》：“水团巷后列夹城巷，乃属西城，而隶吴县者，疑即此歌熏桥。”）

歌熏桥

何来诗句骇衰翁，浪说频年物阜丰。

当日歌熏犹想像，盘阊门接一桥通。

（旧名明泽桥，在西河上，皇祐五年建，易石时岁月也。以路通盘阊，为戍卒经由之地，故俗称过军桥。景定五年重建，刘震孙题名立石桥上）

剪金桥

参差河水映桥深，倚棹仍哦放浪吟。

买笑十年成一梦，行时莫剪路旁金。

成家桥

无赖韶光困思生，闲游正好趁天晴。

闹红一舸停桥问，旧姓犹怜句写成。

（在剪金桥北，跨成家浜）

积善桥

故吾游到物之初，解与徘徊合太虚。

料是人家多积善，比邻强半近桥居。

（一名小粉桥，在成家桥东。东坡诗游哉时到物之初）

木柴桥

碧流似带绕虹腰，汲水人家笑语嚣。

如此风光禁不得，采薪先访木柴桥。

（在剪金桥东）

丽泽坊

丽泽坊前策杖行，斑斑草色雨余晴。

眼明耳闹缘何事，认得吴姬压酒声。

（在织里桥北）

好礼坊

高年耆德仰高风，解组归来作寓公。

为有古坊传好礼，人人都说富郎中。

（在富郎中巷。旧称德寿坊，以表为刑部郎中富严所居。嘉泰[1]初，重立改今名）

宾兴坊

谁来桥北院南偏，寄迹清狂也自怜。

却羡宾兴坊里住，愿将馆史逐年编。

（在贡院南，明泽桥北。宋绍定二年重立。宾兴馆在贡院前河曲，以馆名坊）

宾兴馆

鹭友鸥朋概网罗，文章廪给意云何。

宾兴古馆今虽废，不枉人才济济多。

西禅寺

有僧远至自南泉，卓锡吴中不计年。

巧唤西禅题寺额，都因无意藉名传。

（即北观音庵[2]，唐贞观间僧璧法建。咸通间有僧自南泉来居，号西禅和尚，寺因此得名，在富郎中巷）

---

1. 嘉泰（1201—1204），南宋皇帝宋宁宗的第二个年号。
2. 除范君博《吴门坊巷待辅吟》外，可参见许云樵《姑胥》，苏州文怡书局，1929，P207.

潘承弼一首

潘承弼（1907—2004），字良甫，号景郑，一号寄沤，别号盉宀。江苏吴县（今苏州）人。藏书家、目录学家。早年受业于章太炎和吴梅门下。

雨霖铃·追念沈瓞民先生

乡魂怀旧。黯前虚、梦幻成苍狗。狂飙十载回劫，山河烂漫，东风吹透。高堂送暖，向盛会、追念耆耇。怅百里、犹隔云烟。炷瓣香、还作深疚。

玄空学砚芬长守，溯椒援、丽岁芬先浚。名山万卷当业，辉映似、满天星斗。记曾亲席，随侍温斋，怎忍回首。聊曝献、一阕俚吟。拜倒心铭镂。

俞樾二首

俞樾（1821—1907），字荫甫，自号曲园居士。浙江德清人。清末著名学者、国学大师、经学家、书法家。清道光三十年（1850）进士，曾任翰林院编修。清同治九年（1870），应乡试同年应宝时（时任江苏按察使）之约在江苏臬署（今江苏按察使署旧址）作了两幅楹联。

题江苏臬署大门（楹联）

其一

读律即读书，愿凡事从天理讲求，勿以聪明矜独见。

在官如在客，念平生所私心向往，肯将温饱负初衷。

其二

听讼吾犹人，纵到此平反，已苦下情迟上达；

举头天不远，愿大家猛省，莫将私意入公门。

石韫玉一首

石韫玉（1756—1837），字执如，号琢堂，又号花韵庵主人，晚号独学老人。江苏吴县（今苏州）人。诗人、藏书家。清乾隆五十五年（1790）恩科状元，授翰林院修撰。

忠仁祠

祠在西城庙堂巷，祀明乡贤徐公如珂。旧有奉祠生，岁久中绝，近请于当路，复之。

苍昊厌明德，熹宗政不纲。奄人执国命，士类遭奇殃。缇骑日四出，衣冠坐锒铛。吾乡周忠介，作吏颇循良。守官秉劲节，疾恶明刚肠。忽触宵人怒，姓名列钦章。旗尉至吴门，闻者心仓皇。愤及市井民，义气相激昂。一呼万人聚，其锋不可当。老拳集鸡肋，丑类多夷伤。疆吏以叛闻，黑白谁参详。维时银台使，徐公曰念扬。恐肆蜩螗毒，苦心为包荒。刑章不及众，保兹梓与桑。哲人逝已久，百世常流芳。忠仁表其祠，岁时修蒸尝。非徒香火缘，亦争闾里光。

附录六：32 号街坊部分文化资源标识的历史脉络

1.各类业态的历史脉络

瓣莲巷（钱庄、中医）

剪金桥巷（学塾、教养院、新式学堂）

富郎中巷（中医、盐政公署、会馆、警察署）

小粉弄（作坊、裁缝店、律师事务所）

道前街（药铺、客栈、茶寮、酒肆、纸铺、当铺、烛号、酱园、糖果店、熟肉店）

庙堂巷（律师事务所、典当行、火柴厂、火腿店）

养育巷南段（饭店、邮局、菜场、绸缎庄）

西支家巷（银号）

东支家巷（饭店、绸缎庄、报社、理发店）

2.文化IP元素标识的历史脉络

状元文化（洪钧、缪彤）

红色文化（沈飚民、叶天底、王中一、王月英、赖卫民）

衙署文化（按察使署）

吴门画派文化（陆治、沈宗敬）

吴门医派文化（曹沧洲、顾允若、宋爱人、桂省吾、姚寅生、邵蟾桂、陆先觉、褚

蕙等)

能吏廉政文化(林则徐、冯桂芬、李超琼、唐仲冕、梁章钜等)

园林文化(畅园、桃园、毕园、壶园、艺园等)

商贾文化(陶伯渊、雷徵明、雷显之、费怀芝、赵廷箴等)

望族文化(大阜潘氏、吴趋汪氏、歙县曹氏、桂林洪氏、震山查氏、鸿山杨氏、庄桥舒氏等)

书香文化(杨绛、钱锺书、范端信、丽泽社学、维多书院、升平小学等)

律政文化(潘承锷、杨荫杭、吴曾善、董端始等)

道教文化(沈清微、张巡、许远)

佛教文化(西禅寺、皮场大王庙、静性庵、清莲庵等)

影视文化(舒适)

老字号文化(童葆春堂、三珍斋熟肉店、采香斋糖果店、老万年银楼等)

津梁文化(歌熏桥、乘骝桥、升平桥、太平桥、剪金桥等)

后 记

32号街坊是苏州古城首批省级城市更新试点之一，基本延续了明清以来的名称、走向、格局，包含了瓣莲巷、盛家浜、庙堂巷等历史地段。列入苏州市第一批历史建筑名录的有洪钧祖宅、西支家巷沈宅、清微道院、曹沧洲祠、富郎中巷吴宅、忠仁祠、范氏宅园和沈瓞民故居。街巷内蕴藏着苏城百姓生活的烟火气息，承载着千年姑苏的乡愁与记忆，32号街坊整体历史遗存丰富、文化厚重。2023年8月，32号街坊内的歌薰桥、剪金桥巷、瓣莲巷、富郎中巷、道前街、庙堂巷入选苏州民政局《苏州市第二批地名文化遗产保护名录》。为了系统挖掘和呈现32号街坊深厚的历史文化底蕴，更好地传承和讲好32号街坊的故事，2023年初，苏州名城保护集团决定组织编写《道前风雅》一书。在苏州名城保护集团各级领导的关心支持及全体编纂人员的辛勤努力下，数易其稿，付梓出版。本书的编纂和出版过程得到以下领导和专家的关心、指导和支持：

王永法、沈敏敏、徐苏君、施晓平、倪浩文、孙中旺、陈其弟、陈莹、李峰、蔡佞、陆月星、张颖、鲁林林、何继红、唐小祥、叶伯瑜、潘裕博、程原津、龚家帆、荣华源。

此外，在本书在编纂中亦得到32号街坊许多老居民如沈延春、查嘉麟、潘令仪、朱军、骆卫忠、陈龙等人的支持。古吴轩出版社也为本书出版做了大量的工作。在此，谨向为本书付出辛劳的社会各界人士表示衷心的感谢！

苏州名城保护集团《道前风雅》编纂委员会

2023 年 8 月